U0957031

解放军外国语学院“博士文库”资助项目

美国华侨华人与台湾当局侨务政策

孙 逊 著

九州出版社 JIUZHOUPRESS 全国百佳图书出版单位

图书在版编目(CIP)数据

美国华侨华人与台湾当局侨务政策 / 孙逊著. —北京：九州出版社，2012.2
ISBN 978-7-5108-1355-9

Ⅰ.①美… Ⅱ.①孙… Ⅲ.①华侨—研究—美国—现代 ②华侨政策—研究—台湾省 Ⅳ.①D634.371.2 ②D634.0

中国版本图书馆 CIP 数据核字(2011)第 277405 号

美国华侨华人与台湾当局侨务政策

作　　者	孙逊 著
出版发行	九州出版社
出 版 人	徐尚定
地　　址	北京市西城区阜外大街甲 35 号(100037)
发行电话	(010)68992190/2/3/5/6
网　　址	www.jiuzhoupress.com
电子信箱	jiuzhou@jiuzhoupress.com
印　　刷	北京振兴源印务有限公司
开　　本	710 毫米×1000 毫米　16 开
印　　张	17.75
字　　数	244 千字
版　　次	2012 年 2 月第 1 版
印　　次	2012 年 2 月第 1 次印刷
书　　号	ISBN 978-7-5108-1355-9
定　　价	49.00 元

★ 版权所有　侵权必究 ★

摘要

美国华侨华人一直是促进中美两国交流与合作的一支重要力量。由于中国至今未实现统一以及两岸处于分离和对峙的状态，美国华人社会内部也长期处于分裂之中。“外交”、侨务、经贸、“国防”和大陆政策是台湾当局“国家安全”的重要支柱，其中侨务工作是台湾当局拓展所谓“国际生存空间”的第二管道。长期以来，台湾当局的侨务政策是造成美国华人社会分裂和对抗的重要因素。本文以 1949 年以后美国华人社会与台湾当局的侨务政策为研究对象，以台湾当局对美国华人社会的策略演变为切入点，对美国华人社会内部在“合法代表”和“统独之争”两个核心政治问题上的较量展开了深入的探讨和研究。这是学术界鲜有涉猎的一个课题，开阔了国内美国研究的视野；笔者希望通过本文，能对国家的侨务政策和对台政策提出一些建设性的见解和建议。

全文除绪论外，由五章组成。第一章是对 1949 年至 1964 年美国华人社会政治分化的历史透视，这一时期华人社会内部表现为意识形态的对抗，台湾国民党当局在华人社会居于支配地位。本章在深入分析台湾当局的侨务政策的基础上，对国民党在美国华人社会的演变进行了历史考察，对华人社会两大阵营的对抗以及影响因素进行了剖析论证。第二章分析了 1965 年至 1978 年美国华人社会与台湾当局侨务策略的关系，这一时期美国华侨华人在美国民权运动的影响下政治上开始觉醒，台湾当局对华人社会的控制和影响逐渐减弱。本章详尽论述了 60 年代美国华人社会新兴力量的发展，论述了台湾当局对美国华侨华人的策略与手段，对国民党势力在美国华人社会的活动进行了深入的分析研究。第三章阐述了 1979 年中美建交到 1988 年美国华人社会与台湾当局侨务策略的关系，这一时期美国华人社会亲大陆力量迅速发展，台湾当局对美国华侨华人的影响处于退缩时期。本章从多个层面分析了国民党势力在华人社会退缩的原因。第四章对 1989 年后台湾当局侨务政策的演进脉络进行了梳理，分析了“台独”路线对台湾当局侨务政策的影响，这一时期“反独促统”成为美国华人社会的主线，台湾当局的政策造成了华人社会新的分化。第五章是研究发现和政策建议，对 50 多年来美国华人社会与台湾当局政策的关系及其演变进行总结，并概述了规律和特点。笔者在研究的基础上，提炼出几点研究发现，即我国政府对待美国华侨华人应掌握的基本原则，并提出了本人对美侨务工作的政策建言。

关键词：美国　华侨华人　台湾当局　政策

Abstract

The Chinese Americans have long been an important force in promoting the exchange and cooperation between China and the United States. However, the fact that the Chinese on both sides of the Taiwan Straits have not yet to realize their unification has contributed to the division among the Chinese communities in the US over the issue of Taiwan. Taiwan's policies towards mainland China and overseas Chinese as well as its diplomatic, economic and defence policies are regarded part and parcel of what the Taiwan authorities refer to as "national security". The Taiwan authorities consider their work in the field of overseas Chinese affairs as "the second pipeline" to seek more "international space for existence". The overseas Chinese affairs policy pursued by the Taiwan authorities is the root cause for the division and antagonism among the Chinese communities in the US. This dissertation takes for subject of research Taiwan's overseas Chinese affairs policies since the founding of the People's Republic of China, which covers a period of more than half a century. It carefully traces the Taiwan authorities' changing policies towards the Chinese communities in the US, and makes a detailed study of two core political issues the Chinese communities in the US are involved in, one of which is "Who is the legitimate representative of China", the other "unification or independence". This is a topic that has been scarcely touched upon in the academic circles.

The thesis consists, besides an introduction, of five chapters. Chapter 1 discusses the political division among the Chinese communities in the US during the period between 1949 and 1964 and points out that the political antagonism among the Chinese Americans was caused by the dominant influence exerted by the Taiwan Kuomintang authorities. Based on an analysis of the policies pursued by the Taiwan authorities towards the Chinese Americans, the chapter makes a detailed study of Kuomintang's policy evolution, of two opposing camps among the Chinese communities in the US, and the causes leading to the opposition. Chapter 2 covers the period between 1965 and 1978, addressing the relationship between the Chinese communities in the US and the Taiwan authorities' stratagems in dealing with overseas Chinese affairs. It points out that under the influence of the US civil rights movement, the Chinese Americans began to wake up politically and a new force among the communities emerged and the control over them by the Taiwan authorities began to show signs of weakening. Chapter 3 deals with the policies adopted by the Taiwan authorities to the Chinese Americans during the period between 1979 and 1988 and their influence on the latter. This chapter deals with the rapid development of a force among the Chinese communities in the US that support mainland China and the ebbing of the influence by the Taiwan authorities over the Chinese Americans and its causes. Chapter 4 discusses the evolution of the overseas Chinese affairs policy by the Taiwan authorities since 1989, analyses the impact of their line of "independence for Taiwan" on their overseas Chinese affairs policy. During the period, the Chinese communities in the US are mainly concerned with "Fan Du Cu Tong (anti - independence and promotion of unification)" which becomes a new issue which divides those communities. Chapter 5 is about the discoveries made in writing the dissertation and policy suggestions. It sums up the policies adopted by the Taiwan authorities and their evolution for more than half a century and the relationship between the Chinese communities in the US and these policies. The nature and characterictics of these policies are also discussed. The author, based on the research, has put forward some principles for our government to treat the Chinese Americans and make some policy suggestions for our overseas affairs policy.

Key words: Chinese Americans; Taiwan authorities; overseas affairs policy

目 录

CONTENTS

绪 论

一、问题的提出

全球的海外华侨华人已达 4000 多万人，海外华侨华人的发展和状态实际上已经成为中华民族凝聚力与生命力的另一种表现。邓小平指出："我们还有几千万爱国同胞在海外，他们希望中国兴旺发达，这在世界上是独一无二的，我们要利用机遇，把中国发展起来。"[①] 美国华侨华人在这个群体中具有独特和重要的作用：第一，美国的华侨华人经过近一个多世纪的奋斗在美国社会的经济、文化、科技和政治等领域都取得了巨大的成就，而且他们所取得的成就和贡献在全球海外华人世界中是最为突出的；[②] 第二，他们的生存与发展，与中美关系的发展状况密切相关；第三，美国华侨华人自觉地利用自己的优势，在政治、文化、经济、科技等方面对中美关系发挥着积极的作用，并且利用其实力影响着美国的政要和选民，推动中美关系向健康方向发展。因此，美国华侨华人一直是促进中

① 邓小平：《邓小平文选》（第三卷），人民出版社 1993 年版，第 358 页。

② 仅以科技成就为例，目前获得诺贝尔奖的华人全部为美籍华人，他们分别为杨振宁、李政道、丁肇中、崔琦、李远哲和朱棣文，而且还涌现出陈省身、贝聿宁、邱成桐等举世闻名的数学家和建筑学家。

美两国交流与合作的一支重要力量。

美国华侨华人虽然在美国主流社会中的声音愈加清晰和响亮，但我们也要清醒地意识到，这种声音虽然响亮，却是多元和复杂的，缺乏一个统一的“音调”。出现这种情况主要是由于美国华人社会内部长期处于分裂状态，其根源则在于中国至今未实现统一，两岸尚处于分离和对峙状态。著名华人学者陈依范认为，华人社会中存在亲北京派和亲台湾派的斗争，这一特殊的内部冲突长期折磨着美国的华侨华人。[①] 两岸都视华侨华人为各自的有机部分，也是重要的经济、政治资源，虽然各自倚重的程度有所不同，却都在期望华侨华人能够在未来发展中发挥更大的作用，这也许是当今世界上绝无仅有的现象。国内学术界对于美国华人社会内部分裂状况以及导致这种分裂产生的主要影响因素——台湾当局的侨务政策研究成果并不多，甚至在一些领域还存在模糊概念。因而，美国华侨华人与台湾当局对其政策研究，是一个具有重要历史意义和现实意义的课题，也是当前美国华侨华人研究中的一个空白。

美国政治学家迈克尔·沃尔泽（Michael H. Waltzer）认为：“意识形态是一种信仰体系，它为既存或构想中的社会，解释并辩护为人所喜好的政治秩序，并且为实现其秩序提供策略。”[②] 意识形态的本质是，它包括了经验性与原则性的因素，提供人们认识、了解与解释世界的思维方法。意识形态是政治信仰的形态，这些信仰将规范性的见解导入政治生活中。这些关于理想秩序的见解，通常包括对于人性、个人与国家社会的关系、经济与政治体系的关系，以及政治目标等的明确态度。中国自从内战以来，国共两个政治实体以不同的意识形态与价值观分别存在于国际社会，彼此之间竞争激烈而全面，其中心抗争点，便是认同问题。认同是一种流动的概念，会随着时间与空间的转变而发生变化。民众的认同是一种

① 陈依范：《美国华人史》，香港三联书店 1987 年版，第 309 页。

② 引自汤因比著，张文杰编：《历史的话语：现代西方历史哲学译文集》，广西师范大学出版社 2002 年版，第 104 页。

集体的意识形态，它的形成受到民众团体的共同历史记忆与社会演进过程等因素的影响与制约。而历史与社会是经常变动的，所以如果它们的形态有了本质的变化，作为民众集体意识的认同，当然也会发生质变。国共双方所涉及的认同问题可以为分两个层面，一是对外“代表权”问题，即“一个中国”的国家认同问题；二是被统治者的政治认同问题，此涉及意识形态与制度的比较。这种认同的意识形态之争也折射到美国华人社会中。冷战初期由于受到当时国际上反共、恐共、防共意识的影响，加之海外华侨华人大部分居住在西方阵营的国家内，台湾当局事实上主导着海外华人社会。当地侨社“亲台北”的政治取向鲜明，“亲大陆”力量直到70年代初随着国际形势的缓和以及“中国热”的掀起才得以显现。当然，更大多数的华侨华人在70年代前基本上选择了政治上的沉默。在这个时期内，台湾在联合海外华人共同“反共复国”时，基本上采取了不惜工本的姿态，并配以一系列的文宣行动。美国华人社会的国共之争是在一个中国原则下的意识形态斗争，对抗的焦点是中华人民共和国和“中华民国”哪个是中国的合法代表。在蒋介石和蒋经国在台湾执政期间，国民党坚持一个中国的原则，海峡两岸的对抗实际上是国共两党的对抗。

1988年蒋经国去世后，台湾地区进入李登辉执政时期，李登辉公然宣布“两国论”，推行“台独”路线；2000年陈水扁上台以后，以民进党为首的“台独”势力更加疯狂地进行民族分裂活动，主张“台湾独立”，妄图把台湾从中国分离出去。民族分裂有两种情形，一种是不同民族的分离，另一种是同一民族的分裂，“台独”势力属于同一民族的分裂势力。美国华侨华人在台湾当局的影响下，内部出现了新的分化，表现为“中国意识”与“台湾意识”的斗争，但这种斗争与国民党执政时期台湾与大陆的斗争发生了根本性的变化，它不再是表面上的意识形态的斗争，而是“统独之争”，是围绕“一个中国”原则和国家主权的斗争。

“外交”、侨务、经贸、“国防”和大陆政策是台湾当局“国家安全”的重要支柱，其中侨务工作是台湾当局拓展所谓“国际生存空间”的第二管道，台湾当局的侨务政策是造成美国华人社会分裂和对抗的重要因素。台湾当局对美国华侨华人政策的目标是能够操控华人社会以达到其维护“安全”的目的。美国华人社会演变受中美关系、两岸关系和华人社会变迁等因素的影响，其演变过程也是美国华人社会内部分裂和分化的过程。然而，随着中美关系的发展和美国华侨华人的政治和经济地位不断提升，美国华侨华人在两岸的政争中不再处于被动地位，而是开始扮演“参与者”的角色，许多华人积极促进中美关系的改善和两岸的和平统一，同分裂祖国的行为坚决斗争。

本论文以1949年新中国成立后半个多世纪以来，美国华人社会与台湾当局的侨务政策为研究对象，从微观角度，以台湾当局对美国华侨华人的政策演变为切入点，对美国华人社会内部在“合法代表”和“统独之争”两个核心政治问题上的较量展开了深入探讨和研究。本文写作的框架是基于对以下问题的回答：

（一）美国华侨华人与台湾当局的关系受到哪些力量与因素的影响？

（二）台湾当局对美国华侨华人操控图谋的历史演变、背景与影响因素是什么？

（三）台湾当局侨务政策及实施过程是如何对美国华侨华人产生影响的？

（四）美国华人社会内部分裂和对抗的形成、内涵与进程是什么？

总之，本文的研究对象是美国华侨华人与台湾当局侨务政策的关系，特别是对美国华人社会内部分化和对抗的研究，主要侧重点是在政治领域。论文以中美关系、两岸关系、美国华侨华人历史变迁为背景，以台湾当局侨务政策及对美国华侨华人政策为研究基础，以美国华侨华人与台湾当局的互动和互联为主线，揭示台湾当局与美国华侨华人关系的实质和演进规律。

二、研究现状及意义

（一）研究现状

华侨华人研究自改革开放以后成为国内学术界的一门“显学”，在进入 21 世纪后，关于“华侨华人学”的设立问题也提到学术研究的日程中。随着中国华侨华人研究活动的迅速增多，华侨华人研究的一个重要变化是华侨华人问题本身具有的多方面的研究价值的凸现，多学科的介入已成为这门学问的特色，研究涉及政治、经济、文化、社会、国际关系、哲学、地理学、人口、民族等诸多领域，华侨华人研究已成为有多学科的专家学者共同参与的综合性研究。① 在国内美国研究领域，关于美国华侨华人的研究也逐步成为新的学科增长点，探索美国华侨华人与中美关系的互动作用也为国内美国研究的发展拓展了更加广阔的空间。本文主要研究台湾当局对美国华侨华人的政策演变与美国华人社会的政治分化，相关的资料有以下内容。

1. 关于美国华侨华人历史的研究

在美国华侨华人研究方面，目前研究最为系统和成熟的是华侨华人史的研究。国内外关于美国华侨华人史的研究著作比较多，英文专著主要有：Tsung Chi 的《东亚裔美国人和政治参与：一本参考手册》（*East Asian Americans and Political Participation: a Reference Handbook*, 2005），Maxine Hong Kingston 的《女战士：中国男人》（*The Woman Warrior: China men*, 2005），Peter Kwong 和 Dušanka Miščević 的《美国华人：一个美国最老的新社团未讲述的故事》（*Chinese America: the Untold Story of America's Oldest New Community*, 2005），Birgit Zinzi-

---

① 徐云：《中国大陆华侨华人研究的文献计量分析报告》，《华侨华人历史研究》，2004 年第 4 期。

us 的《美国华人的典型和现实：历史、现在和未来》（*Chinese America：Stereotype and Reality：History，Present，and Future of the Chinese Americans*，2005），Wei Huang 的《美国华人文化适应等级》（*Chinese Americans Acculturation Scale*，2004），Him Mark Lai 的《成为美国华人：一个社团和制度的历史》（*Becoming Chinese American：a History of Communities and Institutions*，2004），Marissa Lingen 的《中国移民》（*Chinese Immigration*，2004），Huping Ling Ling 的《圣路易斯的中国人：从飞地到文化社团》（*Chinese St. Louis：from Enclave to Cultural Community*，2004），William Wei 的《亚裔美国人运动》（*The Asian American Movement*，1993），Julie Shuk—yee Lam 的《美国华人：历史和未来 1989》（*Chinese America：History and Perspectives* 1989，1989），张洁如（Iris Chang）的《在美国的华人：一个叙述性的历史》（*The Chinese in America：a Narrative History*，2003），Benson Tong 的《美国华人》（*The Chinese Americans*，2000）。这些著作从不同的角度对美国华人的发展史以及政治参与进行了分析研究，有些著作具有相当的深度和新颖的视角，但是这些著作对华人社会内部的政治分歧和影响因素缺乏系统性的分析，主要注重于华人社团的利益纠纷和帮派斗争。张洁如的《在美国的华人：一个叙述性的历史》对美国华人社会 50 年代期间的国共之争进行了详细的叙述和剖析，这本书也可以说是近期关于美国华人研究的一本鸿篇巨著，但是此书的主题并不在研究华人社会的政争，因此对于之后的美国华人社会的政治分化就着墨不多。

中文专著主要有：美国华人学者宋李瑞芳的《美国华人的历史和现状》，美国华人学者麦礼谦的《从华侨到华人——二十世纪美国华人社会发展史》，美国华人学者孔秉德、尹晓煌主编的《美籍华人与中美关系》，美国华人学者陈静瑜的《从叶落归根到落地生根——美国华侨华人社会史论文集》，美国华人学者陈依范的《美国华人发展史》，美国华人学者沈己尧的《海外排华百年史》，吴前进的《美国华侨华人文化变迁论》和《国家关系中的华侨华人和华族》，李明欢的《当代海外华人社团研究》，李春辉、杨生茂的《美洲华侨华人史》，朱杰勤主编的《美国华侨史》，台湾学者汪树华的《美国华人政治参与研究》，任贵祥、赵红英著《华侨华人与国共关系》，美国华人学者邝治中的《纽约唐人街：劳工和政治 1930—1950》和《新唐人街》，李小兵的《美国华人：从历史到现实》，朱辛流的《美国华埠》，蔡石山的《美国华人的经历》，关春如的《美国华侨概况》，蔡文辉《美国社会与美国华侨》，邓蜀生的《美国与移民：历史、现实、未来》等等。这些著作有一个共同的特点，就是基本主题涉及美国华侨华人的同化进程，华侨华人与美国政府和当地人民政治、经济、法律及其社会关系的方方面面。麦礼谦的《从华侨到华人——二十世纪美国华人社会发展史》是关于美国华人的经典著作，对美国华人社会历史上的政争以及两岸关系对华人社会的影响作了叙述性研究，应该说是比较客观地反映了早期美国华人社会的内部政争，但限于篇幅，并未对导致华人社会内部政争的因素进行分析。吴前进的《国家关系中的华侨华人和华族》从国家关系互动的角度来研究华侨华人，也是近期有关华侨华人的一部力作，该书对美国华侨华人与国家关系进行全面系统的论述，对 1949 年后美国华人社会内部的分裂和“反独促统”运动作了学理性论述，只是该书并未以美国华侨华人为唯一研究重点，因此对美国华侨华人分化和斗争的历史因素没有进行更多的分析。

2. 关于台湾当局侨务政策的研究

关于中国大陆侨务政策研究，特别是改革开放后大陆的侨务政策，研究著述硕果累累，成效非常显著，中国大陆关于侨务研究的杂志报刊中较具规模、比较有权威性的有：中国华侨华人历史研究所主办的《华侨华人历史研究》和中国社会科学院美国所的《美国研究》。《华侨华人历史研究》是我国第一份公开发行的研究华侨华人问题的学术刊物，是国内华侨华人研究领域唯一的国家级专业杂志。此外，广西华侨历史学会的《八桂侨刊》、广东华侨历史学会的《侨史学报》、广东华侨华人研究会的《华侨与华人》、国务院侨务办公室的《侨务工作研究》，还有各地的侨报，如《广东侨报》、《福建侨报》、《河北侨报》等，这些杂志报刊都是侨务研究的代表性刊物。[1] 长期以来，台湾当局侨务政策的研究一直是学术界的“禁区”，改革开放后，华侨华人研究不再存在学术禁区，大陆出现了一些关于台湾当局侨务政策的论著。但是迄今为止对台湾当局侨务政策的研究在大陆还没有完全展开。庄国土在《华侨华侨人与中国关系》一书中专门以一章的篇幅对台湾当局与华侨华人关系进行论述，他分析了20世纪50—80年代台湾当局引进侨资的措施和成效，全面论述了80年代后期以来台湾当局对海外华资的利用，并对台湾当局的华侨教育政策和对海外台胞的政策作了系统阐述。该书是大陆对台湾当局的侨务政策进行全面性研究的代表作之一。毛起雄编著的《台湾当局侨务机构与立法》是大陆学术界系统研究台湾侨务机构和立法程序的专著，是研究台湾当局侨务机构较具权威的参考书。李明欢在《海外华人社团研究》中也对90年代台湾当局的侨务政策作了分析和评价。任贵祥、赵红英的《国共关系与两岸关系》一书时间跨度大，涉及范围广，是一部较有分量的研究著作。难能可贵的是，该书对中国侨务政策的偏差提出了自己的看法。此外，大陆学术界对台湾当局的侨务政策研究以论文出现的形式比较多，如林珊的《台湾侨务政策变化特点与发展趋势》（《华侨华人与侨务》，1996年第3期）、周岩厦的《孙中山的侨务主张与国民党的侨务政策》（《侨务》，1991年第5期）、陈肖英的《台湾民进党侨务政策的调整及面临的问题》（《八桂侨刊》，2004年2期）、李鸿阶、林珊的《两岸侨务政策变化及其比较研究》

---

① 此外，还有区域性研究专业期刊和综合性人文社会科学期刊，区域性研究专业期刊包括：厦门大学南洋研究院的《南洋问题研究》、暨南大学东南亚研究所的《东南亚研究》、中山大学东南亚研究所的《东南亚学刊》、广西社会科学院东南亚研究所的《东南亚纵横》等。综合性人文社会科学期刊包括：中国社会科学院的《中国社会科学》、上海社会科学院的《社会科学》、江苏省社会科学院的《江海学刊》、《暨南大学学报》（哲学社会科学版）、《华侨大学学报》（哲学社会科学版）、《厦门大学学报》（哲学社会科学版）等。参见徐云：《中国大陆华侨华人研究的文献计量分析报告》，《华侨华人历史研究》，2004年第4期。

（《现代台湾研究》，2003 年 2 期）、庄国土的《论台湾当局的华侨教育政策》（《台湾研究》，1994 年第 2 期）等。

台湾地区的学术界对台湾当局侨务政策的研究成果比较多，如夏诚华的《民国以来的侨务与侨教政治研究（1912－2004）》、颜彦棻的《当前华侨处境与海外党务方针》、李盈慧的《华侨政策与海外民族主义》、陈鸿瑜的《中华民国之侨务政策》和《海外华人社区发展》、杨建成的《华侨参政权之研究》、管训美的《现阶段我国侨务政策之研究》、海外华人研究学会的《三民主义侨务政策之实践与评估》、张国纲的《我国侨务行政及侨务政策之演进》、颜国裕《我国侨务政策之研究：民国六十年以后之发展分析》、张希哲编著的《中华民国的侨生教育》、詹长皓的《开拓与发扬：中华民国华侨与中华民国》和《飞跃的一年：中华民国与华侨》、高信的《中华民国之华侨与侨务》、台湾当局“侨委会”主编的《携手走过的岁月：中华民国侨务发展历程》和《中华民国建国七十年全球华侨重要活动汇志》、陈佳宏的《海外台独运动史——美国“台独”团体之发展与挑战（50 年代至 90 年代中）》、彭盛龙的《侨务行政与实务》等。

这些台湾的著作重复性研究比较多，而且缺乏学理性分析，更多的是从意识形态角度出发的“歌功颂德”，其中一些著作还是由前“侨务委员会”官员撰写。但客观地说，自 80 年代以后，台湾学者的著述中还是不乏一些较为中立和客观的研究成果。管训美的《现阶段我国侨务政策之研究》，以文献分析法为主，选择东南亚地区，研究台湾当局侨务政策的内涵，该书全面回顾了台湾国民党当局的侨务政策发展，分析了海外华侨华人面临的问题，并对台湾当局的侨务政策提出政策建言。陈文峰的《我国当前侨务政策与措施之研究》，以海外华人的眼光探讨台湾当局的侨务政策，以萌芽、发展、转变三个时期叙述“中华民国历届政府”对于侨务观念所具有的基本态度与方针，以及各个时期侨务工作的重点，对侨务机构的变迁改革进行了分析。该书还对台湾当局侨务政策制定与执行的成效进行了理论上的研讨。颜国裕的《我国当前侨务工作之研究：民国六十年

(1971) 以后之发展分析》，从政策分析的角度，阐述了台湾当局侨务政策的形成原因、规划内容，并对执行情形进行了全面的评估。该书深入论述了台湾侨务政策问题的形成，分别研究了侨务问题形成的各种原因、侨务工作“合法化”的问题，该书的最大特点是透过政策目标、资讯、人员素质与实行情况，来说明台湾侨务政策的内涵。王斯娴的《1979 年以后台湾侨务政策初探》，以台湾观点出发定位台湾当局侨务工作中的华侨及华人，并且从 20 世纪 70 年代以后国际及岛内政经情势变动的角度，来论述侨务如何作为台湾当局政策中的重要部分。该书围绕台湾当局侨务工作的几个重大问题（服务对象问题、国家认同问题、“侨委会”组织存废问题、侨务工作的功能及成效问题）展开了深入研究，并且具体将研究分成三个阶段：（1）1979－1989 蒋经国时期；（2）1989－2000 李登辉时期；(3) 2000 年以后的陈水扁时期。观察三个时期决策者与侨务政策的关系及其转变情形。游凯全的《我国侨务变迁之研究：SWOT 观点分析》，以政策管理中 SWOT 的政策分析模式探讨“侨委会”在侨教政策执行过程中所面临的优势与劣势、机会与威胁，并就政策选择、政治执行与政策变迁等问题进行了学理上和实务上的探讨研究。虽然岛内学者关于台湾当局侨务政策的论述著作比较多，但是基本上侧重于东南亚华侨华人和台湾当局关系研究，关于美国华侨华人与台湾当局关系的系统性研究还是比较缺乏。

（二）研究意义

本书的研究意义可以在以下几个方面得到体现：

1. 拓展中美关系研究领域的学术空间，开辟美国研究方向的新视野。虽然目前国内美国研究领域在华侨华人研究方面取得了长足的进展，发表了不少高水平的作品，但是，以台湾当局侨务政策演变为视角研究美国华人社会分化与变迁的学术著作相对较少，而恰恰是这种将两者结合起来的研究，更有助于我们深化对中美关系和台湾问题的认识。因此，作者撰写本书时试图在这方面做一些努力和尝试。

2. 本书在阶段划分中，将每一阶段美国华人社会内部的分化对抗与台湾当局侨务政策的演变、中美关系、两岸关系、华侨华人的政经状况变迁有机地结合在一起，这是一种有益的尝试。无论是美国华侨华人研究，还是侨务政策研究，这种系统分期在国内外学术界尚属于原创性探索。

3. 提出了中国大陆对美国华侨华人的政策建议。鉴于侨务政策的复杂性和战略性等特点，在评价和分析中国政府的侨务政策时，实际上有许多技术路线、逻辑线索、研究角度和思维模型可以参考和选择。因此，从更加广泛的领域和视角，测度和研究侨务问题可能会得到更加全面而深刻的认识。本书试图从历史的角度对 50 余年的美国华侨华人与台湾当局关系进行梳理研究，着眼点是从各个时期、不同侧面对美国华人社会的政治分化和对抗现象进行分析，进而挖掘出影响台湾当局对美国华人社会操控策略的内外因素，希望通过对这些因素的分析，寻找扩大和提升侨务政策的策略方法，以及提出在新时期我国对待美国华侨华人的基本原则。

三、概念和阶段的界定

在科学研究中，特别是在人文科学研究中，概念的预设、界定和运用是极其重要的，从一定意义上说，它是科学研究的一个必不可少的前提。就当前社会科学研究来说，概念的发展大体上存在三种趋势。一是随着社会的不断进步及人们对人类社会和自然的认识不断扩大和深化，新概念的诞生层出不穷；二是社会科学和自然科学相互影响，促进了跨学科的借鉴，特别是方法论方面的相互借鉴，从而也促进了跨学科概念的引入和互用；三是在以上两种潮流的促发下，人们对某些历史概念做出了符合时代需要的新解释，并赋予这些历史概念新的内涵和活力。辩证地说，任何概念的解释力和适用范围都具有历史和现实的局限性，毕竟它是人们在实践活动中的一种主观认识和思维反映。在华侨华人的现实研究中，人们使用了许多概念，但由于认识视角的差异，人们对这些概念的解说也众说纷纭。在本书展开之前，有必要就书中涉及的重要概念给予说明和界定，以求准确的理解和更好的交流。

（一）基本概念

1．美国华侨华人

为明确美国华侨华人的定义，首先必须了解几个重要概念：华侨、华人和华裔。

华侨是指定居在国外的中国公民。我国唐宋以前，移居于国外的华人并无固定的称呼，唐宋以后，多被居住国的人称为“唐人”，后来他们也自称“唐人”。“华”是中国的古称，“侨”是客居、寄居之意。我国古代很早就把寄居他乡的人，称为“侨人”或“侨士”。随着移民国外人数的增多，“华”、“侨”二字被联系在一起，用来称呼在国外寄居或客居的华人。1878年，清驻美使臣陈兰彬在奏章中就把中国寓居国外的人称为“侨民”。1883年，郑观应首先使用了“华侨”一词。1904年，清政府外务部又在奏折里提到“华侨”。从此以后，“华侨”一词便成为了寄居海外中国人的一种专称。1990年9月七届全国人大常委会第十五次会议审议通过的《中华人民共和国归侨侨眷权益保护法》规定：“华侨是指定居在国外的中国公民。”华侨是指居住在海外的中国公民，具有中华人民共和国国籍；如果侨居在国外的中国人加入了居住国或其他国家的国籍，就自动丧失中华人民共和国国籍，也就不再是华侨了。华侨必须是定居在中国领土之外的其他国家，定居在香港、澳门或者台湾地区的中国公民，称之为港、澳、台同胞，不是华侨。华侨必须是在国外获得永久居留权，必须是在国外定居的；公派出境短期居住或自费出国求学没有定居的，不算作华侨。总之，华侨是指那些出生在中国大陆、香港、澳门和台湾，尔后又移居国外的人，他们拥有中国国籍，这些人的心理特征以“中国取向”为主。①

① 中共中央统战部研究室编著：《新中国统一战线五十年大事年表（1949—1999）》，华文出版社2000年版，第321页。

台湾当局对华侨的定义是，侨居国外之国民。依据“中华民国宪法”，华侨应具备三个条件：1. 侨居国外之国民；2. 具有中国人之血统；3. 未经“内政部”许可丧失国籍者。① 因此，对于台湾当局来说，所谓“华侨”是指侨居国外的国民，未经“内政部”许可丧失“中华民国国籍”者，均称为华侨。笔者需要强调的是，台湾当局和台湾学术界在各种有关侨务的纲领、政策文件和研究中基本上不使用“华侨华人”，而是用“华侨”为多，因此，在本书引用台湾方面的资料时出现的多是“华侨”。

由于本书涉及台湾当局侨务研究，为避免出现概念混淆并坚持学术严谨，除引用之外，本书所指美国华侨是指未加入美国国籍而持有“绿卡”（即永久居留权）的中国公民，大陆和台湾同属一个中国，具有所谓“中华民国国籍”、享有美国永久居留权的中国移民也属于美国华侨的概念范畴。

中国对“华人”的定义，有广义和狭义之分。广义是对具有中国血统者的泛称；狭义是指已取得外国国籍的原华侨及其后裔，华侨丧失或放弃中国国籍，并取得外国国籍后，即改变身份为华人。中国的习惯用法是指狭义的“华人”，即将“华人”作为“外籍华人”的简称。与“华侨”概念相区别，华人突出政治法律身份的当地化，泛指已加入居住地国籍的所有居住海外的中国血统人。“华人”的称谓，从总体上来说是符合客观实际的，也是科学的，它一方面反映了中国血统者国籍身份的转移，严格区分了中国国籍者与外国国籍者，另一方面，体现了民族属性，即共同属于中华民族血统。著名的美国华人学者宋李瑞芳认为，由于明显的外表特征，华人将永远成为和别的民族不同的美国人。美国华人，除特指难民部分外，主要是指从中国移居来的大多数华人，或者是为谋生而从中国移居到美国的华人前辈。② 本书中的美国华人指具有中国血统、且具有美国国

① “中华民国宪法”，参见百度搜索网站 http://post.baidu.com/f? kz=113702716/。

② （美）宋李瑞芳著，朱永涛译：《美国华人的历史和现状》，商务印书馆 1984 年版，第 3—7 页。

籍的人及其后裔。

华裔是指华侨在侨居国所生并取得侨居国国籍的子女。华裔不是法律上的概念，有的专指只有部分中国血统的华人，有的泛指华侨华人等。

华侨、华人两词成为中国移民海外者的身份标志。在国内华侨华人研究中，第二次世界大战前一般使用“华侨”一词，第二次世界大战后一般使用“华人”一词，这样比较切合海外中国人的实际，但这决不是说战前都是“华侨”而没有“华人”，也不等于说战后都成了“华人”而没有“华侨”。“华侨”、“华人”的称谓是历史和现实的科学反映，“华侨”与“华人”的概念将在相当长的时期内存在并适用。长期以来，移居美国的中国人都希望在美国更好地生存和发展，争取永久居留并加入美国国籍是他们的生活目标之一，因此美国华人人数远多于华侨。20 世纪 80 年代初，随着中国大陆的改革开放，“新华侨”的出现使美国的华侨人数又开始上升。[①] 根据美国人口调查局（US Census Bureau）2000 年 12 月公布的报告，在美国的 288 万华侨华人中，[②] 有三分之一是华侨，另有超过三分之一的华人为海外出生，后归化为美国公民。而在美国本土出生的华人人口，不到华人人口总数的 30％。[③]

“华侨华人”这一称谓是中国大陆学术界的习惯用语，它的运用并不对当前海外华侨华人的发展产生负面影响。中国政府和大陆学者对“华

① 新华侨是指新近一个时期在国外定居的中国公民，在侨务工作中，也常称之为“新移民”。1993 年，全国统战工作会议明确指出，在开展海外联谊工作中要加强同新华侨的联系，这是开展海外统战工作，团结广大华侨华人不可忽视的一项工作，也是改革开放新形势的需要，对促进我国社会主义现代化建设和祖国统一大业有着积极的现实意义和深远的影响。新华侨既包括新近一个时期前往国外定居的中国公民，也包含那些留学后定居国外并有了正当工作的中国公民，新华侨仍是指持有中国护照的中国公民，他（她）们的国籍还是中国。参见林新繁：《关于新华侨的几个问题》，《中央社会主义学院学报》，1994 年第 6 期。

② 2000 年美国人口调查局公布的普查结果是，美国华侨华人有 288200 人，实际数字应超过 320 万人。原因是：1. 来自台湾的一些华侨华人不填中国裔，而填“台湾”，被列为 2000 年人口普查新设的“其他”项；2. 较之其他族裔，许多华侨华人不大愿意配合人口普查，遗漏在所难免。参见郭玉聪：《美国华侨华人在中美关系中的重要作用》，《世界历史》，2004 年第 3 期。

③ 陈奕平：《当代美国亚裔参政问题分析》，《世界历史》，2005 年第 4 期。

侨”、“华人”的名词概念，是有着明确清晰的定义，不仅在概念上有严格的界定，而且在法规、政策和政府行为上均予以严格地区分。大陆学者使用“华侨华人”这种联体，往往是在通论华侨、华人问题时出现的，反映其“面”而不是“点”，表达其“整体”而不是“个体”，论述其“综合”而不是“分析”，在这三种情况时采用连述法。① 大陆学术界在具体论述到具体的人和事时，从来就是“分述”，而不是“连述”，本文的写作同样秉持这一原则。为了避免措辞表达的两难性，大陆学术界用“华侨华人”这一概念还表达这样一个特殊的形态，即由于两岸的分离，台湾当局仍然实施所谓的“双重国籍”，从而出现了在当地法律允许的情况下，一种模棱两可、法律地位上不十分明确的所谓“双重身份”的“华侨一华人”形态。② 可以看出，“华侨华人”既是一个静态的概念，更是一个动态的概念。本文使用“美国华侨华人”这一概念主要出于两点考虑，一是为体现完整的总体论述，二是为避免措辞表达的两难性。此外，需要特别强调的是，在本文中“美国华侨华人”的研究不涵盖非法移民和难民。

2. 美国华人社会

美国华人社会是美国华侨华人的集合体，与美国国内其他移民群体一样，出于文化传统、身份认同和风俗习惯，美国华人社会从社会、文化、经济以及政治等方面维系同祖籍国的联系。华人社会是美国社会的重要组成部分，它并不是以华人社区或聚集区这种地域性概念来界定的。华人社会的成员在政治上认同当地，文化上认同中国，心理特征处于“中国取向”和“当地取向”的过渡之中或兼有双重倾向。随着社会与经济的发展，他们与美国主流社会之间存在着紧密的联系，并且受时代影响而变化并不断地发展。在以下表述中，笔者将“美国华侨华人”与“美国华人社

① 向大有：《“华侨”、“华人”称谓是历史和现实的科学反映》，《八桂侨史》，1996 年第 2 期。

② 龙向阳：《世界体系中的华侨华人与国际关系——一种历史分析与反思》，暨南大学博士论文，2003 年，第 2—3 页。

会”视为同质概念，美国华人社会这一概念在内涵上更具“整体性”，故在针对美国华侨华人群体的语境时，特别是为了表达简洁和清晰的需要，本文一般使用“美国华人社会”这一概念。

3. 台湾问题

1949年，中国共产党取得了在大陆的胜利，建立了中华人民共和国。国民党逃往台湾，仍然以“中华民国”政权的形式维持其存在。这样在中国领土上就存在因社会革命成功而代表中国人民的中华人民共和国；因社会革命而被人民推翻并逃往台湾省的国民党势力。在这两者之间存在的意识形态问题、新旧政权斗争及中央政府与地方当局的关系的问题，就成了所谓历史上遗留下来的“台湾问题”，这是台湾问题的一个重要内涵。因此，无论是从历史还是从逻辑上讲，“台湾问题”都只是中国的内政问题。

蒋氏父子主政台湾时期，始终坚持一个中国原则，坚持世界上只有一个中国，台湾是中国领土一部分的立场，并以中国“唯一合法政府”自居；坚持“反攻大陆、统一中国”的立场，坚决镇压岛内的“台独”势力，抵制和反对“一中一台”、“两个中国”、“台湾地位未定论”等分裂中国的图谋。因此，这一时期，尽管海峡两岸处于武装冲突和冷战状态，但在一个中国原则上却具有共识。正因为国共两党坚持了一个中国原则，因而以美国为首的外国势力企图分裂中国的图谋一直没有得逞。

1979年中美建交从客观上为中国政府和平解决台湾问题提供了重要的外部条件。在这种条件下，鉴于国共两党都认同一个中国原则的实际情况，中国共产党及时调整对台政策，由武力解放台湾转变为争取和平统一祖国。一个中国原则是两岸交流与和平统一的政治基础。只是由于后来国际风云突变，“台湾问题”则由于美国政府执行继续干预中国内政的政策而逐渐演变成影响中美关系的最敏感的问题，甚至曲解成了一个所谓的“国际问题”，台湾问题变得更复杂化了。1988年李登辉上台后，台湾当局顽固抗拒中国大陆的统一诉求，实施“渐进式台独”，2000年民进党执政后，执行“去中国化”政策，“台独”势力在岛内不断扩大，并以“修宪正名”为借口，图谋实现“法理台独”。在新的时期，“台独”已经成为影响地区安全的重要因素，成为中国和平发展和中华民族伟大复兴的重大障碍。

4. 台湾当局

1949 年至今，台湾当局经历了四个执政时期，即蒋介石时期、蒋经国时期、李登辉时期和民进党时期。[①] 在本书的研究中，1989 年以前的台湾当局指两蒋时期的国民党当局。李登辉时期虽然也属于国民党执政，但李登辉完全背离两蒋时期国民党的路线和方针，与之后的民进党当局都执行“台独”路线，因此，1989 年以后的台湾当局，笔者特指李登辉和陈水扁执政当局。

（二）阶段划分

法国社会学家和历史学家雷蒙·阿隆（Raymond Aron）认为，历史的周期与规律之所以可以超越局部的决定论，是以如下两个条件之一为前提的，即或者它能适用于一部暂时完整的历史，或者它能适用于全部的历史。这两个条件中的任何一个脱离了另一个，都不可能成立。为了奠定真实的、无限的周期性，最好是紧紧把握住具体过程而不要构造各种图式。[②] 本书的写作主旨不是谋求建立和构造某种历史图式和模型，而是深入研究自 1949 年以来美国华人社会演变的外在环境及内在因素的变化，探讨各时期台湾当局对美国华侨华人的政策与手段的转变。主体部分的时间跨度是 1949 年到 2002 年，由于时间长达半个多世纪，为了做到中心明确、重点突出，就必须要有一个写作的主线，这条主线就是台湾当局操控和影响下的美国华人社会的分裂对抗。这条主线的前期表现为美国华侨华

---

① 蒋介石时期和蒋经国时期中间阶段严家淦担任过“总统”，但时间很短且属于过渡性质，故没有所谓“严家淦时期”。2008 年，马英九获得选举胜利，岛内政坛实现二次政党轮替。鉴于本文完成于 2007 年，为了保持学术的完整性和严谨性，故不再列人马英九执政时期。

② 引自汤因比著，张文杰编：《历史的话语：现代西方历史哲学译文集》，广西师范大学出版社 2002 年版，第 86 页。

人中的国共之争（或谁代表中国之争），后期表现为“统独之争”。在这条写作主线的基础上，作者对时间维度进行了适当的分期。

政治学家杰罗梅·克拉伯（Jerome M. Clubb）提出，科学调查的法则可以充分地运用到涉及历史面向的研究上，凭借阶段分期来分类政治发展的模式。描述特定时空所发生的历史事件，收集不同时空下某一相类似的历史事件，建立通则或定律。[①] 本文的难点也是在于如何划分美国华侨华人与台湾当局的互动发展阶段。华侨华人在美国的历史发展存在一条比较清晰的线路和明确的分界点，诸如排华法案、第二次世界大战、1943年排华法案的废除、1965年新移民法案。国内学术界的研究也基本上遵循这样的研究框架。台湾当局的侨务政策也有一个发展演变时期。但是，如果将美国华侨华人的发展史同中美关系的互动结合起来，特别是同两岸关系和岛内政治变迁结合起来研究，那么现有的分段方法就不够了，由双方关系变为三方，甚至四方关系的互动，使我们寻找美国华侨华人与台湾当局的联系变得复杂和困难。在政治学和历史学的研究中，阶段划分的分界点基本上有两个标准：1. 政府改组或政权更替，或领导人更替；2. 政经环境面临或出现重大变化。笔者认为，历史分期的视野焦点如果太小，势必“见树不见林”，如果历史分期的视野焦点太大，又会落于讨论模糊、不够精确之弊，甚至可能忽略某些重要细节。因此在这种考虑下，并且参考以往研究成果，在时期划分上选择以下四个阶段。本书以1949年新中国成立为研究起点，以台湾当局与美国华侨华人互动关系为基本分段框架，结合中美关系的发展阶段，紧紧围绕台湾问题的历史沿革，构建起本文的阶段划分。第一个阶段从1949年新中国成立开始到1965年（美国1965年移民法颁布前）结束；第二个阶段从1965年美国颁布新移民法开始到1978年（中美正式建交前）结束；第三个阶段从1979年中美正式建交开始到1989年中美关系陷入低谷、李登辉正式执政结束；第四个阶段

① 引自汤因比著，张文杰编：《历史的话语：现代西方历史哲学译文集》，第125页。

从1989年李登辉推行“台独”路线开始到2002年陈水扁提出“一边一国论”结束。

四、研究方法和基本框架

（一）研究方法

本书以马克思主义的辩证唯物主义和历史唯物主义为指导，主要采用历史分析方法，借鉴社会学和国际政治学的理论和方法，整合文献资料进行综合研究。采取历史分析法和文献分析法相结合的方式，取每种分析方法的长处，透彻地分析美国华人社会内部政治分化与台湾当局侨务政策演变的关系。

首先，采取“历史分析法”。历史研究途径是指采用历史学的角度，运用其资料和方法，以描述政治变迁的来龙去脉，并解释其中的因果关系，即在描述历史事实的同时，指出某一特定时空发生的历史事实有一些什么前因后果。其目的在于从各种不同的时空搜集某一类相同的历史事实，抽离其特点，以建立通则与规律。根据历史事实说话是一切历史研究的基础，美国华人社会与台湾当局政策的研究也不例外。历史研究所追求的是再现历史发展的原状，揭示其内在的运动机制和规律，总结历史的经验教训，重视事实发展变化的过程。对文献的搜集和整理是历史研究的基础和条件。向学术界提供具有原始性、真实性和准确性较强的数据和资料是本论文研究的基础。历史分析方法是为研究提供一个借以铺展的逻辑前提和思维依据。因而对于它的运用，主要以文献资料为主，以过去事实为依据。

由于众所周知的原因，对笔者而言，涉及美国华侨华人与台湾当局侨务政策的第一手原始资料在收集上存在一定难度，本文在全面考量研究主题与资料需求的关系后，选择了多种收集途径，进行了艰苦而细致的收集工作。笔者分别从图书馆、书店、网络收集到美国华侨华人和台湾当局的相关资料，包括：1. 学术界目前的研究成果，如学术专著、学位论文、学术期刊等；2. 台湾当局各个时期的侨务政策、侨务纲要等资料；3. 散见于报章、书籍和杂志等有关研究对象的报道文章；4. 相关主题的网络数据库，如中国优秀博士硕士学位论文全文数据库、中国期刊全文数据库、人民日报全文数据信息库、中国人民大学复印资料全文数据库、全美国华人网（www. acwang. com）、中国侨网（www. hsm. com. cn）、中国侨联（www. chinaql. org）、暨南大学华侨华人文献信息中心（hqhr. jnu. edu. cn）、中华人民共和国外交部（www. fmprc. gov. cn）、中华人民共和国侨务办公室（www. gqb. gov. cn）等。

（二）研究限制

目前国内华侨华人研究正处于新中国成立以来最好的时期，几乎不存在什么学术禁区，学者们可以研究所有感兴趣的问题，但是由于众所周知的原因，本文还存在某些研究限制。

第一，资料的限制。华侨华人身在国外，要研究他们，要取得有关他们的第一手资料，就要深入国外华侨华人社会的社区和社团，然而，由于经费短缺等多重因素，在目前的情况下这是很难办到的。因此，在美国华侨华人研究中，在尽可能地使用原始资料信息的同时，恰当地、严谨地使用非原始资料信息，仍不失为正确的选择。

第二，学术交流的限制。由于两岸政治对立，两岸学者交流近年虽有较大的发展，但仍显不足。大多数学者赴台不易，手续繁杂，难以获取第一手资料，实地考察机会也不多，更多是通过新闻媒体获取资讯，因此容易影响研究的准确性。

第三，资料的客观性。两岸意识形态的不同，影响了两岸学术研究的客观性。尽管客观性是学术研究的最基本的要求之一，但事实上由于两岸政治制度不同，价值观差异，两岸学者对同一命题往往有不同甚至相反的认知。作者引用的相关文献资料（特别是台湾学者的研究成果）其观点的正确性和客观性在学术界尚存在争议，笔者在解读和分析这些文献资料时，力求做到学术研究的客观和公正。

（三）基本框架

本论文除了绪论部分共分为五章。绪论就本论文所研究的主要问题的提出、研究的目的和意义、文献回顾以及研究方法和研究限制进行了阐释。

第一章是对 1949 年至 1964 年美国华人社会政治分化的历史透视，这一时期华人社会表现为意识形态的对抗，台湾国民党当局在华人社会居于支配地位。本章分为三节，第一节从美国移民政策角度分析了美国华人社会经济政治地位的变迁。第二节论述了新中国成立对美国华侨华人的影响，主要是美国华人社会支持新中国力量的出现和反共反华氛围的形成。第三节在深入分析台湾当局的侨务政策的基础上，对国民党在美国华人社会的演变进行了历史考察，对华人社会两大阵营的对抗以及影响因素进行了剖析论证。

第二章分析了 1965 年至 1978 年美国华人社会与台湾当局侨务政策的关系，这一时期美国华侨华人在美国民权运动的影响下政治上开始觉醒，台湾当局对华人社会的控制和影响逐渐减弱。本章分为三节，第一节详尽论述了 60 年代美国华人社会新兴力量的发展，主要包括美国华裔青年的政治觉醒，华人社会左派力量的复兴以及保卫钓鱼岛运动的影响；第二节在阐释中美关系正常化和“台独”势力在华人社会滋生的基础上，剖析了美国华人社会反国民党力量的形成和发展；第三节论述了台湾当局对美国华侨华人的政策与手段，用大量篇幅对国民党势力在美国华人社会的活动进行了深入的分析研究。

第三章阐述了 1979 年中美建交到 1988 年美国华人社会与台湾当局侨务政策的关系，这一时期美国华人社会亲大陆力量迅速发展，台湾当局对美国华侨华人的影响处于衰退时期。本章分为四节，第一节考察了美国华侨华人社会地位的变化；第二节系统论述了美国华人社会支持中国大陆力量迅速崛起的原因；第三节论述了台湾当局侨务政策的新理念及其对美国华侨华人的操控策略；第四节从多个层面分析了国民党势力在华人社会出现衰退的原因。

第四章对1989年后台湾当局侨务政策的演进脉络进行了梳理，分析了“台独”路线对台湾当局侨务政策的影响，这一时期反“独”促统成为美国华人社会的主线，台湾当局的政策造成了华人社会新的分化。本章分为四节，第一节论述了美国华侨华人政经地位的变化，美国华人参政达到高潮；第二节分析了美国华侨华人对中国大陆的支持，华侨华人积极促进中美关系的发展，亲大陆华人游说团影响迅速扩大，反“独”促统成为华人社会的主轴；第三节考察了台湾当局“台独”路线的演变过程以及政党轮替前后侨务政策的变化；第四节阐释了台湾当局对美国华人社会造成的新分化，传统侨社对台湾当局的态度发生转变及其原因分析。

第五章是研究发现和政策建议，对50多年来美国华人社会与台湾当局政策的关系及其演变进行总结，并归纳了其规律与特点，在此基础上，笔者提炼出几点研究发现，即我国政府对待美国华侨华人应掌握的基本原则，并提出了本人对美侨务工作的政策建言。

第一章 国共意识形态对抗 台湾当局支配美国华人社会（1949—1964）

在这一阶段，中美关系处于隔绝状态，两岸关系则处于军事对峙状态，美国国内麦卡锡主义甚嚣尘上。美国华人社会的分裂和对抗突出表现为意识形态对抗，或者是谁真正代表中国之争。在这种历史背景下，华人社会形成了“两大阵营”、三大派系。两大阵营是指意识形态上的支持国民党阵营和支持中国共产党阵营；三大派系是指：一是亲大陆派，或称大陆派、亲北京派、亲共派，二是所谓的亲国民党派，或称反共派、亲台北派[①]，三是持中立态度的中间派。在台湾当局的侨务政策的影响下，在国民党势力的操控下，美国华人社会形成了亲共派和反共派的对抗，最终国民党阵营支配了华人社会。

① 在冷战时期，也称为反共派或亲台湾派，但此时的“亲台湾派”、“亲台北派”并没有任何“台独”意涵，实际上等同西方国家使用的另一个称谓“亲自由中国派”。

第一节 美国华侨华人社会地位的变迁

研究美国华人社会内部的分化和对抗，必须要对美国华侨华人在二战后社会地位有个概况性的了解，社会经济和政治地位的变化是影响美国华人社会发展的重要外部因素。美国华侨华人社会地位的改善和提高又是同美国移民政策演变成直接关联的。①

一、战后美国移民政策及其影响

第二次世界大战期间，中美两国曾并肩抗击日本，这种新的形势逐渐打开了60多年来美国排华的僵局。经过20多次的辩论，国会终于废

① 美国移民政策的演变过程及其影响，历来是我国学者关注的一个热门话题。关于美国建国后移民政策的演变过程，我国学者大致有两种观点："三阶段"论和"两阶段"论。持"三阶段"论观点者具体分期又有所不同，但都认为1882年排华法的颁布是美国移民政策变化的转折点。邓蜀生认为美国移民政策演变的三阶段是：建国初期犹豫不定的移民政策，1815－1882年自由移民的政策；1882－1924年限制和选择移民的政策；二战改变了美国的移民政策，从1945年底开始美国制定了一系列放松移民限制的法律和政策。有的学者所说的"三阶段"是这样划分的：开放移民阶段（美国建国至1882年）；限制和排斥移民阶段（1882年至二战）；限制和选择阶段（二战至现在）。有的学者的"三阶段"则指的是近代美国移民政策演变的三个阶段：选择性移民政策时期（建国至1815年）；开放性移民政策时期（1815年至1882年）；限制和排斥移民政策时期（1882年至1924年）。持"两阶段"论观点者把美国建国以来移民政策的发展变化划分为两个阶段：自由移民时期（美国建国至1882年）；限制和选择移民时期（1882年至今）。关于二战后美国移民政策的演变，有的学者认为经过了两个阶段：第一阶段，由严格限制到灵活放开的转变，主要表现在二战期间美国政府引进合同劳工和废除排华法、《战时新娘法》与《美军未婚妻法》的实施；第二阶段，50年代后移民限额制度的健全与缜密，主要表现在1952年《外来移民与国籍法》的实施、1965年颁布的《外来移民与国籍法修正案》、1990年新移民法的颁布。并认为，美国移民政策经过半个世纪的发展，形成了比较完整的法律体系，原有的僵化而狭窄的规定被废除，新立的原则和结构日趋合理和缜密，灵活性和实用性也明显增强。参见许国林：《20余年来我国学者对美国移民史的研究》，《郑州大学学报》（哲学社会科学版），2004年9月。

除一切排华法案。1943 年，美国国会通过废除排华法令的《马格纳森法案》(*Magnuson Act*)，允许在美华人加入美国国籍，同时允许每年华人移民配额为 105 人。虽然每年 105 名华人配额并不能实质上影响美国华人社会的规模，但允许美国华人入籍，却根本上改变了美国社会对在美华人的态度，他们作为美国公民的合理性得到肯定。① 长期受排华法案影响的美国华侨从此可以通过正常渠道进入美国，并有加入美国国籍的机会。

由于战后国际形势的变化和冷战的日益加剧，使美国面临着更为突出的移民问题，同时也加大了修改和重新调整移民政策的难度。一方面，世界各地成千上万的移民要求进入美国；另一方面，美国国内也存在着使移民政策更自由化的呼声。1952 年 4 月 25 日，众议院以 206 票对 68 票的绝对优势通过了麦卡伦—沃尔特议案，5 月 22 日，参议院以口头表决通过。杜鲁门于 6 月 25 日否决了该议案，参众两院随后推翻了总统的否决。②麦卡伦—沃尔特议案正式成为美国法律——《1952 年外来移民和国籍法》。③

同美国以前的移民法相比，1952 年移民法有以下几个突出的特点：

---

① 庄国土：《从移民到选民：1965 年以来美国华人社会的发展变化》，《世界历史》，2004 年第 2 期。

② Iris Chang, *The Chinese in America: a Narrative History* (New York: the Penguin Group, 2003), p. 238.

③ 美国会能在 50 年代初通过 1952 年移民法，改变以往彻底排斥亚洲移民的政策，与当时的国内外形势是分不开的。首先，战后初期美国在国内推行“公平施政”，经济上面临着从战时转向和平经济的任务，这需要大量的专业技术人员。由于欧洲也面临着巨大的重建任务，美国不可能指望从欧洲大量获得这类人才，于是便将目光转向亚洲和其他地区。而美国以往的移民政策是不能满足这个要求的。其次，在冷战的形势下，争取亚洲各国对美国的支持，是美国外交的一个重大任务。美国决策者清楚地认识到，要达到上述目的，废除歧视亚洲移民法律则是一个最好的突破口。最后，亚裔集团在大战期间对美国的忠诚表现，极大地改变了美国社会对亚洲人的印象定式，在客观上推动了美国对亚洲移民政策的改革。Robert Divine, *American Immigration Policy*, 1924—1952 (New York: Capo Press, 1972), pp. 97—99.

1. 所有种族都有入籍权，设立亚太三角区，放宽了移民的种族限制；[①] 2. 虽然制定了限额数，但也增加了非限额移民的数量，这其中包括美国公民及永久居留侨民的直系亲属。1952 年移民法为此制定了限额优先制度，30％的移民限额用于 21 岁以上的美国公民的父母和美国公民的外籍未婚子女，20％的限额给予在美国已获得永久居留权的外侨的配偶及子女。全部限额用完后如有剩余，则用于美国公民的兄弟姐妹及其子女。1952 年移民法还取消了移民的性别歧视；3. 采用给予美国急需的各类人才移民限额优先权的方法来选择移民。移民法规定，全部限额中的 50％用于美国急需的、受过高等教育的、有突出才能的各类技术人员。凡不属上述限额的移民入境时不得享受优先权；4. 限制殖民地和附属国居民使用宗主国的移民限额。移民法对殖民地和宗主国居民移民美国在数量上作了限制，规定每年各殖民地入境的人数不得超过 100 人，其主要适用范围是英属西印度群岛、香港、法属印支半岛和荷属印度尼西亚；5. 加强对移民和侨民的安全审查和归化管理。移民法详细阐明了有关申请签证、入境口岸检查以及归化程序的规定，规定 31 类“不受欢迎”的人禁止入境。[②]

由此可以看出，1952 年移民法对亚洲移民的歧视性和限制性是明显的，但同时它也标志着美国对亚洲移民政策的进一步的松动。这种有限松动对饱受排斥和歧视之苦的亚洲移民和华裔产生了重要的影响，它主要体现在以下几个方面：

---

① 1952 年移民法为亚洲移民设立了亚太三角区，在地理概念上，亚太三角区系指东经 60 度以东、西经 165 度以西、南纬 25 度以北的地区，主要包括阿富汗、巴基斯坦、印度、东南亚各国、中国、日本、菲律宾、朝鲜半岛以及夏威夷以西的太平洋岛屿。该法规定在亚太三角区内出生的外来移民，若其血统有一半以上属于亚太三角区内的一个或一个以上的独立国、土著民族或殖民地、附属国，其限额应归于该区内，这也就是说欧洲移民的限额指标将计入其出生国限额，而欧洲的亚裔移民入境时使用的限额是计入其民族血统所属的亚洲国家所属的限额；另外 1952 年法所规定的西半球实行非限额移民，但这一原则不适用于居住在西半球的亚裔。戴超武：《美国移民政策与亚洲移民（1849－1966）》，中国社会科学出版社 1999 年版，第 137 页。

② 戴超武：《美国移民政策与亚洲移民（1849－1966）》，中国社会科学出版社 1999 年版，第 148－150 页。

首先，1952 年移民法实施后最直接的后果是亚洲移民数量的增多。中国移民 1951－1955 年为 1948 人，1956－1965 年为 15865 人；与此同时，亚裔集团的入籍率也有显著上升。以中国移民为例，从废除排华法到 1952 年的 10 年内，仅有 8140 人入籍；从 1952 年移民法实施到 1960 年，入籍人数则达到 15190 人。①

其次，由于 1952 年移民法取消了移民的性别歧视，大量亚洲妇女移民进入美国。从 1950－1960 年，中国移民共 32463 人，其中女性 18250 人，占这一时期中国入境移民总数的 57.1%，1950 年最高达到 91.5%。这种现象从而产生了两个显著的后果：一是华裔集团的性别比例开始趋于平衡；二是由于男女比例的变化，而且大多数女性移民多是处于 20－39 生育年龄段，因此使得华裔集团的人口增长率不断上升。根据 1960 年的人口统计，美籍华人为 236084 人，华人人口增长了 67.4%。②

最后，由于 1952 年移民法给予美国急需的各类人才移民限额的优先权，亚洲大量的专业技术人员涌入美国，导致亚裔职业结构发生了明显的变化。美国华侨华人也从过去的低附加值的艰苦劳动中逐步解放出来，开始从事具有技术含量的职业。

二、美国华人社会经济状况的变化

（一）传统经济支柱的境遇各不相同

在二战之前，美国的华侨华人主要是依靠劳动密集型产业谋生，经济的竞争和法律的不公正待遇迫使美国华侨华人集中于族裔商业的范围以避免与白人社会发生冲突。大部分的美国华侨华人来自中国南部广东省的农

---

① Leonard Dinner stein & David Reamers, *Ethnic Americans: A History of Immigration and Assimilation* (New York: Harper & Row, Publishers, 1982). p. 109.

② Robert Divine, *American Immigration Policy*, 1924－1952 (New York: Ad Capo Press, 1972), pp. 178－186.

村，特别是四邑、三邑和中山等地区，台山话是通用语言。他们以宗亲、血缘、地缘和方言等华南农村传统的组织原则来管理华人社区。很多移民并不打算永久定居，他们通常被称为“侨居者”。[①] 因此，二战之前美国华人社会经济是以小生意为主。

二战后，这种情况基本上没有改变。华人经济主要集中在三大支柱上：洗衣业、饮食业和杂货销售业，这其中洗衣业居首位。1949 年，美国大陆有华人洗衣馆 10232 家。在 50 年代，洗衣业继续为华人经济的支柱，到 1959 年全美依靠洗衣业谋生的华侨华人约有 3 万多人，约占就业华侨华人的 30%。[②] 但是，相较于二战前，华人洗衣业还是出现了衰退迹象。首先，华人洗衣馆一般都是手工劳动，价格便宜，因此效益低下，很难积蓄大量资金以改进设备，扩大营业规模；其次，非华人营业的洗衣业引入新式大规模洗衣机械，华人洗衣业在竞争中处于下风；再次，华人子女在美接受高等教育和专业培训，他们越来越不愿意承袭父辈骡马式的洗衣生涯；最后，战后自动洗衣机及脱水机在家庭普遍使用，以化学纤维制造无需熨烫的衣着也渐渐地在社会上流行。[③] 这些因素严重打击了华人洗衣业，所以到 60 年代中期，华人洗衣业已趋衰落。到 1964 年，纽约的华人洗衣馆已经由 1960 年的 2646 家减少到 1300 多家，而华人洗衣业也不

---

① 1965 年以前的美国华人在职业、方言、社会及经济背景方面有很多共同之处。老移民大多为单身的男性，尽管很多人已经结婚，却为了寻求更美好的前景而舍弃家庭。他们希望在积攒了足够的本钱后返回中国，退休去过一种富足的生活或从商。虽然 1945 年的战争新娘法和 1946 年的外侨未婚妻或未婚夫法令允许二战中在美军服役的华人将他们的新娘或妻子带到美国，但直到 1965 年仍有很多法令对华人妇女移民存在限制，其结果是唐人街的男性远远多于女性，形成了著名的“光棍社会”现象。参见 Barry Edmonton & Jeffrey Passel, ed., *Immigration and Integration of America's Newest Arrivals* (Washington, D. C: The Urban Institute Press, 1994), p. 109–112.

② （美）陈静瑜：《从叶落归根到落地生根——美国华侨华人社会史论文集》，（台北）稻乡出版社 2003 年版，第 105 页。

③ （美）麦礼谦：《从华侨到华人——二十世纪美国华人社会发展史》，三联书店（香港）有限公司 1992 年版，第 393 页。

过占全市洗衣营业额的10％。①

与洗衣业形成鲜明对照的是餐饮业的繁荣。1948年，据美国全国饮食业的调查统计，在美国社会经常食用中式饭菜的顾客不到总人数的7％。但到50年代末，这个比例已经迅速上升20％，华人餐馆也增加到4500多家。② 华人餐馆散布全国各大小城市，美国东部、中部及太平洋沿岸各州比较多，华人餐馆最多的城市首推纽约。50至60年代，美国社会繁荣，中产阶级消费能力增加，再加上这一时期大批旧中国的"遗老遗少"由香港、台湾移居美国，进一步加大了对中式饭菜的需求量。华人餐馆在这些因素的推动下得以快速发展。传统的粤菜馆不断提高质量，而随着非粤籍人口的增加，各地京、川、湘、沪等地方菜馆也相继出现。这时期也出现了一些以美国和华人社会中上阶层为服务对象的高档中餐馆，这些企业一般投资规模大，服务周到，装修往往是金碧辉煌的民族形式。这样，战后华人饮食业呈现出欣欣向荣的景象。

1949年，在美国本土，华侨华人经营的杂货店共2047家。③ 这些商店根据服务对象分为两大类，第一类是以华侨华人顾客为主要对象，零售或批发中国杂货、食品、药材等商品，较大规模的营业部门还包括进口业务。朝鲜战争爆发后，美国对中国大陆实施禁运，大陆货物无法入境，杂货业面临倒闭的危险。一些商店为了生存不得不另找货源，所以直到中美改善之前，港台货物充斥市场，代替了大陆的商品。第二类是零售杂货店，服务对象是美国主流社会，分布地区很广。一些华人积累资本，突破小型生意的限制，向美国零售行业的模式发展，开设大型的超级市场。战后，华人杂货业在激烈的竞争中发展起来，规模不断扩大，成为又一发展

① （美）麦礼谦：《从华侨到华人——二十世纪美国华人社会发展史》，三联书店（香港）有限公司1992年版，第394页。

② 同上，第393页。

③ （美）宋李瑞芳著，朱永涛译：《美国华人的历史和现状》，商务印书馆1984年版，第142页。

势头较好的华人传统经济产业。

（二）华人社会经济呈现多元化、多层次发展趋势

二战后，由于国际环境的变迁与华人社会本身的不断演变，传统的行业已不能作为华商经济的象征，越来越多的现代行业如银行、金融、房地产、高科技企业等为华商提供了广阔的舞台，把华人经济推向一个多元化、多层次发展的历史新阶段。[①] 在工业领域，除了继续在洗衣业、食品加工业等传统部门投资外，华人进一步向高科技产业进军。在硅谷电脑工业发展中，由华商经营的约 30 多家，[②] 其中著名企业王安电脑公司自 1951 年创建，在全美百余个城市设有分支机构，海外分厂遍布 60 多个国家和地区，拥有职工 13000 多人。[③] 金融业方面，华商也颇具实力，尤其是 50 年代台湾、香港及东南亚各地的华侨华人游资纷纷流入美国，有力地促进了华资银行的创立发展，整个 50 年代，全美华资银行发展到近 70 家，控制资金达 70 亿美元。[④] 在房地产业领域，华商房地产异军突起，特别是在一些华人居住集中的城市，自 1950 年以来，华人在美国购置房产平均每年超过 2 亿美元。在交通业方面，著名的美国华人董浩云先生创立金山船务公司，拥有油轮、货轮、邮轮、客轮等各式船只 160 多艘，他本人被列入全球七大船王之一。[⑤] 此外，华商在旅游业、珠宝业、服务业及农林牧业等各方面都取得了一定发展。

在这种情势下，华商经营方式也开始由帮会家族式的小规模封建财团向现代化大规模经营模式转换。早期华商经营理念中，血缘、地缘是华商经济的重要支柱，不仅各个宗亲、乡亲之间各有其经营的侧重点，甚至于连银行都只为“本帮”、“本乡”人服务，有着浓厚的封建家族特征。随着

① 吴前进：《美国华侨华人文化变迁论》，上海社会科学院出版社 1998 年版，第 113 页。

② 陈碧笙：《世界华侨华人简史》，厦门大学出版社 1991 年版，第 386 页。

③ 黄如捷：《试论战后华人经济的变化发展》，《华侨华人史研究集（二）》，海洋出版社 1989 年版。

④ 吴前进：《美国华侨华人文化变迁论》，上海社会科学院出版社 1998 年版，第 113 页。

⑤ 陈碧笙：《世界华侨华人简史》，厦门大学出版社 1991 年版，第 267 页。

现代世界经济的发展，许多美国华商越来越清醒地意识到，陈旧的观念必须摈弃，否则将落伍于时代。他们不仅注重自身的文化教育水准，更注重于现代化的经营管理方式和手段，大量招聘有专业能力的华侨华人和外族人士从事经营，经营权与所有权日益分离，借助西方现代化的管理模式——股份公司，大力发展华商企业，到60年代中期，华商上市公司约有50家，占全美三大交易所总数0.7%。[①] 当然，若以资产论或产业额占有率而言，华商企业微乎其微，而且多数限于易于投资的领域，无法与美国大企业相比较，华商企业总体来说也只是处于初步阶段。

三、美国华人政治地位的变化

美国华人参政的历史可追溯到19世纪末。1895年，旧金山以陈德为首的一批华人组建了"同源总局"，这是美国华人第一个全国性的政治组织。[②] 同源总局的成立标志着美国华人参政历史的肇始，是一件具有划时代意义的历史事件。同源总局成立后，不断发展壮大，先后改称为"同源会"（1904年）、"同源总会"（1912年）、"美籍华人联合会"（1915年），最后还是定名为"同源总局"，它主要在移民及人权两方面为华侨华人争取合法权益。[③] 同源总局在争取和维护美国华侨华人的政治权益方面做了不少开创性的工作，表达了广大华侨华人的呼声，并得到华侨华人的广泛支持，同源总局在美国十几个城市设立了分支机构，影响不断扩大。

美国华人参政活动是在美国本土西部加州地区孕育的，它的萌芽则发生在远离本土的夏威夷准州（当时夏威夷还未正式成为美国第五十个州）。

① 吴前进：《美国华侨华人文化变迁论》，上海社会科学院出版社1998年版，第114页。

② Iris Chang, *The Chinese in America: a Narrative History* (New York: The Penguin Group, 2003), p. 67.

③ （美）陈依范：《美国华人发展史》，香港三联书店1984年版，第233页。

1900年华人伍文华当选准州参议员，1907年李日如当选檀香山市参议员，1917年钟望贤被委任准州巡回法官，1924年程金翼被委任市参议员。1926年谢有参加准州众议员竞选，并成功当选为准州众议员，是全美第一位通过竞选进入（准）州议会的华人，比美国大陆进入这一角色的华人早了整整20年。1938年邝友良当选准州参议员，1944—1948年当选准州众议院副议长，1948年升为议长。1942年谭福善当选准州毛依郡行政委员会委员等。40年代，在美国本土参政活动的代表人物是邓悦宁。1940年他以民主党候选人的身份竞选亚利桑那州众议员失败，6年后他再次竞选获胜，成为进入美本土州立法机构的第一位华人。[①] 此外，在美国本土，华人中一些有识之士开始认识到政党政治的重要性。1938年，旧金山华人周锦潮发起成立民主党华人总部，为民主党的候选人作助选宣传。40年代末，周锦潮当选为加利福尼亚州民主党中央委员。[②]

二战结束后，美国华人对政党政治的作用更加重视，将个人的参政行为与政党政治紧密结合起来。1945年，旧金山以李泮霖、关助世、邓华銮等为首的一批民主党党员，成立了“华裔民主党协会”。[③] 纽约的华人也有不少人加入民主党，华人党部于1947年正式成立，领导人有伍觉良、李鸿辉等。旧金山的华人政治精英则主要加入共和党。华人政党领袖通过政党政治，积极为华人合法权益而斗争。1950年，夏威夷准州召开制宪会议时，邝友良、李桂贤、黎英杰、毛泽、甘瑞云5位华裔当选为代表。1954年准州大选时，以毛泽为核心的民主党人挫败了共和党人，使民主党在准州参、众两院中首次夺得大多数席位。李桂贤被推选为参议院多数党领袖，钟望贤出任参议院院长。他们几人成为准州和全美担任这一职务

---

① 方雄普：《从美国华裔名人的籍贯来看五邑文化的缺陷》，《八桂侨刊》，2005年第2期。

② （美）陈静瑜：《从叶落归根到落地生根——美国华侨华人社会史论文集》，（台北）稻乡出版社2003年版，第87—96页。

③ （美）宋李瑞芳著，朱永涛译：《美国华人的历史和现状》，商务印书馆出版1984年版，第89页。

的第一批华人。1959年夏威夷正式成为美国一个州后，在民主党人占优势的夏威夷，共和党人邝友良脱颖而出，当选美国联邦参议院议员，成为担任这一高职的第一位华人。此后，他三次竞选连任，直至1977年退休，前后达17年之久，中间经历过五任总统，这在美国政界是十分罕见的，因此获得“长寿议员”的雅誉，成为闪烁美国政坛的华人“政治明星”。1963年李察臣当选该州副州长，是美国历史上第一位华人副州长。①

在美国各级权力机构中任职的华人人数逐步增加。在一些华人较少、较边远的州，通过竞选进入政界的华人更加引人注目，如前文提到的邓悦宁于1946年当选亚利桑那州众议员。在西北部的华盛顿州，陆荣昌在1961年当选西雅图市参议员，是该市第一位少数族裔参议员。在这个时期，通过委任政治进入政界的华人也在增加，并且委任官阶也呈上升趋势，如陈文华在1956年被委任为西雅图市法院代理法官，是美国本土第一位担任法官的华人。黄锦绍在1959年被委任为洛杉矶市法院法官。②自二战结束后，美国华人开始意识到只有通过参政才能更好地维护华侨华人的权益。

总之，1949年后，美国华侨华人政治、经济地位的提高和改善推动了美国华人社会的发展：美国华侨华人逐步摆脱了处于社会底层的地位，无论在经济上还是在政治上，都取得了更大的发展；由此，美国华侨华人作为一种政经资源出现在海峡两岸的争夺中，其社会地位的不断提高在某种程度上促使败退台湾的国民党当局更加重视赢获这一资源。

① （美）陈依范：《美国华人发展史》，香港三联书店1984年版，第217－220页。

② 孙甄陶：《美国华侨史略》，（台北）台湾华侨协会文教事业委员会1975年版，第78－81页。

第二节　新中国成立对美国华人社会的影响及美国国内政治

新中国的成立对整个20世纪后半期的国际社会产生了巨大的影响，国际关系史展开了新的篇章。新中国的成立对美国华侨华人的影响也是同样巨大，美国华人社会更因新中国的成立而发生了深刻的改变。

一、支持新中国力量的出现

支持新中国的力量主要是由拥护马列主义思想的左派人士、留美学生和对大陆怀有浓厚感情的华侨华人构成；在组织形式上包括支持新中国的社团组织以及中文报纸杂志、书店。在意识形态对立的冷战话语体系下，中国大陆与共产主义是划上等号的，支持新中国的华侨华人因此也被称为亲共派、亲大陆派、亲北京派。美国华人社会中支持新中国力量的主要特点是：在思想上，支持中国共产党的新民主主义革命，拥护中华人民共和国，热切希望祖国发展成为民主、文明的社会主义强国。在行为上，发表宣言拥护新中国的成立，采取行动支持新中国的建设事业。根据社团组织成立的时间来区分，以1949年为分界点，支持新中国的社团组织可以分为两类：第一类是美国华人社会中原有的左派社团组织；第二类是1949年前后涌现的支持新中国的社团组织。不过，在当时形势下，在美国支持新中国的力量并不是华人社会的主导力量。

（一）原有的左派社团组织

二战结束后，美国华侨华人左派活动主要以纽约和旧金山两地为活动中心，1949年后，这些左派社团组织都发展成为支持新中国的主要力量。

这一类社团组织主要由四部分组成：第一部分是美国华侨华人工会组织，如纽约华侨洗衣馆联合会（纽约衣联会）、中国工人互助会、加省华工合作会等，这些工会组织大多成立于20世纪30年代，积极投身于美国的工人运动，为华侨华人争取利益，与美国各左派组织联系紧密；第二部分是华裔青年发起成立的组织，如纽约华侨青年团、留美学生通讯社、加省华侨民主青年团、旧金山华侨和平民主促进会、中国民主青年同盟、旧金山华侨民主青年团等；第三部分是留美学生和旅美学者成立的组织，如国立北京大学同学会、芝加哥中国同学座谈会、北美中国学生会、国立南开大学校友会、燕京大学校友会、国立北京师范大学留美同学会、国立复旦大学纽约校友会、北美基督教学生会、上海医学院同学会、国立西南联合大学纽约校友会等；第四部分是二战结束后，反对国民党独裁统治的华侨华人社团，比较有代表性的是冯玉祥创建的“中国和平民主联盟”。长期以来，这些组织在华人社会中具有一定的影响力和号召力。

新中国成立后，这些华侨华人社团纷纷发表声明或举行活动，表示拥护和支持新中国。1949年10月2日，纽约中国新文化学会向毛泽东致电祝贺新中国成立。3日，旧金山华侨和平民主促进会、中国工人互助会、中国民主青年同盟等团体联名致电毛泽东主席称，人民共和国成立，谨保证予以最完全最坚决的拥护。19日，旧金山和平民主联盟向毛泽东致电，表示拥护和愿意支援祖国的革命和建设。[①] 1949年10月9日、10日，纽约衣联会、纽约华侨青年团及《华侨日报》联合在衣联会张贴“庆祝中华人民共和国成立”的大幅标语并悬挂五星红旗。参加9日纽约衣联会庆祝会的，不仅包括纽约市的该会会员，还有来自华盛顿、费城等地的华侨华人。大会主席纽约衣联会常委李炳岳和其他发言人，均表示对毛主席所领导的人民政府的衷心拥护，并以一致为建设新中国而努力来相互勉励。[②]

① 任贵祥、赵红英：《华侨华人与国共关系》，武汉出版社1999年版，第253页。

② （美）麦礼谦：《从华侨到华人——二十世纪美国华人社会发展史》，三联书店（香港）有限公司1992年版，第357页。

支持新中国的华侨华人对新中国寄予无限的期望，认为这是中国历史上最大的变革，中华民族从此可以骄傲地屹立于世界民族之林。1949年11月15日，支持新中国的美国华侨华人团体、留美中国文化团体及学生团体为中华人民共和国中央人民政府宣告成立发表联合宣言，[①] 宣言称："报载我中华人民共和国中央人民政府业已宣告成立。这使我们留在海外的华人欢喜若狂。这是我国两千年来最大的社会变革，这是真正的彻底的民族解放，这是近代人类史上继美国独立、法国大革命、俄国十月革命后的第四件大事。从此，我们的祖国即已成为一个真正的独立、自由、幸福、进步的新民主主义的国家，并由此而更坚固了世界和平的基础。我们认为人民政治协商会议所通过颁布的共同纲领是正确的。"[②]这些社团组织除了对于新中国表示拥护之热忱外，并严正声明："现在留在美国的文化工作者及三千六百多位同学，绝大多数都愿早日回国，在我人民政府的指导下尽其国民的职责，虚心学习，贡献其劳力，为我人民大众服务，从事新中国的建设大业。"[③] 美国华侨华人中支持新中国的力量用各种方式表达了他们对祖国的热爱和拥护。

（二）新兴的社团组织

1949年前后，美国华侨华人社会中拥护新中国的力量迅速发展，这些社团组织多是由留美学生和华人学者创建，其中比较有代表性的是"留美中国科学工作者协会"和"新中国研究会"。

"留美中国科学工作者协会"（简称科协）是美国华侨华人科学界比较

---

① 这些组织和团体分别是中国新文化学会、留美中国科学工作者协会总会、中国科学工作者协会纽约区会、中国科学工作者协会波士顿区会、哥伦比亚大学教育学会、留美学生通讯社、芝加哥中国同学座谈会、波士顿中国问题座谈会、纽约中国妇女会、纽约华侨青年团、旧金山华侨民主青年团、旧金山新中国研究会、国立北京大学同学会、国立南开大学校友会、燕京大学校友会纽约分会、国立北京师范大学留美同学会、沪江大学同学会、国立复旦大学纽约校友会、国立武汉大学纽约同学会、上海医学院同学会、国立西南联合大学纽约校友会、纽约新社会科学研究会等。

② 《人民日报》，1949年11月16日，第6版。

③ 同上。

活跃的一个进步团体。其成员是研究生以上的中国留学生和在美国讲学的中国学者，大多数是从事自然科学研究，也有少数是从事社会科学研究的学者。科协始建于1948年，理事有华罗庚、张文裕、许如深等九人，行动宗旨是争取团结更多的留学生归国，为发展祖国的科学事业做出贡献。[①] 科协在旧金山、纽约、波士顿、芝加哥等大城市不定期举行一些学术和社会活动，探讨学术问题，交流学习经验，联络感情，互通有关国内外的消息。在旧金山湾区的科协分会还出版一份不定期刊物《通讯》。[②] 1950年6月，科协在芝加哥举行过一次非正式的全国性会议，本拟成立一个全国性组织，但鉴于当时的国内外形势及中美关系的状况，最终放弃了这个计划。[③] 1949年底，中国旅美学者和留学生响应祖国和周恩来总理的号召，开始成批回国。许多人取道旧金山去香港，再乘船到东北和华北。当时美国政府对中国回国人员设置了重重障碍，为了协助过境学者安全回到祖国，做好安全、交通、联络、生活等方面的服务，科协旧金山分会做了大量工作。他们为回国学者订购去香港的船票，介绍旧金山华埠经济实惠、方便安静的旅馆，负责接送并保证他们的安全。华罗庚、唐敖庆、葛春霖、钱葆功等著名学者都受到他们的热情接待。[④] 朝鲜战争爆发后，由于大部分成员离美回国和美国国内掀起反共浪潮，科协停止了活动。

1949年9月，"新中国研究会"在旧金山成立，它是在旧金山华埠从事报业工作的华侨华人、留学生以及在加州大学柏克莱分校学习的研究生自发组织起来的。该研究会一方面通过学习、研究和讨论，更好地了解新中国政府的各项政策，另一方面通过报纸和学生会在华侨华人社会中传递

---

① 关春如：《美国华侨概况》，(台北) 正中书局1989年版，第78－81页。

② 李春辉、杨生茂：《美洲华侨华人史》，东方出版社1990年版，第302－303页。

③ 同上，第303页。

④ 同上，第304页。

信息。[①] 新中国研究会的会员人数不多，但还是具备一定的群众基础，因为它的成员既有从事报业工作人，也有加州大学柏克莱分校中国留美学生会的负责人和留美科学工作者协会旧金山分会的骨干。他们定期举行有关新中国问题的讨论会，互相传递新中国的消息，提高对新中国的认识，动员留学生回国参加建设工作。

新兴的支持新中国社团主要由美国华侨华人中的知识分子和留学生组成，他们渴望了解新中国的发展情况，希望能够运用所学知识在新中国的建设中发挥作用，以前国民党政权的腐败统治使他们对效力祖国的热情消退，新中国的成立又使他们充满了希望。

（三）支持新中国的大众媒体

20 世纪 50 年代，电视和电子媒体在美国还并不普及，而主流社会的英文报刊对美国华侨华人的报道不多，且多是负面新闻，中文报纸杂志则成为沟通美国华人社会信息的主要媒介，美国华人社会的各种政治派别都将中文报纸视为传达其政见最为有利的工具。早在二三十年代，美国华人社会就有中国共产党人和支持中国共产党的左派人士在从事报业活动。中国共产党人先后在美国创办了两份中文报纸《先锋报》和《救国时报》。[②] 在此期间，美国华侨华人中的左派人士还创办了多份报纸，其中以《美洲

---

① 陆国俊：《美洲华侨史话》，天津教育出版社 1991 年版，第 79—82 页。

② 《先锋报》原名《先锋》，1928 年 4 月由一批在美国的左派留学生（施滉、冀朝鼎、章汉夫等）、左派人士（朱夏、黄文山）和华侨青年（谢创等）组织的“美洲拥护中国工农革命大同盟”创办，谢创是中共和美共的党员，该报的宗旨是宣传进步的政治主张，揭露国民党破坏革命的阴谋。初为不定期油印出版，不久从旧金山迁至费城出版，由费城左派人士朱夏主持，1930 年再迁至纽约出版，改名《先锋周报》，申明该报是美洲华侨劳苦群众唯一喉舌。1938 年，为集中力量办好由法国迁美出版的《救国时报》，《先锋报》于 7 月 28 日宣布停刊。该报存在的 10 年中，黄文山长期担任主笔，美华人学者麦礼谦认为，该报是“美洲华人社会里第一份以马列主义为主导思想的群众性报纸”。王士谷：《海外华文新闻史研究》，新华出版社 1998 年版，第 145 页。

华侨日报》和致公堂主办的《纽约公报》等最为著名。[①]《美洲华侨日报》被喻为“第一家向华埠传统势力挑战的中文报纸”,[②] 也是美洲华人社会第一家以左派立场出现、积极报道中国共产党领导抗日根据地军民英勇斗争事迹的中文报纸。二战期间，这些左派人士创办或主笔的报刊坚持团结、进步、抗日、救国的立场，对动员和团结美国华侨华人投身祖国抗日民族解放斗争起了巨大作用。

国共内战期间，一些受过西方民主自由主义思潮影响的中产阶级知识分子由于反对国民党的独裁统治，在美国华人社会逐渐形成一股政治力量。1946 年，胡景南、胡景涛、区宠赐、黄培正、何振雄合股办《太平洋周报》。[③] 这是一份美国华侨华人以自由主义立场出现的报刊，对中国政局采取实事求是的态度，既不倒向国民党也不偏向共产党，社论比较中立。但是，由于它对国民党政权的贪污腐败统治有所批判，所以在华人社会中被认为是亲共报纸，国民党也是采取各种手段对《太平洋周报》进行抵制。[④]

美国华人社会内支持中国共产党的左派人士还致力于创办进步书店，运用舆论工具与国民党当局展开斗争。1948 年，梁小麦在旧金山创办绿

① 《美洲华侨日报》系由纽约华侨集股创办，主要筹办人为纽约衣联会英文书记唐明照和梅参天等人，唐明照曾担任社长，之后又兼任总编辑。1940 年 7 月 7 日为该报的创刊日。该报选在“七七”卢沟桥事变三周年纪念日创刊，意在提醒全体华侨华人勿忘国耻。《美洲华侨日报》每天出版对开 8 个版，该报的版面在当时可以说有相当高的专业水平，其内容都是广大华侨华人所关心的。因此，《美洲华侨日报》出版之后影响迅速扩大，发行份数不断增加，不仅在纽约，还发行到美国西海岸和加拿大、南美洲。40 年代中期是该报发行最多的时期，每日可达 4000 多份。王士谷：《海外华文新闻史研究》，新华出版社 1998 年版，第 135 页。

② 王士谷：《海外华文新闻史研究》，新华出版社 1998 年版，第 139 页。

③ 麦礼谦：《从华侨到华人——二十世纪美国华人社会发展史》，三联书店（香港）有限公司 1992 年版，第 339—341 页。

④ 《太平洋周报》克服种种困难发展成为华埠一份拥有固定读者群，具有一定影响力的周报。由于当时华人社会里自由主义势力还是比较弱小，且又缺乏强有力的政治组织作为后盾，再加上办报指导思想的一些主观因素，《太平洋周报》长期只停留在周刊阶段，没有进一步发展成为一份有更大影响力的日报。麦礼谦：《从华侨到华人——二十世纪美国华人社会发展史》，三联书店（香港）有限公司 1992 年版，第 357 页。

源书店，该书店主要销售中国新文学作品及进步书刊。[①] 不久发展成为全美最完备的进步中文书店，邮售的书刊遍布美国各地。此时，国民党军队在中国大陆已全面溃败，蒋介石政权摇摇欲坠，新中国的建立指日可待。1949 年初，美国西部华人社会为了准备迎接这一新的形势，以左派成员为主的旧金山进步人士发起筹办《侨众日报》，但国民党分子探知这一消息后，就在他们控制的报章上肆意攻击，恐吓准备入股的华人，导致招股的工作进展缓慢。[②]

1949 年 5 月 4 日，蔡福就、蔡沧溟兄弟创办了《金门侨报》。这是自 20 世纪 30 年代以来，华侨华人最大聚集地旧金山的第一份左派华文报刊。[③]《金门侨报》以周刊形式发行，创刊号上的头条新闻是《解放军集结大军准备向上海发动总攻》，社论题目是《为建设新民主主义的新中国努力》，在专栏中介绍了天津工商业的迅速恢复和发展并且刊登了纪念五四运动 30 周年的评论和批判胡适的文章。[④]

支持新中国的中文报刊大多由美国华人社会中的左派人士所创办，而且创办时间主要集中于新中国成立前，这反映出亲大陆的华侨华人对新中国的成立充满期望，希望这些报刊能够成为未来新中国在美国华人社会中的桥头堡。另一方面，这些报刊都是在国民党势力的阻挠打压下创办和发展的，这也反映出当时支持新中国华侨华人的坚强决心。

二、美国社会中的反共反华氛围对华人华侨的影响

新中国成立之后，尽管许多美国华侨华人支持和拥护新中国，对新中

① 王士谷：《海外华文新闻史研究》，新华出版社 1998 年版，第 211 页。

② （美）麦礼谦：《从华侨到华人——二十世纪美国华人社会发展史》，三联书店（香港）有限公司 1992 年版，第 340 页。

③ Iris Chang, *The Chinese in America: a Narrative History* (New York: The Penguin Group, 2003), pp. 131－132.

④ 熊国华：《美国梦——美籍华人黄运基传奇》，花城出版社 2002 年版，第 82 页。

国的发展充满期盼，希望中国共产党将饱受苦难的祖国建设成为一个强大的国家。但是，美国国内政治在中美关系对峙的影响下笼罩在一股反共反华的气氛中，支持新中国的力量在这一反共的土壤中生长和发展受到巨大的阻碍。

（一）中美关系对峙的影响

1949 年中华人民共和国成立之时，以美国、苏联为首的两大集团对抗的东西方冷战国际格局已经形成。中国政府为了保卫新生的社会主义共和国的安全与利益，根据当时国际形势，决定“另起炉灶”、“打扫干净屋子再请客”，制定了站在以苏联为首的社会主义阵营一边的“一边倒”的外交战略。新中国的成立意味着美国推行的“扶蒋反共政策”宣告破产，在经历一段时间的观望和对华政策大辩论后，美国政府开始推行敌视中国的政策，美国国内反共反华思潮和活动再次兴起。朝鲜战争爆发后，杜鲁门即下令第七舰队进驻台湾海峡，同时增派第十三航空队常驻台湾，以武力阻隔大陆与台湾的接触。随后，以美国为首的所谓“联合国军”越过三八线，这样就构成了对中国的直接军事威胁，这必然遭到中国人民的强烈反对和回击，而美国则最终确立了全面遏制和敌视中国的政策。

1951 年 11 月，美台签订秘密军事协定，根据这一协定，美驻台军事援助顾问团在台北设立，美蒋双方海陆军归麦克阿瑟统一指挥，以共同防守台湾。1952 年 3 月，美发表 128 号文件，强调美国可以采取单方行动，确保台作为美国的军事基地。1954 年 12 月，杜勒斯与国民党代表叶公超在华盛顿签署了《美台共同防御条约》，并操纵国会通过了《台湾决议案》。通过这一条约和议案，美国承担了向国民党军队提供援助，提高共同作战能力的责任，这样就以法律的形式确定了美台之间的军事互助同盟关系。台湾当局还同意美国在台澎及其附近为其防卫所需要而部署美国陆空军之权利，[①] 从而使美在台长期驻军合法化，而且美国会授权总统，于

---

① *FRUS*, 1952－1954, Vol. 14, p. 860.

其认为必要时得以使用美武装部队，专事确保台湾与澎湖，以防武装攻击，[①] 从而将台湾正式纳入美核保护伞下，公开干涉和阻挠中国统一。

与此同时，美国国内麦卡锡主义甚嚣尘上，美国一部分当权者认为，国内必定有一批共产主义同情者，他们隐藏在政府部门中，是他们“把中国出卖给俄国人”。[②] 同台湾有密切联系的“院外援华集团”等右翼势力乘机大肆鼓噪，他们的声音充斥于政界和舆论界。于是，对中国历史和现状有深刻了解的人士遭到排挤、陷害，甚至被剥夺为美国对华政策提供咨询的权力，美国国内的反华势力和言论则占据了支配地位。

至此，中美之间处于尖锐对立中。为了搞垮中国，美国始终保持对中国最大限度的压力。在政治上，美国不仅自己不承认新中国，不同中国建交，还阻挠其他国家同中国建交，阻挠恢复中国在联合国的合法席位，企图孤立中国。在军事上，美国通过编织条约网对中国形成半月形军事包围圈，并通过朝鲜战争、越南战争等来遏制中国。

在经济上，美国对中国实行全面封锁和禁运，阻止中美民间贸易往来。美国当局对从中国大陆输入的货物严加取缔，重罚违反规定的华侨华人。所以到50年代中，中国大陆的货物基本上已经在市面上绝迹，被其他来源的货物所代替。就连中国文化的传统瑰宝——中医草药也列入被禁货物，由于很多草药是中国大陆的特产，很多缺货的中医药材店只能倒闭，中医缺乏草药陷入困境，很多人不得不转行。[③] 禁运给了台湾难得的机会夺取中国大陆商品的市场。在美国经济援助和强力支持下，台湾集中力量发展各种轻工业，将产品输入到世界市场。到60年代初，美国已经成为台湾外销市场的第二位，货物以夹板、纺织品、糖、加工食品

① *FRUS*，1952—1954，Vol. 14，pp. 871—872.

② U. Alexis Johnson，*The Right Hand of Power*（Englewood Cilff，New Jersey，Prentice—Hall Inc. 1984），p241.

③ Lee Betty Sung，*Mountain of Gold*：*The Story of Chinese in America*（New York：MacMillan，1967），pp. 178—190.

为主。[1] 台湾向美国华商销售的货品主要是加工食品和工艺品。在华人社区，台湾加工食品及工艺品替代了部分传统中国大陆货物。但台湾在美国销量最高的加工食品不是传统中国货物而是新兴的罐装洋菇。[2] 1964 年，台湾当局"侨委会"和"外汇贸易审议委员会"决定由台湾的洋菇联合出口公司对美国华商客户实行配额制度。[3] 这样，洋菇这个商品成为了台湾当局用来拉拢华商或奖赏"忠贞"于台湾当局人士的奖品，成为台湾当局争取华商支持的有效武器。

在文化上，中国大陆的报纸和书刊都列入禁运之列，甚至香港一些与中国大陆有关系的报社及出版社的刊物，到美国海关也被查收。中美两国之间的文化交流、文艺表演活动自然也是断绝了。在这种情况下，台湾当局输出的文化在美国华人社会处于垄断地位，台湾地区差不多成为唯一可以满足华人社会对中国文化需求的源泉。

（二）美国国内的反共反华浪潮

在美国国内疯狂的反共反华浪潮影响下，华侨华人和留美学生成为最大的受害者，他们被强迫要求同新中国切断联系，否则就会遭受美国政府的各种政治迫害。在这种反共高压措施下，大部分华侨华人选择同新中国划清界限，反共、恐共、反华主导了这一时期美国华侨华人的政治态度和身份认同。

1. 强迫留美学生同新中国切断联系

1949 年后，美国对新诞生的人民政权采取经济封锁和外交孤立政策，

---

① （美）麦礼谦：《从华侨到华人——二十世纪美国华人社会发展史》，三联书店（香港）有限公司 1992 年版，第 352 页。

② 60 年代，洋菇成为美国华人餐馆争购的价廉物美的食品。1963 年至 1964 年间，在美国销售的洋菇已经达到 70 万箱，其中华商占销菇比率达 23%。参见麦礼谦《从华侨到华人——二十世纪美国华人社会发展史》，第 352－353 页和 L. Tung, *The Chinese in America*, 1820－1973: *Chronology and Fact Book* (Dobbs Ferry: Oceana Publications, 1974), pp. 120－131.

③ L. Tung, *The Chinese in America*, 1820－1973: *Chronology and Fact Book* (Dobbs Ferry: Oceana Publications, 1974), p. 68.

在文化教育上则宣称不让数千名受过高科技训练的中国学生回国“资敌”，对他们回国百般刁难，诸如到移民局签证、买船票等方面故意为难。1950年4月、5月间，美国政府下令停止直航中国的客船。[①] 1950年6月朝鲜战争爆发，美国商务部于12月2日宣布，自12月3日起对中国大陆、香港、澳门的出口实行全面的许可证制度，并对中国实行了“绝对禁运”。16日，美国政府宣布，将中国共产党在美国管辖内的一切资产置于管制之下，并禁止在美国注册的船只驶往中国口岸，侨汇也是被禁止之列。同时，美国政府下令阻止中国科技学者及留学生离境回国，其中就包括著名火箭专家钱学森。[②] 当时，有近5000多名留学生滞留在美国，有不少留学生要求回国，当他们向美国政府申请离境时，美国政府却通知他们不得离开，甚至威胁说，谁要违反这一命令，将被判处5000美元以下罚款或者5年以下徒刑，或者同时予以两种处罚。[③] 于是，4000名中国留学生大部分人经美国“安全调查”之后，调整身份宣布同新中国中断联系，在美国就业或继续进修。[④] 除了客观上美国政府的阻挠外，以及一些现实的考虑，[⑤] 从主观因素上看还有三个原因：（1）一些留美学生对新中国还是没有深入、正确的认识，对共产党领导建立的新政权缺乏了解，存有怀疑、

---

① 山东省政协文史资料委员会编：《留学生活》，山东人民出版社1992年版，第165页。

② 陶文钊主编：《中美关系史（1949—1972）》（中卷），上海人民出版社2004年版，第73页。

③ 同上，第195页。

④ 王奇生：《中国留学生的历史轨迹》，湖北教育出版社1992年版，第34页。

⑤ 留学生滞留美国还有两个现实的考虑：一是为完成学业或攻读更高的学位。新中国成立时，许多人学业未完，正读着硕士或博士学位，就此中断觉得可惜；有的虽读完了硕士学位，还想继续拿到博士学位。他们觉得好不容易来到美国，刚来时困难重重，经过一段时间，已经适应，对学习研究已有了初步认识，而就此放弃实不忍心，感到机会难得，不宜错过，要继续读书，充实自己，等学位更高，资格更深再回国不迟，这样不论对个人、对家庭甚至对国家都更为有利。但等到学业完成之后想回国时已经难以脱身。二是美国优厚的物质条件、理想的工作环境和开明的政治气氛的吸引。留学生毕业后，在美国已有或易于找到自己理想的工作，不仅薪水多，生活条件优裕，而且具有先进的教科研手段。他们估计回国后工作开展会障碍很多，困难重重，难以施展抱负，不易创出成果。加之，中国历来封建残余严重，行政干预过多，也影响了经过西方文明陶冶的知识分子回国的积极性。参见杨富森：《我在美国三十年》，三联书店1985年版，第42—45页。

观望的态度。在学校读书时，他们长期深受国民党宣传机构的影响，对中国共产党怀有错误的认识。这些学生留美的动机原是因为国民党政权的腐败让他们对在国内发展彻底失望，如今，中国共产党取而代之，他们很难确定共产党人一定会比国民党强；（2）大部分留美学生还抱有一种想法，认为一个政权在最初开始时不会安定，希望等到国内政局稳定之后，再回国效力；（3）大部分留学生还受到传统儒家清高态度的影响，认为读书人应当“君子不党”，不应卷入政治斗争漩涡中。[①] 由于抱持这些想法，因而对共产党及其领导建立的新政权缺乏了解而滞留美国的留学生在这部分人中占有不小的比例。

2. 迫害华人社会中支持新中国力量

新中国成立后，海外华侨华人欢欣鼓舞，这对于美国华人社会的国民党势力是个严重的挑战。国民党势力在美国政府的纵容下，甚至采取暴力与恐吓手段对支持新中国的力量进行打压和迫害。台湾当局驻纽约“总领事”张平群，就借华侨华人悬挂五星国旗而要求美国政府出面干涉，并扬言悬挂新国旗将“动爱国者之公愤而引起严重的秩序骚乱”。[②] 旧金山的加省华工合作会利用他们的12周年纪念大会，于10月9日在同源会礼堂隆重庆祝新政权的诞生。但当晚却被国民党雇用的暴徒捣乱会场，而当地政府没有采取任何行动加以制止。[③] 10日，在国民党分子组织的“双十”巡游中，又有人散发反共传单。传单是由“大中华民国护国团”署名，公开叫嚣“肃清本埠汉奸”，而且列出了“出卖祖国的汉奸共产党匪徒”，他们是“谢侨远、梁发叶、李柏宏、蔡荇洲、陈铁民、王珏、李一中、余仁山、唐明照、李仲棠、王福时、林坚夫、李春晖、马赐汝、朱汝聪”。[④]

---

① 孔凡岭：《战后初期留美学生大部滞留的原因及影响》，《齐鲁学刊》，1996年第6期。

② （美）陈依范：《美国华人发展史》，香港三联书店1984年版，第298页。

③ 《人民日报》，1949年10月23日，第1版。

④ （美）麦礼谦：《从华侨到华人——二十世纪美国华人社会发展史》，三联书店（香港）有限公司1992年版，第343页。

从这个名单可以看出，这些人分别是几个支持新中国左派组织——中国和平民主联盟、《金门侨报》、华工合作会和民主青年团——的领导人物。另外，余仁山是反对蒋介石政权的《纽约新报》负责人，唐明照是纽约《美洲华侨日报》的负责人。

支持新中国的中文报刊很快遭受到中美关系恶化的影响以及国民党势力的打压。《金门侨报》本来是由《太平洋周报》承印，但中国人民志愿军入朝参战后，《太平洋周报》负责人就停止接印，该周报也于1950年底停刊。受到波及，《中西日报》在不利的政治环境和经济困难重重冲击下，也于1951年初停刊了。[①]《美洲华侨日报》是当时美国最有影响力的亲大陆报纸，因而自然成为反共势力打击的主要目标。1950年10月后，国民党就怂恿纽约中华公所通过议案，抵制《美洲华侨日报》。随后，国民党分子不断威胁《美洲华侨日报》的广告客户，逼迫他们停止刊登广告。亲国民党的报馆拒绝发报给经销《美洲华侨日报》的报商，同时采取卑劣手段，遣派暴徒骚扰出售《美洲华侨日报》的报摊。[②] 在反共势力的打击下，《美洲华侨日报》仍然能够艰难维持，但更为严峻的是，美国政府也开始对该报实施打压和迫害。1952年，美国政府控告《美洲华侨日报》报社社长梅参天、报馆前总经理黄文耀（原名余直民）刊登南洋商业银行、香港中国银行及台山人民银行办理海外侨汇的广告，然后又控告《美洲华侨日报》董事及衣联会会员陈佑润、谭育民与陈康明通过香港南洋商业及华侨服务银行汇款给中国大陆。起诉书共有53条罪状，罪名是违反了《与敌通商法》。《与敌通商法》是第一次世界大战期间，于1917年由

---

① 《中西日报》原为亲国民党报纸。1949年底，《中国少年晨报》和《国民日报》正拟联合投标买下《中西日报》，保持该报的亲国民党立场，但《侨众日报》的招股主要人物通过周森和周锐等社区人士以约8万美元购得产权。周森和周锐委任谢远侨为经理，马季良为总编辑，《中西日报》转而成为旧金山华埠一份同情新中国的报纸。（美）陈依范：《美国华人发展史》，香港三联书店1984年版，第276页。

② Joseph Hraba, *Chinese Americans and American Society*, Chapter 11, in *American Ethnicity*. 2nd Ed. (Illinois: F. E. Peacock Publishers, Inc. 1994), pp. 19—21.

美国国会通过的法案，35年来从没有执行过，这也是第一次援引该法进行判决。[①] 1954年6月，法院判梅、陈、谭等人有罪，余直民无罪，判《美洲华侨日报》罚款25000美元。梅参天原判监两年，后来经过上诉减为一年，谭有民在上诉期间去世，其他两人的减刑为半年。此后，联邦调查局和移民局不断给该报的读者及广告客户制造各种各样的麻烦，致使《美洲华侨日报》的营业额一落千丈，订户一度降到400余人。到1963年，该报从日报改为每周出版两次。[②]

3. 切断华侨华人与新中国的联系

《美洲华侨日报》遭受的打击，只是当时美国华人社会亲大陆力量众多受迫害案件的一例。50年代初期，美国政府在麦卡锡主义的影响下加紧监视亲大陆及左翼人士，注意他们是否有“颠覆危害”美国的举动。从50年代初到60年代中，联邦调查局和美国其他情报部门，加紧跟踪亲大陆人士的行动，暗中监视，并调查盘问。反共政客经常以调查共产党活动为借口，召开各种听证会，传召在社会上活跃的著名亲大陆人士作证。这种听证会实质上是一种不执行法律程序的非正规审查法庭。由于华人人口少，所以被传召的证人远不及美国其他各族裔那么多。众议院的“非美活动委员会”（House of Un－American Activities Committee）于1953年在旧金山召开听证会，传召工人运动积极分子美国华人马球；1956年，在旧金山传召世界戏院经理蔡沧溟。1957年在纽约传召《美洲华侨日报》总编辑李顾鸿。[③] 在这种反共歇斯底里的情形下，许多华侨华人不敢表达自己的观点，避免参加政治活动，即使不真心反对新中国，却也担忧同共产党联系起来，反共和恐共情绪在华人社会迅速蔓延。

---

① （美）陈静瑜：《从叶落归根到落地生根——美国华侨华人社会史论文集》，（台北）稻乡出版社2003年版，第69页。

② （美）麦礼谦：《从华侨到华人——二十世纪美国华人社会发展史》，三联书店（香港）有限公司1992年版，第346－347页。

③ 同上，第349－350页。

1955年12月，美国驻香港总领事埃弗雷特·德鲁姆赖特（Evertt Drumwright）向国务院报告说，在香港有一个制造假护照和签证的地下组织，中共正利用这一组织向美国渗透。随后联邦调查局和移民归化局大肆搜查全美各地的华人社区，并制定了大规模驱逐华人的计划。只是在全美华人福利会的持续努力和游说下，美国政府才放弃这一计划，但要求有非法入境历史的华侨华人向政府坦白，并证明没有参与颠覆政府的活动。这次大搜捕给华人造成了巨大的经济损失和沉重的精神负担，仅纽约市美国华侨华人一周损失就达10万美元。①

纽约衣联会是支持新中国的主要华人社团之一，因此也成为美国情报机关重点监视和打压的对象。衣联会的积极分子经常受到美国联邦调查局无理的盘问，一些会员由于经受不住这种折磨而与衣联会保持距离，衣联会的规模不断萎缩。衣联会的兄弟团体——纽约华侨青年团在50年代也在这种反共反华的政治压力下停止活动。在旧金山，支持新中国的华工合作会的会员下降到只有20人左右，到1953年也不得不停止活动。② 亲大陆团体只有华侨民主青年团和绿源书店还能够勉强维持到50年代末。华侨民主青年团虽然一直坚持活动，但在华埠的活动难度越来越大，只能集中精力团结及结交青年朋友，活动的政治色彩也不浓厚。华埠的话剧运动已经趋向沉寂，但华侨民主青年团依然能够定期演出话剧，同时又介绍中国的新文化，比如冼星海名作《黄河大合唱》及中国民歌、秧歌剧《兄弟开荒》、中国民族舞蹈等。1955年，华侨民主青年团出版美国第一份使用中文简体字的综合性油印月刊。1958年，“民青”成立第一个采用中国汉语拼音授课的普通话学习班。但是该组织的成员却被联邦调查局跟踪盘问。自50年代后期开始，华侨民主青年团领导人鉴于当时的恶劣环境，

---

① Tsung Chi, *East Asian Americans and Political Participation: a Reference Handbook* (Santa Barbara, Calif.: ABC—CLIO, 2005), pp. 101—122.

② Arthur M. Schlesinger, *The Disuniting of America* (Knoxville: Whittle Direct Books, 1991), pp. 98—115.

决定于1959年宣布解散。绿源书店也在重压之下于1957年倒闭。[①] 到50年代末，亲中国的华人左派组织全部瓦解。

由于中美两国的对立，种族主义者的排华活动也开始出现。有些华侨华人商店遭到种族主义者的破坏，个别华侨华人受到骚扰恐吓。在这种情势下，绝大多数华侨华人担忧将会被列为“敌国侨民”，冻结资产，重演第二次世界大战日裔美国人被关入集中营的悲剧。因此，一些华商为了避免遭受厄运，在意识形态对抗的形势下，采取各种行动表示效忠美国政府和台湾当局。1964年，法国承认中华人民共和国后，美国华侨华人希望中国可以很快为国际社会承认。然而，如前文所述，华侨华人以个人名义寻求中美邦交正常化，必将招惹其自身对美国忠诚的质疑。在这种状况下，以《中美周报》和《太平洋周报》为代表的中文报纸均建议其读者不要卷入有关中国问题的讨论，并主动切断与中国大陆的联系，鼓励华侨华人学习美国的法律和政治体系，希望全体华侨华人团结一致，以实现他们在美国的人生目标。[②]

冷战铁幕的降落迫使海外华侨放弃“落叶归根”的观念并进行唯一的选择——落地生根。[③] 在整个冷战时期，中国被封锁且被西方国家所孤立。在大多数国家，华侨华人被禁止与在中国大陆的任何人发生联系，即使其亲属也不例外。实际上，在许多反对“红色中国”的情绪变成为偏执狂的国家，特别是在美国，华侨华人不仅要在身份上变成为永久居民之外，而且还要做许多事情证明已经割断同中国大陆的联系。他（她）们必须通过言不由衷地谴责中国大陆以证明对美国的政治忠诚，有时包括文化

① （美）麦礼谦：《从华侨到华人——二十世纪美国华人社会发展史》，三联书店（香港）有限公司1992年版，第349页。

② Earl Swisher, *Chinese Representation in the United States* (Boulder: University of Colorado Press. 1967), pp. 155－159.

③ 王灵智著，陈欣译：《美国华人研究的新模式》，《华侨华人历史研究》，1994年第4期，第21页。

上的效忠，并且将自己与共产党和新中国分离以避免对其忠诚度的猜疑。[①] 因此，在近20年期间，美国华人社会与中国大陆的联系终止了。

第三节　台湾当局对美国华侨华人的政策和影响

自50年代起，台湾国民党当局把争取海外华侨华人的支持作为重要战略之一，台湾当局将海外华侨华人当成支持“反共复国”的一支重要力量，并以此作为其“海外工作”的重点。1950年，蒋介石在广播讲话中提到，“光复祖国，重建故乡，创造真正自由、平等、民主、幸福的新中国，都有赖于我们海外同胞的智慧、人力和财力……”，“海外同胞如能团结在一个目标下，共同努力，其力量和台湾60万军民的力量是有过之而无不及的，我们要反攻大陆，一定要以侨胞的力量，及大陆上反共抗暴的力量联合。这三大力量联合一致，一定可以获致反共战争的胜利。”[②] 蒋介石将海外华侨华人的力量提升为“反共复国”三大力量之一，可以看出他对侨务工作的重视程度。对于当时财务困窘的台湾来说，海外华侨华人的人力、物力、财力，不但具有经济上的意义，而且可以阻止华人资金流向大陆，并能在海外地区反抗中共政权，以达到围堵新中国的目的。

一、国民党与美国华人社会关系的历史考察

新中国成立后，国民党败退台湾，但是从某种意义上说，国民党在美国华侨华人中的影响力却并没有受到削弱反而有进一步加强的趋势，国民

---

① Joseph Hraba, *Chinese Americans and American Society* (Illinois: F. E. Peacock Publishers, Inc. 1994), pp. 76－77.

② 张其昀：《先总统蒋公全集》（第一卷），（台北）中华文化大学1984年版，第32－35页。

党在美国华人社会具有深厚的群众基础。[①] 国民党在华人社会的影响力可以追溯到一个世纪之前。

从历史上看，中国国民党是由兴中会、同盟会、国民党、中华革命党演变而来的，这些组织的建立和发展与华侨华人有着密切的关系。兴中会是孙中山在檀香山华侨华人中建立的第一个资产阶级革命团体，因此中国国民党与美国华侨华人存在传统的密切联系，美国华侨华人长期以来也一直全力支持中国国民党的发展，孙中山也曾说过，“华侨是革命之母”。

国民党在同盟会时期在海外华侨华人中已经奠定了组织基础，因此它改组为国民党时，海外支部也遵照国内总部的指示，随之进行了改组。国民党规约第三章第十七条规定：“凡国外要地寄居华人满千人以上者，设支部综理该地党务，并监督分部。其寄居不满千人之地方，设分部隶于附近之支部，管理各该地党务。”[②] 1912 年，美洲中国同盟会改名美洲国民党总支部。改组后的美洲国民党总支部设在旧金山，第一任正副总支部长为马礼馨（《少年中国晨报》总编辑）、温耀宸。根据美洲国民党总支部章程规定，每年冬天由各地全体党员选举下一届支部领导。1913 年冬，谢英伯、黄芸苏被分别选为正副总支部长。[③] 袁世凯上台后，国民党成为他篡夺革命果实、推行封建专制独裁的最大障碍。1913 年 3 月 20 日，袁世凯派人将国民党代表人物宋教仁暗杀。然后以高压手段诬陷国民党为“乱党”，一律逮捕解散，参众两院中的国民党议员皆被解职，而且大多遭到通缉。一时间庞大的国民党组织在国内如落花流水，荡然无存。当国民党组织惨遭迫害时，仍能保持国民党革命精神的组织唯有世界各地的海外华

① 甚至在 21 世纪的今天，国民党对个别华人社区（如洛杉矶华人社区）依然有着比较大的影响力量，洛杉矶唐人街被认为是台湾当局在美国华人社会的最后一个“反共堡垒”。由于历史的原因，当地传统侨社普遍认同“中华民国”，在会所悬挂青天白日旗，至今在洛杉矶唐人街仍有 20 多个场所长期悬挂青天白日旗。《环球时报》，2004 年 7 月 26 日，第 6 版。

② 《中国国民党党史资料与研究》，(台北)“中华民国”史料研究中心编 1989 年版，第 27 页。

③ Bary, Brett De and Victor, Nee, The Kuomintang in Chinatown. In *Counterpoint: Perspectives on Asian America*, edited by Emma Gee p. 98.

侨党员和海外支部。尤其是当袁世凯解散国民党的消息传到美洲时，美洲国民党组织与袁世凯针锋相对，立即修正组织规约及分部通则。在修正美洲国民党总支部规约草案理由书中，明确指出："我美洲支部者，则吾旅美侨胞之所组织之团体也。党员之中，又多属于具百折不挠之精神之前同盟会友也。……我民国今日之存亡问题，已非法律可以解决，而决为武力，乃可以解决也。故刷新党势，改良党规，为我美洲支部不容再缓之举。"① 其中还表示，国民党在国内的本部、支部、分部，虽经袁世凯摧残而解散，"然吾党理事长孙中山先生固犹在，而为全党之指挥也。"② 这表明美洲国民党总支部仍然是孙中山的坚定跟随者和拥护者。

1913 年，孙中山领导的反对袁世凯的"二次革命"失败后，孙中山决心改组国民党，重新展开反袁运动。当时海外各地的国民党支部受总部命令纷纷改组为中华革命党，并且转入地下活动。当时，唯有美国大陆的国民党仍旧可以公开活动，对外依然还是保持国民党的称呼。③ 国民党在美国华人社会基层发动群众展开反袁运动，美国华侨华人在反袁这个共同目标下也逐步凝聚在国民党的领导下。1920 年，鉴于旧金山的美洲国民党总支部在党务方面表现优异，国内总部决定美洲各地、檀香山、英国利物浦、日本横滨、澳洲、南非各地及太平洋各轮船的支部都归美洲国民党总支部的领导。由于国民党组织健全、纪律严明，而且当时国民党不是当权派，自然未被权势所腐蚀，大部分党员仍然怀抱为实现理想而奋斗的精神，因此，国民党成了美国乃至整个美洲反袁、反军阀最活跃的政治组织。

1914 年，美洲国民党总支部成立"民国维持会"，推选林森为会长，陈达三为书记。该会的宗旨是"维持民国，巩固共和，实行平民政治，完

---

① 冯自由：《革命逸史》（第 3 集），（台北）中华书局 1981 年版，第 357 页。

② 同上，第 369 页。

③ 美洲总支部经冯自由请示孙中山同意，"为避免外人借口干涉，乃特许美总支部保留国民党名义"。冯自由：《革命逸史》（第 3 集），（台北）中华书局 1981 年版，第 371 页。

成革命大业”，主要任务是筹措经费支持国内反袁运动，并在海外推行反袁宣传。[1] 维持会得到各界华侨华人的支持，对美国舆论产生了巨大的影响。同年，袁世凯派宣慰使徐桂前往美国，拟在旧金山中华总会馆发表演讲，但遭到民国维持会的强烈抵制而最终没有实现。1915 年，国民党在旧金山召开第一次恳亲大会，会议号召广大华侨华人支持反对北洋军阀的斗争。[2] 美国国民党总支部在这场斗争中不只诉诸于发动和宣传等手段，而且不惜采取暗杀手段达到威慑目的。1915 年，上海报人黄远庸来美国，《少年中国晨报》指控他支持袁世凯称帝，黄到旧金山后不久即被国民党人刘北海、刘棠刺杀。1918 年，北洋政府官员汤化龙到北美访问，因被指控图谋借款维护军阀政权，也被华侨王昌开枪击毙。[3] 这些刺杀行动在美国华人社会造成一种反袁反军阀的气氛，也迫使北洋政府代表不再敢涉足华人社区。在反对袁世凯破坏民主共和、推行封建专制的倒行逆施中，国内的国民党组织显得无能为力，成为一盘散沙，而美洲国民党总支部率先重整旗鼓，保持了不屈不挠的战斗精神，成为艰难时期国民党组织的“一枝独秀”。20 世纪初期，美国华侨华人对中国内政的看法虽然不一致，但他们反对帝国主义列强侵略中国的立场却是一致的。国民党在这方面的表现正符合当时华侨华人的爱国情结。

1919 年 10 月，孙中山将中华革命党改组为中国国民党。1924 年，在孙中山亲自主持下，国民党中央执行委员会通过《海外党务方案》，正式成立国民党中央海外部，负责对国民党海外组织实施改组。国民党中央组织部和中央海外部向海外主要侨居国派出党务特派员，指导和参与当地国民党组织的改组工作。美国中国国民党总支部设在旧金山，支部有一百数

① 《中国国民党党史资料与研究》，(台北)“中华民国”史料研究中心编 1989 年版，第 45—46 页。

② 杨建成:《华侨参政权之研究——中华民国侨居国外国民对祖国政治参与实例之统计分析》，(台北) 文史哲出版社 1992 年版，第 133 页。

③ 麦礼谦:《从华侨到华人——二十世纪美国华人社会发展史》，三联书店（香港）有限公司 1992 年版，第 201 页。

十处，党员数量超过1.2万多人。[①] 经过改组后，国民党的影响进一步扩大，当地各种政治派别、各阶层的华侨华人以加入国民党为荣，受他们的影响，美国的一些侨团也纷纷向国民党组织靠拢。

南京国民政府于1927年成立之后，设立了一个独立于外交部之外的机构——行政院“侨务委员会”，因而极大地扩展和规范了对海外华侨华人事务的管理，加强了对海外华人社团、学校、报纸的管理。海外华侨华人长期支持国内的革命活动，作为回报，国民政府还将国民党中央海外部直接放到中央政府部门，即第三部，主要职能是在海外华侨华人中发展党员，确保他们的效忠，动员他们支持国民政府。[②] 当时，国民党对海外侨务工作的基本精神是宣扬四海同心和爱国大团结的观念，这种观念认为国民政府统辖海内外所有中国人，以确保海外华侨华人对南京国民政府的忠诚，而南京政府对世界上所有中国人拥有直接的“治外法权”。国民政府承认和鼓励双重国籍，并将所有华侨华人定位为具备爱家、爱乡和团结的特性。[③] 1921年7月1日中国共产党成立，海外华侨华人逐步从关注中国共产党很快发展到同情支持中国共产党，从而又导致了海外华人社会中国民党支持者和共产党支持者的党派冲突的出现，赢得侨心再次成为国民党和国民政府的要务之一。

抗日战争全面爆发后，国民党中央加强了海外党务方面的工作。国民党中央海外部制定了《战时海外工作纲领》颁布给海外各地党部。战时国民政府及国民党侨务工作的重点是积极发动华侨以人力、物力、财力支援祖国抗战。国民党中央海外部专门派遣林叠来美国处理华人社会党内纠纷，统一党务，意图将美国华侨华人抗日爱国力量统一在国民党的领导

① 杨建成：《中国国民党海外党务工作的理论与实践（1924—1991）》，（台北）海外华人研究出版社1995年版，第31页。

② 同上，第32页。

③ 王灵智著，陈欣译：《美国华人研究的新模式》，《华侨华人历史研究》，1994年第4期。

下。[①] 1938 年，三民主义青年团在美国的分部宣告成立，《国民日报》社长黄君迪兼任团长，继《少年中国晨报》成为国民党的机关报后，《国民日报》则成为三民主义青年团的机关报。[②] 黄君迪原是旧金山华人社会里人数最多的台山人中最大氏族的领导人物，他也是最大秘密会社“秉公堂”的首领，担任三青团团长。黄君迪负责国民党报刊，标志着国民党势力与华人社会的传统帮会势力结合了在一起。通过黄君迪的影响，国民党招募了许多华人社会上层分子入党，同时三青团也在华人社会青年界发展起来。美国的国民党势力不能效法国民党在中国的白色恐怖，用高压手段来排除异己，但抗日战争的全面爆发，却为国民党提供了一个控制华人社会的良机，国民党势力可以借口抗战而排挤敌对势力，同时巩固国民党在华人社会的领导地位。[③] 在抗日战争期间，国民党在同国民党左派、宪政党和致公堂的对抗中都取得了最终的胜利。二战结束时，国民党基本上在组织和舆论上已经完全控制了美国华人社会。

1946 年 6 月，国民党蒋介石撕毁政协协议，在美国支持下发动大规模内战，把满目疮痍的祖国又推向了战争的深渊。无疑，国民党挑起内战的行径是不得人心，不得侨心的，各地华侨华人谴责内战的声浪此起彼伏。为推进美国华侨华人的反内战运动，美国华侨华人成立了“中国和平民主联盟”，推举在美国的冯玉祥任主席。“民盟”随即发表文告，主要内容则是呼吁结束内战，设立联合政府。“民盟”还表示，我们知道目前的痛苦来自内战与独裁，所以我们决定携起手来组织这个旅美中国和平民主联盟，以求停止内战，结束独裁，实现和平，推进民主。“民盟”把敦促

① 杨建成：《中国国民党海外党务工作的理论与实践（1924－1991）》，（台北）海外华人研究出版社 1995 年版，第 41－42 页。

② 麦礼谦：《从华侨到华人——二十世纪美国华人社会发展史》，三联书店（香港）有限公司 1992 年版，第 211 页。

③ Bary, Brett De and Victor, Nee, The kuomintang in Chinatown. in *Counterpoint: Perspectives on Asian America*, edited by Emma Gee p. 123－124.

美国政府停止对中国内战独裁势力的援助，作为自己的中心任务。① 广大美国华侨华人不愿看到中国再次爆发内战，也对蒋介石政权的腐败感到不满，各种左派团体和进步人士涌现出来反对国民党势力，因此在1949年前后美国华侨华人中出现了多种声音，国民党在华人社会的支配地位受到了挑战。但是，另一方面，内战的爆发使美国华侨华人与家乡的音讯隔绝，一般华侨华人对国内情况并不清楚。当时的华人社会舆论基本在国民党的控制下，国民党势力经常借口影响战事而阻止发表不利于国民党当局的消息，因此，虽然这时国民党在华人社会地位受到挑战，但相对来说并没有动摇它的根基。

在辽沈战役、淮海战役和平津战役之后，中国共产党完全控制了长江以北。人民解放军在军事上的节节胜利，迫使许多国民党要员、大亨将资产与家小迁移海外。美国同情和代表国民党的“院外援华集团”便在此时大力游说国会，要求美国国会通过法令，保护因逃避“共产党迫害”而流亡美国的中国人士。在美国院外集团的压力之下，美国国会于1948年6月25日通过《战时错置人员法案》。根据此法令，因共产党统治大陆而无法归国的在美中国公民，可以将其临时居留的身份转变为永久居留，该法令于1954年6月30日生效。② 1953年8月7日，美国国会又通过《难民救援法》，该法给予2000名持有国民党政府签发的护照的中国人以入境美国的签证。③

50年代初，大批国民党高级官员及亲国民党分子从各种渠道逃到美国，从某种程度上加强了美国各地的反共势力，很多成为当地侨社中支持台湾当局的骨干力量。这批人的反共意识较一般华侨华人更加强烈，反共

① 李春辉、杨生茂：《美洲华侨华人史》，东方出版社1990年版，第302页。

② Huping Ling, *Sze－Kew Dun, a Chinese American Woman in Kirksville*, Missouri Historical Review 19 (October, 1996), pp. 35－51.

③ Benson Tong, *The Chinese Americans* (Westport, Conn.: Greenwood Press, 2000), pp. 58－60.

立场更加鲜明。由于他们教育水平一般比美国华侨华人高，且具备各种原国民党政权的行政、党务背景，因此组织工作的经验也非常丰富，能够很顺利地渗入美国华人社区、侨社，并且担任重要职位，从而把持了华人社会的组织领导机构和舆论机构，他们也构成了美国华人社会中反共反华的核心力量。

二、台湾当局侨务政策的指导方针和内容

蒋介石的侨务政策是建构在“一个中国”基本原则下的策略。国民党败退台湾后，首要任务是稳固政权和建立对台湾民间社会具有高度支配与控制的威权体制，其正当性和合法性都是建立于一个基本原则上：即中国只有一个，台湾是中国的一部分，而“中华民国”是代表全中国的唯一合法政府。[①] 国民党当局在国际上宣称“中华民国”是代表“中国唯一合法政府”，对全中国拥有主权。1950 年，蒋介石公开喊出“一年准备、两年反攻、三年扫荡、五年成功”的口号，作为武力反攻中国大陆的时间表。这一时期，台湾当局强调“中华民国”的正当性，否认中华人民共和国的政治地位，追求的目标是消灭中华人民共和国政权，恢复“中华民国”在大陆的统治。政府文告及领导人物常使用的口号为“反攻大陆”、“消灭共匪”、“革命复国”等。[②] 在侨务政策方面体现为“汉贼不两立”的立场，换言之，台湾当局绝不愿意看到海外华人社会也变成“解放区”，不能容忍中国大陆的失败再次在海外华人社会上演，并且还对“反共复国”的口号存有幻想。

---

① 颜彦棻：《当前华侨处境与海外党务方针》，（台北）中国国民党中央委员会 1962 年版，第 57 页。

② 《海外党的组织与工作改进纲领》，（台北）中国国民党中央党部海外工作会编 1972 年版，第 33 页。

（一）侨务政策的指导方针

1950年，蒋介石在对南洋华侨发表广播演说中提到，“光复祖国，重视故乡，创造真正自由、平等、民主、幸福的新中国，都有赖于我们海外同胞的智慧、人力和财力……海外侨胞如能团结在一个总目标下，共同努力，其力量和台湾60万军民的力量是有过之而无不及的，我们要反攻大陆，一定要依赖侨胞的力量，及大陆上反共抗暴的力量。这三大力量联合一致，一定可以获致反共战争的胜利。”① 蒋介石充分意识到，对于当时风雨飘摇、财务困窘的台湾岛来说，海外华人的人力、物力、财力，不但具有经济上的意义，而且可以阻止华人资金流向大陆，并能在海外地区抵制中国共产党政权，以达到围堵新中国的目的。蒋介石在台湾当局侨务工作的具体实施中，提出了海外侨务工作的两项指导方针：

1. 在“反共抗俄”战争中，海外华侨的向背，实为决定最后胜败的关键；海外华侨、台湾军民、大陆“反共同胞”，为“反共抗俄”三大支柱。侨务工作的目标是，推动侨运、团结侨胞、掀引“反共爱国”高潮。

2. 侨务工作的方式是以中国国民党为核心，使侨务政策与“外交”政策在党的决策下相结合。以“外交”巩固侨务，以侨务发展党务，并以党务为侨务的核心，以侨务做“外交”盾牌。②

为了确立统治权力运作常规化及巩固蒋介石的最高领导地位，国民党进行了“党的改造”运动。在蒋介石的领导和控制下，改造后的国民党发展成党政军三位合一的党国体制。从台湾当局的侨务政策基本原则和方针可以看出，台湾的侨务工作是受国民党中央完全控制，国民党党务系统直接负责侨务工作，而侨务工作又是同“外交”工作紧密联系，互为依靠。

1949年以后，名义上，“行政院侨委会”为台湾当局侨务工作的核心

---

① 张其昀编：《先总统蒋公全集》（第一卷），（台北）中华文化大学1984年版，第52页。

② 颜彦棻：《当前华侨处境与海外党务方针》，（台北）中国国民党中央委员会1962年版，第69页。

单位，但实际上国民党海外党部成为侨务工作的主要力量，“行政院侨委会”也是在国民党直接领导下展开工作。“侨委会”派驻海外人员的预算都由国民党海外党部编列预算，并委由其人员负责侨务工作。[1] 台湾当局侨务工作人员多数也是由国民党党工转任。

为了保证台湾当局的侨务工作的效率和效果，台湾当局的侨务机构和组织形成了以国民党中央为领导核心，“侨委会”为主要执行单位，以立法系统、监察系统和民间系统相关部门为辅助机构的完整体系。台湾当局侨务政策主要是利用与海外侨社的传统关系，建立健全华人社会阵地，为台湾政治和经济的恢复、发展服务。台湾当局的侨务体系分为五个系统：行政系统、党务系统、立法系统、监察系统以及民间系统。在行政系统方面，台湾当局于“行政院”下设“侨务委员会”，它是实际推动侨务的主要机构，另由“教育部侨民教育委员会”辅佐侨教事务，“外交部”、“内政部”也参与部分侨务事务。在党务系统方面，国民党早先起源于海外，国民党海外部一直从事侨务工作，1950 年国民党改造运动中，蒋介石设立国民党中央委员会第三组接管海外部工作，主要负责海外党部的组织与党员训练。[2] 1972 年，国民党成立“海外工作会”，“海外工作会”取代原第三组负责海外党部的组织、训练、宣传、服务、“国民外交”、国际政党联系的工作。2000 年 6 月政党轮替后，“海工会”再次改称为“海外部”，隶属于国民党组织发展委员会。[3] 在立法与监察系统方面，分别在“立法院”和“监察院”设有“外交及侨务委员会”。在民间系统方面，“华侨协会总会”主要负责联合海内外侨胞，“华侨救国联合总会”的任务是辅助“侨务会”实施侨务工作，“侨资事业协进会”承担协助侨胞回国投资的工

---

① 《海外党的组织与工作改进纲领》，（台北）中国国民党中央党部海外工作会编 1972 年版，第 90—92 页。

② 同上，第 116 页。

③ 自 2002 年 5 月起民进党执政，国民党党务系统退出侨务工作，民进党党务系统中负责侨务的机构为“国际事务部”。

作。此外，还先后成立了越南、高棉、缅甸、韩国、印尼等“归侨协会”。实际上，这些民间机构都属于“侨委会”的附属机构，成立的宗旨主要是方便台湾当局与所谓“非邦交国”华侨华人建立联系。

附表 1：台湾国民党当局的侨务系统结构图①

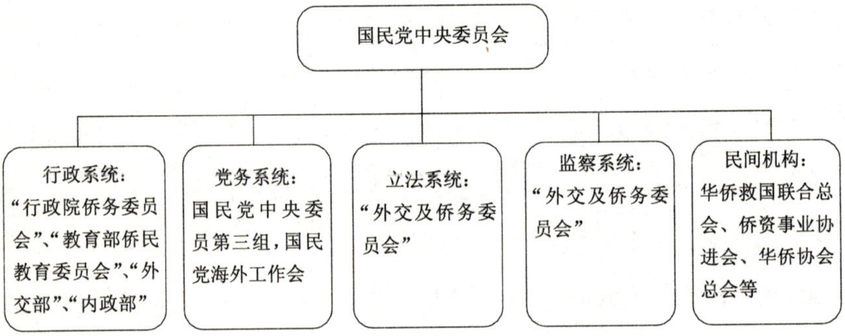

（二）侨务政策的主要内容

按照侨务政策的基本原则和指导方针，台湾当局行政、立法、党务系统出台了一系列的侨务具体政策。台湾当局侨务的工作重点是：在政治上，以“反攻大陆”为口号，争取侨心，集合反共势力抗拒大陆在海外的政治影响；在经济上，出台了一系列的优惠政策，大力吸引侨资参与岛内经济建设，加强与华侨社会的经贸往来。

1951 年，台湾当局“行政院”通过四项“反共抗俄时期侨务政策”，这四项政策是：“1. 鉴于目前若干国家业已承认中共政权，我侨民在各该国内之处境困难，为维护我在各该国境内侨民之合法权益，并免受中共之诱惑，而被迫往中共使馆登记起见，各该地区侨民，得尽量取得当地公民权；2. 团结侨民反抗国际共产主义之侵略，对受中共欺蒙胁迫人士，首先使其不受中共之愚弄，徐谋改正其态度，积极加以领导；3. 政府应力

① 此图为笔者参考台湾当局“侨务委员会组织法”自绘。

谋恢复与增强侨胞对我政府之信心，一切捐献，应由侨民以自动自发之方式为之，避免直接劝募；4. 为提高侨民之文化水准，增进其智识技能，并加强其对祖国之认识起见，应于因地制宜原则，编印侨民学校教科书、课外补充教材及一般侨民读物，随时供应海外。”①

为了配合台湾当局“行政院”的侨务政策，1952 年，台湾当局“立法院”通过了“侨务纲领”作为侨务工作的“立法”基础：“1. 保护侨民权益：透过外交途径，力谋侨胞合法权益，照顾归国侨胞侨眷，协助侨胞返回侨民地；2. 健全侨团组织：促进侨胞团结，整理各地侨团，建立华侨救国联合组织，加强海外视导，训练侨团干部，鼓励侨胞组团回国观光，召开侨务会议，促成全球华侨大团结。宽筹侨务经费，举办海外各地侨胞福利事业，争取侨胞向心力；3. 辅导侨民出国：侨委会于重要港口分设侨务处局，专门办理人民出入国事宜，尽求简化侨胞出入境手续，并调查整理各国移民法律；4. 发展海外文教：辅导补助侨校，供应教科书，培训侨校师资，鼓励侨生回国升学，召开华侨文教会议，举办华侨教育展览，恢复侨民教育函授学校；5. 促进文化事业之发展：辅导侨报侨刊，举办海外侨报展览，在台湾师范大学开设‘华侨新闻教育专修科’，强化与海外文化界联系，奖励优良侨报，供应宣传报刊、影片、照片，加强海外广播；6. 促进华侨经济事务之发展：鼓励侨胞回国投资及对台贸易，举办华侨经济检讨会议，便利华侨汇款回国，推进华侨信用合作事业及运用金融机构贷款，受理侨胞爱国自动捐献，发起海外华侨对中共经济制裁运动，发展华侨经济研究工作。”②

1952 年，台湾国民党当局在台北举行“全球侨务会议”，会议由“侨委会”委员长郑彦棻主持，从历史上看，这是台湾召开的华侨华人史上的

---

① 台湾史料编辑小组编：《台湾历史年表》(I—III)，(台北) 业强出版社 1996 年版，第 67—70 页。

② 丘正欧：《当前侨务工作之研讨》，《侨政论文集》，(台北) 华侨通讯社编印 1981 年版，第 90 页。

第一次会议。会议中通过了侨务政策纲领，主要内容是："1. 籍外交关系之改善，确保侨胞权益；对侨居承认中共政权国家同胞之权益，力谋维护；对收复地区侨眷之生活权益，切实予以合法之保障；2. 促进侨胞团体之间合作，俾有充分力量，解决自身问题，发展其经营之事业，并加强'反共抗俄'工作；3. 奖励侨民教育，并扶植海外文化事业，俾侨胞均能继承祖先之文化优良传统；4. 侨胞回国兴办生产事业，对物质输入、资金周转、盈余结汇、助力供应、技术辅导等，均予以协助与便利，并鼓励侨胞回国服务，担任公职。"①

1953 年，国民党第七届三中全会通过《加强海外工作方案》，确定"当前海外工作的中心任务，在团结组织侨胞力量，支援反共抗俄战斗，并在海外各地参加反共斗争，展开国民外交，促进国际反侵略阵线的团结与胜利。"② 这次大会指定美国、日本、香港、菲律宾、越南、泰国为海外工作的中心地区。③ 在这些海外地区，国民党的任务是协助侨务与推进所谓的"外交"政策。

综上所述，这一时期台湾当局侨务政策的根本目标是"复国"，其手段是宣扬政治意识形态，改进侨团组织形态及活动形式，密切联系侨团领袖，对支持台湾当局的侨团实施经费援助，并重视侨教和加强海外视导工作，以此来健全侨团组织，推进侨民"反共爱国"活动，制订海外侨胞人力物力的运用方案，进行各项"复国"准备行动。

（三）侨务政策的主要特点

台湾当局侨务政策主要是利用与海外侨社的传统关系，建立健全华侨华人社会阵地，为台湾政治和经济的恢复、发展服务。由于台湾当局的侨

---

① 《外交报告书——对外关系与对外行政》，（台北）"外交部外交报告书编辑委员会" 1992 年版，第 70 页。

② 《当前海外工作之加强》，（台北）中国国民党中央党部海外工作会编印 1975 年版，第 43 页。

③ （美）麦礼谦：《从华侨到华人——二十世纪美国华人社会发展史》，三联书店（香港）有限公司，第 350－351 页。

务政策继承了民国政府时期的侨务政策，因此这个新旧结合的侨务政策具备以下几个特点。

1. 采取承认双重“国籍”的政策

1949年后，台湾当局在司法领域沿袭过去的法律体系，在台湾继续推行1929年的国籍法。[①] 台湾当局“宪法”第三条规定：“具有中华民国国籍者，为中华民国国民。”它的“国籍法”第一条规定：“1. 生时父为中国人者；2. 生于父死后，其父死时为中国人者；3. 父无可考，或无国籍者，其母为中国人者；4. 生于中国地，父母均无可考或均无国籍者。”符合这些条件的都可以取得“中华民国国籍”。[②] 台湾当局在华侨“国籍”问题上最大的特点是坚持父系血统主义，只要具有中国血统，不管在国外居住了多少年多少代，一概是中国人并拥有中国籍，并不管当地是否实行出生地主义的国籍法而导致凡当地出生的华侨因拥有当地国籍而形成“双重国籍”的问题。因此，对于台湾当局来说，在理论上不存在“华人”概念，所有海外华侨华人，包括港澳地区，都属于“华侨”概念范畴。

台湾当局之所以采取承认“双重国籍”的政策，主要有两个方面的因素：第一，台湾当局已失去对大陆的统治，但仍以中国合法的政府自居。同时，由于西方资本主义阵营的支持，在主要国际组织中，仍是由台湾当局以中国政府代表的身份出现出席会议。台湾当局虽以中国合法代表的身份出现于国际社会，但人口数量有限，相对大陆辽阔的土地、众多的人口，岛内人口显得过于单薄。因此，对海外的1000多万华侨，台湾当局自然特别依重，力图通过血统主义的“国籍法”将他们拉拢到“中华民国”的旗下来；第二，华侨华人众多的东南亚各国，担心大陆的共产主义意识形态和社会主义政治经济制度经由华侨这一桥梁向他们所在国家的人民传播渗透，相反，这些国家对台湾当局就没有这种忧虑。因此，台湾当

① 郑彦棻：《十年来的海外侨胞》，(台北) 海外出版社1960年版，第98页。

② “中华民国宪法”与“中华民国国籍法”，参见百度搜索网站 http://post.baidu.com/f?kz=113702716。

局的华侨“双重国籍”政策、法律不会令东南亚国家特别担心。

可以看出，台湾当局通过实施原来血统主义“国籍法”，并承认华侨“双重国籍”有效，其目的是积极争取海外华侨认同，效忠所谓的“中华民国”。中国政府自1955年起透过双边条约方式实行单一国籍制后，台湾当局再次公开宣称海外华人可取得“双重国籍”，即华人在取得他国国籍后，若本人向台湾“内政部”申请并获得同意，台湾当局仍保留其“中华民国国籍”。[①] 这一时期，美国行政和立法存在势力强大的亲台湾力量，这与大量的亲国民党华侨华人长期积极参与美国各地议员的选举和游说有极大的关系。为什么这批人如此积极地参加维护台湾当局利益的政治游说，其中原因之一是台湾当局极为重视“笼络人心”和鼓励“国民外交”。台湾当局给予支持台湾当局美籍华人的好处之一则是保留其“中华民国国籍”和可持“中华民国”护照，以方便他们进出台湾。台湾籍华侨华人和留学生对发展、促进台湾工业化和现代化的进程，以及台湾经济发展贡献巨大。美国的台籍华人入籍美国之后之所以仍能对台湾的发展与美台关系发挥重大作用，重要原因是因为他们许多人仍保留了“中华民国国籍”，可自由出入台湾，以台湾人自居。此外，台湾当局许多高官的儿女子孙大部分在美国出生，同时具有美国国籍和“中华民国国籍”，因此许多台湾人戏称这些台湾当局的高官都是“美国人的爸爸”和“美国人的爷爷”。

2. 重视侨民教育

50年代初，在实施侨务工作的切入点和具体手段上，台湾当局把华侨教育视为侨务工作的要务之一。在1952年的第一次“全球侨务会议”上，蒋介石出席开幕式并致开幕辞，称当时侨务工作三项任务是：“第一

---

① 双重国籍制成为台湾当局对抗中国政府，笼络海外华人的工具。但是，这种国籍制容易引起原住民对华人效忠疑虑，既给海外华人造成一定的困扰，也不利于华人在当地国的生存发展，因而引起岛内专家学者的异议。1980年，一些学者就曾向台“高等法院”起诉，认为“海外选立监委及国内选举之立委者都不得具双重国籍”，但却遭台法院驳回。这种双重国籍制对于美国华侨华人也未产生明显的台湾的认同。参见庄国土：《华侨华人与中国关系》，广东高等教育出版社2001年版，第442页。

要发展华侨教育，弘扬民族文化；第二要加强对大陆的经济制裁；第三要团结全球侨胞，结成一个组织，形成一个任务。”① 会议通过“当前侨务纲领”，有关侨教的基本方针是：“奖进侨民教育并扶植海外文化事业，俾侨胞能继承祖国之文化传统。”② 1955 年，台湾当局举办“华侨文教会议”，制定“当前华侨教育工作纲领及实施要点”，其主要内容是发展华侨学校教育、社会教育、侨报业务和吸引侨生到台升学四大方案。③

继召开“华侨文教会议”后，台湾当局又于 1956 年举办“华侨经济会议”，台湾当局的侨务工作重心逐渐转向华侨经济，但对华侨教育仍予以高度重视。这是因为华侨教育不仅是与大陆争夺侨心的关键，而且可以直接推动台湾经济的升级和转型。在台湾受教育及由台湾资助的侨校学生遍布世界，活跃于海外的华商网络，是台湾当局引进侨资及对外投资的对象和桥梁。历任台湾“侨委会”委员长都不敢忽视侨教工作的重要性。1956 年，台湾“侨委会”委员长郑彦棻强调：在维护侨民利益、辅导华侨经济及发展华侨教育的三项侨务基本工作中，华侨教育是中心环节。④在台湾“侨委会”下辖的四个处中，除第二处专司华侨文教工作外，还专设侨生辅导站，直辖于“侨委会”，处理侨生在台升学及侨生毕业后的联系工作。⑤“侨委会”在 50 年代中期开始编订课本及补充教材给海外的华文学校，最早完成是供东南亚地区华侨华人的教科书。1960 年，应用于美洲中文学校的课本制作完毕，1961 年，台湾当局开始免费提供给美国的中文学校。1966 年，“侨委会”协调“青年反共救国团”举办为期 6 周的海外青年暑期研习团，招收美加地区不谙中国语文的华裔青年到台湾学

---

① 张其昀编：《先总统蒋公全集》(第一卷)，中华文化大学 1984 年版，第 77 页。

② 郑彦棻：《十年来的海外侨胞》，(台北) 海外出版社 1960 年版，第 107 页。

③ 《侨务五十年》，(台北) 侨务委员会 1982 年版，第 79—82 页。

④ 连志丹：《台湾现阶段大力扶持海外侨教的措施与借鉴》，《华侨华人历史研究》，2001 年第 3 期。

⑤ 参见台湾当局“侨务委员会组织法”。

习语文和中华文化，并参加游览台湾的文化、经济、政治建设。[①] 这些行动主要目的是配合台湾当局的政策，阻止中国大陆在华人社会发挥影响。

3. 重视侨务中的经济因素

劝导华侨华人和港澳资本到台湾投资，也是台湾当局侨务政策的重要组成部分。1949 年以后，台湾当局面临的是极端困难的经济形势，产业结构不合理，通货恶性膨胀，对外贸易几乎是空白，巨额军费开支使财政赤字不断扩大。50 年代台湾每年获得美援 8000 万美元，但是还有 1 亿美元左右的投资缺口。[②] 台湾 1953 年开始的第一期“四年经济建设计划”的投资数额中，除了美援外，岛内需要承担 60％的资金。这显然对台湾是一个巨大的负担，在这种情况下，侨资成为台湾当局优先考虑的资金来源。[③] 除了经济因素外，台湾当局还有政治上的考虑，新中国在 50 年代颁布一系列促进华侨投资大陆的条例，成立华侨投资公司，对海外侨资，特别是东南亚侨资具有一定的吸引力。因此，对台湾当局来说，吸引侨资已不单纯是为了改善岛内经济，而且还关系到能否争取海外华侨华人向心力的问题。

从 1951 年开始，海外侨资开始投入台湾岛内。大量工厂从香港、澳门搬迁到台湾，当时尚无具体投资法规。制定和完善华侨投资法规，是台湾当局吸引侨资的最重要措施。1952 年 9 月，台湾当局公布“鼓励华侨及旅居港澳人士来台举办事业办法”和“自备外汇输入物质来台举办生产事业办法”。1956 年颁布“华侨回国投资条例”和“华侨或外国人投资输入出售物质办法”。1960 年 9 月，台湾当局颁布“奖励投资条例”，同年又修订“华侨回国投资条例”,[④] 从此以后，侨资入台的法规框架基本形成。

---

① 许婉玲：《国人移植海外之因素及当前移民政策之探讨》，（台北）私立中国文化大学民族与华侨研究所 1982 年版，第 57－66 页。

② 庄国土：《华侨华人与中国的关系》，广东高等教育出版社 2001 年版，第 441 页。

③ 林珊：《华侨华人资源对台湾经济发展的贡献》，《亚太经济》，1999 年第 6 期。

④ 夏诚华：《民国以来的侨务与侨教政治研究（1912－2004）》，（台北）玄奘大学海外华人研究中心 2005 年版，第 80－89 页。

台湾当局的侨务政策还特别重视通过经济手段拉拢海外华人组织，营造海外华人社团对台湾政权的“向心力”。台湾当局视海外华人社区为“海外战场”，提出针对各地侨务工作需要，台湾当局应专列预算，通盘筹划，妥适分配，必须将绝大部分财力投入海外战场，绝不能使支持国民党的海外华人社团因经费短缺原因而无法展开工作。在具体实践中，台湾侨务部门和国民党党务部门直接联络、指导、组织了一批相当有影响力的海外华人社团。

三、台湾当局对美国华侨华人的操控

1949年后，国民党当局越发依赖于海外华人社会特别是美国华人社会的效忠和支持。台湾当局企图控制美国华侨华人主要为达到两个目的，一是利用美国华人社会的效忠和支持以证明台湾地区的国民党独裁的合理性；二是游说反对中华人民共和国进入联合国和中美关系正常化。“院外援华集团”就是基于这两个目的建立起来的。① 华人学者王灵智教授认为，在几乎整个冷战时期，华人社区在美国政府的默许下实际上成为台湾当局的殖民地。② 美国是台湾当局赖以生存的主要支柱，为了进一步巩固台美关系，在反共旗帜下深化美国社会对台湾当局的认同，台湾当局将对美国华人社会的操控视为其侨务工作的重中之重。

（一）加强对传统侨社的控制

在研究台湾当局如何争取美国华侨华人支持并加以控制之前，笔者认为，有必要对美国华人社会中亲国民党力量的构成做一说明。美国华人社会中的亲国民党力量，在人员构成方面，主要是国民党党员（国民党驻美

① Him Mark Lai, *Becoming Chinese American: a History of Communities and Institutions* (Walnut Creek, CA: Rowman & Littlefield, 2004), pp. 231－233.

② 王灵智著，陈欣译：《美国华人研究的新模式》，《华侨华人历史研究》，1994年第4期。

国总支部、支部和分部的成员）和忠实信徒，也有一些受国民党恐吓利诱或相信其反共宣传而对大陆误解的华侨华人；在社团组成方面，主要是旧金山中华总会馆以及属下的七大会馆（宁阳总会馆、肇庆总会馆、合和总会馆、冈州总会馆、阳和总会馆，三邑总会馆、人和总会馆）、[①] 各地中华公所/会馆、华商总会、秉公堂、三顺堂、安良堂、崇正堂和萃胜堂等传统侨社。亲国民党力量的共同特点是：反共恐共，反对社会主义制度，反对劳工武装、群众运动和自由思潮，支持“中华民国”，认为“中华民国”是中国政府的合法代表。此外，由于台湾当局承认“双重国籍”，因此支持台湾国民党当局的华侨华人和社团还有一个重要的标志，即凡持有“中华民国”护照的华侨华人基本上都是支持或倾向台湾国民党当局的，而悬挂台湾当局青天白日满地红“国旗”的会所基本上都是支持台湾国民党当局的社团组织。这一特性也是本文在华人社会“统独之争”出现前判断华侨华人是否支持台湾当局的客观衡量指标。

海外的华侨华人侨团，与中文学校、中文报纸一起，被视为华侨华人社会的三大支柱。华侨华人社团是早期移居国外的华侨华人，为了团结互助，自救自卫，联络感情，共谋生存与发展，或以血缘宗亲、或以地缘同乡、或以业缘同行为纽带，自发建立起来的互助联谊和自治的社会组织形式。它源自中国明清时期出现的秘密会社及以后的会馆，华侨华人社团的产生大大促进了华人社会的形成和发展。[②] 因此，华侨华人社团是华人社会的核心和缩影，是华侨华人社会团结的象征与力量的源泉。它是传播和

---

① 旧金山中华总会馆的前身是著名的“六大公司”（The Six Company），19 世纪 80 年代后期出现于旧金山的唐人街。19 世纪 50 年代前，旧金山先后成立了三邑、阳和、人和、宁阳、冈州与合和会馆，人称六大会馆。当时美国的法令规定，像这样的社团应以公司法人身份注册，故六大会馆又称六大公司。面对日益严重的反华暴力、社会歧视和法律不公，“六大公司”的基本目的有两个：在社区内整合各个派系，团结所有同胞，管辖全部事务；在白人世界则代表华人社区，为族群利益而抗争。中华会馆依据加州有关法例于 1901 年正式组建时，当时的清政府也承认了中华会馆的权威性。各地中华公所/会馆确立了商人精英们对华埠的管制，其领袖也变成了华埠的非官方首脑。

② 方雄普：《海外侨团的发展演变及其相关政策》，《华侨华人历史研究》，1997 年第 1 期。

弘扬中华传统文化、促进东西方文化交流的倡导者与组织者，又是沟通华侨华人社会与所在国政府和各民族间的桥梁。美国传统侨社是指在美国华人社会有悠久历史，一直以中国移民为服务对象的邑界、姓界、堂界等社团。1901 年成立的中华总会馆充当了华人社区里唯一合法的“内部政府”角色，将各种宗族、地域和商人组织置于统一领导之下，管理社区主要的商业经营活动，调解内部纠纷，规范社区事务和个人行为，保护社区权益，反对歧视与不公，代表华人与外界谈判交涉，并且不断利用各种组织关系、主雇关系、中国传统文化、商业和亲缘纽带来强化其权力与地位。①

二战后，台湾当局利用美国掀起的反共反华高潮以及华侨华人对新中国的不信任，加强了对传统侨社的控制。② 这样，美国各地的中华会馆或中华公所及属下主要侨团，就成为执行台湾当局海外政策的工具。直到 20 世纪 60 年代初，美国华埠的领导权一直掌握在传统侨社的领导者和支持他们的所谓“名流”之手。传统侨社的领导群主要为：经营进口商品的华商，杂货店或餐馆业主和曾在美国海关、警察局或法庭担任过翻译的人，他们都属于能够联系当地政府并为当地政府所信赖的人。传统侨社的领导群体多数思想保守，是华人社会中上层人物。他们从本身的利益出发，在政治斗争中始终是支持国民党当局。③ 早期他们与清政府驻美国使馆和总领事馆就保持密切联系，民国成立后，特别是国民党蒋介石掌权以后，他们多数转变成为国民党党员，是国民党在美国活动的支柱。长期以来，中华公所/会馆是美国华人社会中最具权威的管理性社团，由于历史的原因，国民党与美国各地的中华公所/会馆维持密切联系。在国民党美

---

① 周敏、王晓辉：《华裔美国人的精英群体》，《社会学研究》，2000 年第 5 期。

② 传统侨社是台湾当局使用的俗称，因为台湾当局实行双重国籍政策，将海外有中国血统的华侨华人（无论他们是否已选择居留国国籍）一律视为华侨，因而老社团又称传统侨社。

③ 邵宗海：《两岸关系、两岸共识与两岸歧见》，（台北）五南图书出版 1998 年版，第 207 页。

国总支部策划下，国民党积极招募华人社会上层精英人物入党，国民党党员在中华公所/会馆董事会里长期占有固定席地。[①] 因此，在一定程度上中华公所/会馆成了国民党政权在美国华人社会的延伸。国民党不但加紧吸收党员的工作，而且还在华埠里增设海外党部以加强与华人精英之间的关系，并积极争取传统侨社下属社团的支持。[②] 这一时期，传统侨社75％的会员是国民党员。[③] 不少传统侨社领导人兼任国民党基层组织的领导职务，而美国华人社会中国民党各式各样的负责人，很多也是邑界、姓界或堂界有实力的上层人物。此外，按照台湾当局的侨务政策，美国国民党总支部和“侨委会”定期向运转困难的传统侨社提供资金补助，这也构成了双方合作的经济基础。传统侨社与国民党在华人社会的势力交织重合在一起，发展成为相互依赖和相互支持的关系，传统侨社及其下属社团逐步成为国民党在美国华人社会里的实力基础。

美国的传统侨社对台湾当局的认同和支持，表现是多方面的。例如，一些传统侨社领导人被选为台湾“立法院”或“侨委会”委员，经常往来于美台之间，发表反共言论；侨社属下的中文学校使用台湾出版的教科书；会所悬挂“中华民国旗帜”；举办所谓“中华民国国庆”酒会；不与亲大陆侨团来往等等。另外，传统侨团领导人还拒绝到大陆参观访问。[④] 这样，他们同新中国的关系就日益疏远隔膜，和大陆亲人的交往也逐渐减少。

应该指出，绝大多数美国华侨华人，包括传统侨社会员始终坚持世界上只有“一个中国”的主张，他们认为，台湾是中国的一部分，坚决反对

---

① 周敏、王晓晖：《华裔美国人的精英群体》，《社会学研究》，2000年第5期。

② 从30年代到第二次世界大战结束，传统侨社领导人与成员不断加入国民党，而且担任总支部、支部及分部的领导职务。30年代到50年代初，国民党驻美国总支部每届全国代表大会都增加执行委员和监察委员的人数。1935年第7届全国代表大会的执监委员人数为14人，到1941年第13届全国代表大会时，执监委员人数已经扩大到26人。（美）麦礼谦：《从华侨到华人——二十世纪美国华人社会发展史》，三联书店（香港）有限公司1992年版，第377页。

③ 《与中华公所领袖谈两个观念问题》，（美）《世界日报》，2002年8月21日，第1版。

④ 《纽约中华公所的道路》，（台北）《中央日报》，1981年7月2日，第2版。

将台湾从中国分裂出去，蒋介石侨务政策也是“一个中国”原则下的侨务政策，这一点同美国传统侨社的政治态度是一致的，成为双方共同合作的最重要的政治基础。

（二）对华人社会反共力量的整合

在台湾当局的指导和当时的反共气氛助长下，为了实现所谓“反共复国”的梦想，台湾当局对华人社会进行了整合。美国国民党总支部执行委员会委员黄仁俊、刘伯骥和周锦潮决定筹组“反共总会”，主要目的是支持已经由大陆败退到台湾的国民党政权。1951 年初，在旧金山的中华会馆成立了美洲第一个“反共总会”，会议通过章程并选出以黄仁俊为主席，李扬圣和邝墀为副主席的领导成员。旧金山“反共总会”成立后，各地也纷纷成立反共分会，在当时人人自危、人心惶恐情况下，也没有人提出异议。[①] 起初，“反共总会”活动频繁，利用麦卡锡主义在美国大行其道之机压制华人社会反对国民党的声音。在旧金山，甚至连反共但也反蒋的《世界日报》也受到恐吓。《世界日报》社长及总编辑李大明曾发表社论警告“反共总会”要提防被国民党政权利用成为傀儡组织。[②] “反共总会”因此要求李大明对他的言论作出解释。李大明在 5 月 22 日和 6 月 15 日两次写公函给旧金山警察局长要求派警察保护，并雇聘人员日夜守卫报馆。[③]“反共总会”和国民党控制下的传统侨团经常举办各种纪念集会及示威游行，组织仪式欢迎台湾当局赴美的政要及访问团，并利用控制的媒体，在报纸上进行“反共”宣传以增加声势。50 年代末，“反共总会”在台湾当局的指示下开始从事政治游说工作，主要工作是游说美国国会议员和政客，并向美国主流社会宣传台湾当局的功绩，极力反对联合国恢复中

① 1951 年，纽约和芝加哥分别成立反共分会，1952 年洛杉矶成立反共分会，到 1963 年底，美国华人社会先后成立了 17 个反共分会。参见（美）麦礼谦：《从华侨到华人——二十世纪美国华人社会发展史》，三联书店（香港）有限公司 1992 年版，第 363 页。

② 这里的《世界日报》同 70 年代由王惕吾创办的《世界日报》不是同一份报纸，而是由美国华人社会中的宪政党主办的报纸。

③ （美）麦礼谦：《从华侨到华人——二十世纪美国华人社会发展史》，第 360－361 页。

华人民共和国合法席位和驱逐台湾当局。1964年，“反共总会”和亲国民党华人社团以美国全体华侨华人名义在《纽约时报》刊登广告，坚决反对联合国恢复中华人民共和国的合法席位。[①] “反共总会”的出现和活动体现出台湾当局通过鼓动华人社会的意识形态斗争，以达到维护其中国唯一代表的合法地位并且打击华人社会中亲大陆社团的目的。

台湾国民党中央在这一时期加强与美国总支部的联系，确保美国的国民党势力能够密切配合台湾的“外交政策”，同时也对一些坚决反共的亲台华侨华人给予各种形式的回馈以鼓励他们对台湾当局的支持。美国华侨华人中的国民党代表人物，如黄仁俊、邝瑶普、梅友卓、李觉之、何文炯等都先后被指定或选为国民党中央评议委员，美国国民党总支部的黄仁俊在60年代中还曾当选为国民党中央委员会委员，后又被任命为“总统府国策顾问”。[②] “侨务委员会”的海外活动也非常频繁，不断委任美国华人社会中的国民党党员或亲国民党知名人士为“侨务委员”或“侨委会”顾问，作为台湾当局在美国华人社会里的中坚分子。

在美国国民党总支部和旧金山传统侨社联合成立“反共总会”取得一定影响后，另一华人聚集地纽约的传统侨社领袖也开始组织反共活动，以响应台湾当局“国民外交”的号召。1957年初，纽约中华公所主席梁声泰（兼任亲国民党报纸《美洲日报》的总编辑）到旧金山与美西侨领商洽，拟提出召开全美华侨代表大会，旨在讨论反共、支援台湾的“国民外交”，配合台湾当局在联合国的行动。[③] 在交换意见的过程中，经历过“反共总会”活动的美西侨领深刻感受到反共已经让一般的华侨华人长时

---

① 相较于国民党海外党部，“反共总会”实质上是一个较松散的组织，既没有具体的纲领，也没有严格的纪律，因此“反共总会”一般也没有什么有组织的活动或会议，只是从事一些表面上的支持台湾当局的工作。参见 S. W. Kung, *Chinese in American Life* (Seattle: Washington University Press, 1962), pp. 233－234.

② 李小兵、孙绮、李晓晓：《美国华人：从历史到现实》，四川人民出版社2003年版，第127－130页。

③ Brett De Bary and Victor Nee, The Kuomintang in Chinatown. in *Counterpoint: Perspectives on Asian America* (Seattle: Washington University Press, 1976) pp. 146－151.

间处于精神紧张状态，已经无法充分发动华侨华人的积极性，他们普遍认为基于当时华人社会的现实情况，只有集中讨论移民及难民问题才能得到广大华侨华人的支持。最后商洽的结果是决定在华盛顿召开全美华侨代表大会，并推举旧金山中华总会馆董事长李时镜、纽约中华公所主席梁声泰、芝加哥中华会馆主席梁锦源、华盛顿中华公所主席邓悦民为筹备委员会的主任委员，由纽约中华公所主持筹备工作，会议的经费由美国东部各中华公所共同负担，而实质这些中华公所/会馆的经费都是由国民党中央委员会第三组用“华侨专案特支费”来支付。① 这次代表大会决议成立“全美华人福利总会”，在该会的章程中声明，福利总会是一个纯粹的福利及非牟利的机构，不参加任何政治、宗教的活动。② 由于避开了敏感的意识形态话题，美国大陆各地区及夏威夷华侨华人都支持召开这一次大会，共有 18 个州 124 代表报名参加，其中大多数是美籍华人，相当一部分是土生华裔。在全体代表讨论通过大会宣言的过程中，萨克拉门托代表邝瑶普提出在宣言中加入“赞同自由中国奋斗精神”，但是遭到广大代表的反对，理由是大部分代表没有兴趣触及国共党争问题。③ 这也是 1949 年后美国华人社会第一次对台湾当局的反共理念提出公开反对。

然而，1959 年的第二次代表大会上，美国国民党总支部做了充分的准备，亲国民党分子控制会场，通过了一个符合台湾当局旨意的提案，提案明确提出，“支持自由中国，援助西藏革命，以符合美国政策。”④ 从此，“全美华人福利总会”也被亲国民党分子所控制。接下来的几届代表大会，“全美华人福利总会”都重申反共立场，表示支持台湾当局，而且

---

① 《中国国民党党史资料与研究》，（台北）“中华民国”史料研究中心编 1989 年版，第 122－123 页。

② （美）麦礼谦：《从华侨到华人——二十世纪美国华人社会发展史》，三联书店（香港）有限公司 1992 年版，第 362 页。

③ Stan Fusang Steiner, *The Chinese Who Built America* (New York: Happer and Row. 1979), pp. 23－25.

④ 郑彦棻：《十年来的海外侨胞》，（台北）海外出版社，1960 年版，第 179 页。

每次代表大会都邀请台湾当局“外交部”或“侨委会”官员到场发表演讲。

从50年初到60年代中期，美国华人社会就已经笼罩在国民党和亲国民党势力制造的反共气氛中，虽然华人社会的平民阶层和一些精英人物对“国共之争”、“三民主义对共产主义之争”没有兴趣，但是在这种氛围下，也不能表达自己的立场或者在胁迫下只能参加这些“反共复国”行动。

（三）对新闻媒体和文化组织的控制

50年代初，国民党当局忙于整顿内部及巩固统治，所以在海外进行文化宣传的能力有限。但经过蒋介石父子的独裁统治，铁腕治理，清除异己，到50年代末60年代初，蒋介石的统治地位已经稳定下来，国民党当局开始注重争夺海外华人资源，特别是加紧了对美国华人社会新闻媒体和文化组织的争夺和控制。

从1911年到20年代初，国民党在北美洲苦心经营，逐步形成了一个庞大的舆论宣传网。辛亥革命以前，同盟会已经在檀香山创设《自由新报》，在旧金山创办《少年中国晨报》。在反袁、反北洋军阀期间，国民党人谢英伯和冯自由在旧金山创办《民国杂志》，谢英伯、钟荣光、吴朝晋等在纽约设《民气周报》。国民党人还在斯托克顿创立《匡时月报》，西雅图有《侨星周报》、芝加哥办有《三民主义英文周刊》。[①] 这些刊物和加拿大的《新民国报》、《醒华周报》、《加拿大晨报》，遥相呼应，向社会宣传国民党的政治主张，并鼓吹民主主义和美国资产阶级民主共和思想。新中国成立后，国民党虽不具备完全控制华人舆论的力量，但他们在夏威夷及美国华侨华人人口最多的城市都设有喉舌报刊，代表性的有檀香山的《中华新报》，旧金山的《少年中国晨报》和《国民日报》，芝加哥的《三民晨报》，纽约的《民气日报》和《美洲日报》。此外．其他一些有影响力的报

① （美）麦礼谦：《从华侨到华人——二十世纪美国华人社会发展史》，三联书店（香港）有限公司1992年版，第289－291页。

纸如旧金山的《金山时报》和《中西日报》，虽没有国民党人直接把持，但也是由亲国民党人士控制。[①] 这样支持和倾向国民党方面的报纸占了中文报纸的大多数。

为了进一步巩固和争夺华人舆论力量，国民党当局“侨务委员会”对一些“效忠党国”的报馆给予经济援助和支持，如赠送铅字给《民气日报》、《美洲日报》、《少年中国晨报》和《国民日报》，补助檀香山的《中华新报》，而且给报馆推荐编辑人才，鼓励这些报纸的编辑和记者到台湾访问，撰写宣传文章报道台湾当局的“成就”。[②]另外，台湾当局还直接向华人社区提供宣传书刊、新闻稿、照片等，以期控制华人社区的舆论。

与此同时，台湾当局还非常重视对华人社区文化组织的争夺和控制。1957 年，台湾当局派遣重量级人物何应钦率领“中华民国”青年访问团 100 多人到美国访问并表演文艺节目，此举客观上打破了华人社区文化领域长期的沉寂局面。在台湾当局的资助下，李华广等人与国民党党报《少年中国晨报》合作，组织“华埠之音”广播节目，这也是华埠出现最早的广播。[③] 1958 年，与李华广有密切关系的一些人士发起组织“中流剧艺社”。剧艺社的首届社长为陈汉基，其他核心人物有莫铿、李枝荣、周竖乃、方国源等。60 年代中期，“中流剧艺社”又协助成立“中艺舞蹈团”。“华埠之音”、“中流”及“中艺”都是华人社会国民党或亲国民党人士控制的文化组织。1969 年，“中流剧艺社”获得台湾当局“侨委会”和“教育部”的奖励。[④]

---

① （美）麦礼谦：《从华侨到华人——二十世纪美国华人社会发展史》，三联书店（香港）有限公司 1992 年版，第 342 页。

② Earl Swisher, *Chinese Representation in the United States* (Boulder: University of Colorado Press. 1967), pp. 23—35.

③ Earl Swisher, *Chinese Representation in the United States* (Boulder: University of Colorado Press. 1967), p. 27.

④ （美）麦礼谦：《从华侨到华人——二十世纪美国华人社会发展史》，三联书店（香港）有限公司 1992 年版，第 353 页。

本章小结

这一时期，中美关系处于对抗阶段，两岸关系表现为国共两党的军事对峙状态。在二战后美国移民政策的影响下，美国华人社会人口结构更为合理，经济呈现多元化发展、多层次展开的趋势，美国华侨华人的社会地位和经济状况得到了改善和提高，美国华人社会地位的提升促使败退台湾的国民党当局更加重视和依赖美国华侨华人的政经资源。新中国成立后，美国华人社会出现支持新中国的力量，亲中国的新兴社团组织不断涌现，但在麦卡锡主义的影响下，华人社会笼罩在反共反华的氛围之下。以中华公所/会馆为代表的传统侨社公开支持败退到台湾地区的国民党当局，并积极协助其重新夺取政权，而少数支持中华人民共和国的华侨华人在华人社会变得沉默了，华人社会的精英群体在政治上迎合了美国政府遏制中国及亚太地区共产主义的政策。

1949 年后，台湾国民党当局提出侨务工作以“反共复国”为指导方针，以“外交”巩固侨务，以侨务发展党务，以党务为侨务的核心，以侨务做“外交”的后盾，对侨务体系进行了改组和调整。台湾当局的侨务政策主要特点是：采取承认“双重国籍”的政策；重视侨民教育；重视侨务中的经济因素。国民党在历史上同美国华人社会存在紧密联系，而且一直居于支配地位。台湾当局视美国华人社会为“海外战场”，确保国民党势力控制美国华人社会，美国各地的中华会馆或中华公所及属下主要侨团，成为执行台湾当局海外政策的工具。台湾当局对华人社会的反共力量实施整合，并且利用传统侨社、中文报纸和文化活动为台湾当局作政治宣传。亲国民党势力尽力排斥对新中国友善或没有偏见的人士，阻止他们在华人社会里发挥影响。华人社会支持新中国的力量在美国国内反共浪潮和亲国民党势力的双重打压下，在50年代末基本上停止活动。总之，整个50年代和60年代前期，在美国社会反共反华的氛围下，美国华侨华人中的亲国民党势力在政治、文化、经济方面都占有垄断地位。

第二章　反国民党力量兴起　台湾当局控制削弱（1965—1978）

1965年是美国华侨华人历史发展的分水岭，标志性事件是1965年美国制定的新移民法，此后大量来自台湾、香港的移民以及通过香港中转的大陆移民涌入美国，使美国华人社会焕发新的生机。华人社会经济实力的成长刺激了华侨华人对自身政治权利的关注，参政的热情和成效与日俱增。许多美籍华人通过投身民权运动、学生运动和反越战运动参与政治事务，华人社会新兴力量迅速崛起，华侨华人从过去的被排挤和打击的对象逐步开始融入主流社会。60年代中期以后，由于大量新移民和青年一代的专业人士既不参加传统侨团，又不能完全融化于美国主流社会，于是组织起各种新的社团，使传统侨团的影响逐步减小。美国华人社会的政治分野出现了新的分化，演变为新的三个政治派别：以传统的华埠为基地且组织严密的亲国民党阵营、支持大陆派和新出现的支持“台湾独立”的“台独派”，所有这三个派别都有自己的组织和代言媒体，因而华人社会由意识形态对抗所产生的分裂状态进入到一个新的复杂时期，台湾当局对华侨华人的控制和影响也有所减弱，但是这一时期中美还未建交，在美国代表中国的还是“中华民国”，台湾国民党当局仍旧是美国华侨华人的代言人，所以在华人社会其竞争优势还是较为明显。

第一节 美国华人社会新兴力量的兴起

60年代美国华人社会新兴力量的兴起为以后华人争取权益和参与政治打下了基础。华人社会新兴力量的兴起实际是对以国民党为代表的传统势力的挑战，他们虽然在政治取向方面并不想参与华人社会的国共政争，而是希望尽快进入美国主流社会，但是在价值取向上他们又不能接受国民党对华侨华人的操控。本节对华人社会新兴力量出现和发展的历程以及影响因素进行系统的阐述。

一、1965年美国新移民法的影响

1965年10月3日，约翰逊总统签署了新的移民和归化法——1965年《外来移民与国籍法》。该法的基本精神是：第一，消除过去移民法中种族歧视与国籍歧视的传统立场；第二，强调家庭团聚的人道原则；第三，吸收外国受过高等教育的知识分子及专门人才，不拒绝外国劳工；第四，接收各国难民。[①] 1965年《外来移民与国籍法》是美国移民政策史上一个重

① 曾少聪：《美国华人新移民与华人社会》，《世界民族》，2005年第6期。

要的转折点。[1] 美国移民政策完成了向全球限额制下优先制的转变，[2] 也标志着美国对亚洲移民政策的日趋完善，自此奠定了当代美国移民政策的基石。

1965 年移民法对亚洲移民及亚裔集团产生的积极影响表现在：第一，亚洲移民大量增加，导致亚洲各族裔集团人口的重新组合；第二，移民结构的变化。这主要表现在三个方面：移民素质的提高、女性移民的增多、移民主体的变化；第三，亚裔集团的经济地位明显提高；第四，提高了亚裔集团的参政意识及政治地位。[3]

1965 年以来，美国新移民法的实施引发了包括中国人在内的各非白人族群移民美国的热潮。根据新移民法，美国发出的移民签证分 6 种优先：美国公民的未婚子女（占签证配额 20%）；美国永久居民的配偶和未婚子女（占 26%）；美国公民的已婚子女（占 10%）；美国公民的兄弟姐妹（占 24%）；有出色才能的专门人才（占 10%）；熟练劳工和一般劳工（占 10%）。根据以上规定，家庭团聚配额的比例占 80%，专门人才等占

① 新移民法的主要内容是：首先，规定实施全球统一的移民限额制度，以国籍定限额，每年的总限额为 29 万。其中东半球 17 万，西半球 12 万。这打破了原先确立的亚太三角区的划分，导致亚洲移民的大量增加，掀起了亚洲移民的“第二次高潮”。20 世纪 50 年代平均每年移民约 25 万人，而到 70 年代平均每年移民增加到 40 万。其次，法令重新分配了优先入境的原则，规定优先权最先给予美国公民的直系亲属。重新分配优先权一方面解决了多年来因限额造成的夫妻分居问题，另一方面亚洲移民主体的变化增加了亚洲移民的非曲直数量，即移民的主体由使用职业优先权转向利用家庭团聚条款的特权，形成了一种放散型的移民亲属网。第三，美国所需专业技术人员仍受欢迎。对美国经济、文化有益的外来移民仍有第三类移民优先权。据统计，战后到 1980 年总计共有大约 10 万名华人高级知识分子定居美国。第四，法案将难民问题也纳入其中，当时正值冷战白热化阶段，尤其在亚洲，社会主义国家的建立对美国构成的威胁以及对“多米诺骨牌”效应的恐惧，均使美国认识到有必要加紧“反共”宣传，积极汇聚各国“反共”势力，然后伺机行动。最后，对移民的管理趋于更合法化，打破了司法部长对移民的一人决定权，而是由国务院统筹管理，更公正、客观地决定移民入境权和办理入境、入籍手续，为亚洲移民提供了便利。Marissa Lingen, *Chinese Immigration* (Philadelphia: Mason Crest Publishers, 2004), pp. 154—156.

② 梁茂信：《1940—1990 年美国移民政治的变化与影响》，《美国研究》，1997 年第 1 期。

③ Karin Aguilar—San Juan(ed.), *The State of Asian America: Activism and Resistance in the 1990s*(Boston: South End Press, 1994), pp. 124—130.

20%。此外，美国公民的父母、配偶和未成年子女移民美国不受配额限制，美国公民的直系亲属短期来美，也不受配额限制。[①] 移民美国的中国人也主要是这两类，即前来美国实现家庭团聚者和留学生群体。后者也促进前者的移民，即以专门人才身份留美，再以家庭团聚为由申请更多人移民美国。1965 年的移民法案中，给中国的移民配额为 2 万人，另有 600 名移民配额给香港人。由于美国不承认中华人民共和国，因此，给中国的配额主要分配给台湾地区和香港。[②] 在新移民条例颁布前一年，从大陆、港台来的中国移民仅为 4769 名，但新移民条例颁布后的 1966 年，这一数字增加 2.7 倍。在 1978 年，中国移民已达 28391 人，主要是来自港台，在来自亚洲的移民中，仅次于菲律宾和韩国。[③] 美国新移民法的出台使这一时期移民美国的中国人数量迅速增长，这些移民大多数具有一定学历和技术训练背景，在他们的辛勤努力下美国华人社会中新兴中产阶级开始出现，这对华人社会的政治经济状态的变迁产生了深远影响。随着美国华侨华人政治意识的增强和经济地位的提高，美国华人社会也不再是任由台湾当局支配的“海外战区”。

二、美国华人社会的政治觉醒

（一）华人社会左派力量的复兴

20 世纪 60 年代到 70 年代末是美国社会种族关系发生重大变化的一个时代，而青年人在这个发展过程中扮演了“先锋”的角色。第二次世界大战期间以及之后“婴儿潮”出生的青年已经达到中学或大学年龄。他们

---

① Benson Tong, *The Chinese Americans* (Westport, Conn.: Greenwood Press, 2000), p. 101—114.

② 自 1979 年中美正式建交以后，美国每年给中国大陆的移民配额为 20000 人。这样，美国每年给中国大陆、台湾和香港的移民配额总数为 46000 人。

③ （美）麦礼谦：《从华侨到华人——二十世纪美国华人社会发展史》，三联书店（香港）有限公司 1992 年版，第 419 页。

在学校接受民主思想，对民主平等的社会有很高的期望。他们一般不满现实社会的种族偏见及其他不合理现象，所以当黑人掀起争取民权运动时，很多心怀理想的华裔青年也积极响应这一号召。[①] 60年代的黑人民权运动虽然没有直接对华人社会产生广泛影响，但在一定程度上推动了亚裔民权运动，激发了华人民主意识和争取权益运动。

在民权运动发展的过程中，黑人的种族自觉思想不断发展。1966年，一些黑人青年首次提出"黑种人权利"（Black Power）的口号，即黑人必须掌握政权才能扫除一切压迫，黑人只有掌握自己的命运才能够获得解放。[②] 1967年，黑人民族主义进一步发展，最具代表性的就是"黑豹党"（Black Panther Party）的出现，"黑豹党"主张组织武装力量，抗拒白人的压迫和剥削。该组织的成员具有强烈的种族意识和浓厚的扶弱济贫的作风。他们深受当时中国大陆正在发生的"文化大革命"极左思潮的影响，

---

① 19世纪末，排华移民法案实施以后，华工被排斥于美国国门之外。只有官、商、教师、学生及他们的家眷才有资格进入美国定居。因此，在未婚男性华工人口不断下降的情况下，华人社会里家庭的比例相对地不断地成长，在美国出生的华裔（美国华人称为土生）在华人人口里所占的百分比也随着上升。据美国人口统计数字，在1900年土生华人约占美国大陆华人的10%，但到30年代中这比例已经提高到美国大陆华人人口的半数。在夏威夷，早在1920年土生人数已经超过外国出生的人数。不过美国人口普查局对于"土生"（Native）的定义比较华人社会惯用同一名词所包含的范围更广，包括在美国的及美籍华人在外国所生育的儿女。在官方统计数字里，这些都属"土生"一部分。土生华人在美国的身份和其他华人有重要的区别，他们有美国国籍，其中在美国长大的一部分土生华裔深受美国社会意识形态的影响，他们在19世纪末就逐步开始在华人社会里形成一个生活方式及思想作风比较接近美国主流社会的群体。在这一过程中，美国的学校和各种社会机构所灌输的美国文化思想及伦理道德观念，对他们的发展起着重要的推动作用。他们的生活方式及思想作风与移民迥然不同。他们通常对中文的认识有限，或完全不懂，交谈写作是以英语为主，很多人对中华文化及风俗习惯非常陌生，对中国的感情也比较一般移民淡漠。土生华人大部分有中学以上的教育水平，很多是公务员、文员或科技专业人员，属于中产阶级。他们与美国主流社会存在密切的关系，而且急欲在主流社寻求发展，期望享有平等的地位。这些人的社会思想意识加上他们美国公民的身份，使他们特别关注争取华人在美国应享有的权利，努力打入美国主流社会，是美国政坛上最活跃的华人。Elaine H. Kim, Asia American and Popular Culture. In *Dictionary of Asian American History, ed. Kim Hyung－Chan* (Chicago: University of Chicago Press, 1986), pp. 103－104.

② Elaine H. Kim, Asia American and Popular Culture. In *Dictionary of Asian American History, ed. Kim Hyung－Chan* (Chicago: University of Chicago Press, 1986), pp. 99－100.

所以也具有明显的平均主义和歧视知识分子的倾向。[①]“黑豹党”的政治纲领很快就得到学生运动里激进分子的同情和支持，“黑豹党”的种族意识也启发了美国西部一些华裔学生的种族自觉意识。由于越南战争的不断升级，美国人民的反战情绪也随之高涨。美国“新左派”指责美国在这场战争中扮演帝国主义角色，美国亚裔青年则将资本主义国家向发展中国家的侵略行为与美国国内亚裔受歧视和剥削的情形联系起来，[②]这促使华裔青年学生种族自觉意识进一步增强。

1968年，反越战人士和“黑豹党”合作成立“和平自由党”，并参加美国地方竞选活动。[③]一些华人也参加到这场政治活动，提出了有利于华裔集团的政治纲领。不久，华裔青年朱玉燕发起成立一个支持“和平自由党”的“亚裔活动小组”。在此基础上，加州大学的亚裔学生在5月成立第一个美亚裔政治组织“美亚裔政治联盟”(Asian American Political Alliance)。1969年，美国东部哥伦比亚大学的激进亚裔青年也成立了“美亚裔政治联盟”。[④]该组织的宗旨是反对美国白人种族主义，反对美国政府的帝国主义政策，支持美亚裔自决的权利，支持被压迫民族的解放斗争和第三世界国家的独立自主的权利，建立一个平等、合理、人道的美国社会。

华裔青年在这场以非洲裔青年为主的民权运动中发展为这场运动中的有机组成部分。1968年，旧金山州立大学的“美亚裔政治联盟”与“校际华裔学生社会活动委员会”(Intercollegiate Chinese for Social Action)联合墨西哥裔、非洲裔、菲律宾裔学生组织“第三世界解放阵线”(Third World Liberation Front)，向学校当局要求成立“少数族裔研究学院”

---

① Maxine Hong Kingston, *China Men*(New York: Alfred A. Knopf, 1980), pp. 97－111.

② 陈欣：《“美国华人社会的历史进程”讲座综述》，《华侨华人历史研究》，2004年第2期。

③ (美)麦礼谦：《从华侨到华人——二十世纪美国华人社会发展史》，三联书店(香港)有限公司1992年版，第379－481页。

④ Stanford M. Lyman, *Chinese Americans* (New York: Random House, Inc. 1974), pp. 173－180.

(School of Ethnic Studies)。[①] 校方拒绝学生的要求后，该组织开始发动罢课，导致全校活动瘫痪。这次学潮到1969年初才告结束，是美国有史以来持续时间最长的学生罢课运动，也是第一次有多名亚裔学生参加的运动。[②] 学潮结束不久，旧金山州立大学成立了美国第一所"少数族裔研究学院"，包括美亚裔研究系（Asian American Studies），分为华裔、日裔、菲律宾裔三个部门，首次向学生讲授亚裔在美国的历史变迁、美国的亚裔社会结构和亚裔文学等课程。

1969年初，加州大学的学生受旧金山州立大学的鼓舞，也举行罢课活动，要求校方成立少数族裔研究课程。在这种态势下，为避免出现大规模的学生运动，一些学校主动开设少数族裔研究课程，平息激进学生的情绪。美国亚裔研究对素来被学术界忽视的美国亚裔历史、社会、文化进行了系统的深入研究。这些课程提高了亚裔学生的种族自觉意识，促进了亚裔社会文化活动及政治力量的发展。对非亚裔学生，这些课程也能够加深他们对亚裔历史社会的了解。

由于冷战期间美国反共气氛和国民党对亲大陆力量的迫害和打压，美国华人社会左派力量处于沉寂状态。经过60年代美国民权运动的熏陶，进入70年代华人社会的左派力量再次兴起，其中主要代表群体是社会中上层家庭出身的华裔青年和留美学生。左派力量深受当时自由主义思潮的影响，思想和行动都采取较为激进态度。他们宣扬社会革命，以示威、罢工等斗争方式试图达到最终目的；他们主张遵循法定途径，在社会里争取应有的权益。[③]

---

① Benson Tong, *The Chinese Americans* (Westport, Conn.: Greenwood Press, 2000), p. 81.

② （美）麦礼谦：《从华侨到华人——二十世纪美国华人社会发展史》，三联书店（香港）有限公司1992年版，第482页。

③ William Wei, *The Asian American Movement* (Philadelphia: Temple University Press, 1993), pp. 98—120.

有组织的亚裔青年激进活动是由“红卫兵党”开始。[①] 60年代，旧金山青年帮派犯罪问题日趋严重，已经影响到美国华埠的正常生活，一些比较有远见的帮派成员已经认识到这是一条没前途的道路，因此要求设法脱离帮派斗争的束缚。1967年，以土生华裔为核心的帮派青年成立非营利组织“清流社”（Leway，Legitimate Way的缩写），主要举办一些青少年所喜爱的康乐活动。[②] 该组织的一些领导人参加了加州大学学生争取设立少数族裔学院的斗争。在这期间，这些青年又受到中国大陆“文化大革命”的影响，对马列主义和毛泽东思想非常感兴趣。他们以“黑豹党”的政治纲领为蓝本，制订行动纲领，于1969年2月成立“红卫兵党”（Red Guards Party)。该党的宗旨是争取美国亚裔社会享有自决的权力，口号是“敢于斗争，敢于胜利”（Dare to Struggle，Dare to Win）。[③] “红卫兵党”的成员是流浪街头的失学青年，承袭了“黑豹党”的凶悍作风和语言，跟华人社会传统的举止言行有很大的距离。因此，“红卫兵党”虽然主观地设立为群众服务的各种项目，反对不合理的社会现象，但他们却得不到华人社会的响应和支持，这就严重地限制了这个组织的影响。

在美国社会运动及美亚裔运动的鼓舞之下，贫困的华埠自然成为亚裔知识青年试图采取行动改革社会的场所。60年代末，亚裔知识青年在各地的华埠展开活动，成员包括各族亚裔，但以华裔、日裔为主。美国华裔知识青年陆续成立了“义和拳”、“为民社”、“工人观点组织”等团体，这些团体深受美国新左派运动的影响，都宣扬自己是马列主义和毛泽东思想指导的正统政治组织，认为他们的活动是属于美国革命的范畴。[④] 这些组

① Tsung Chi, *East Asian Americans and Political Participation: a Reference Handbook* (Santa Barbara, Calif.: ABC－CLIO, 2005), p. 236.

② （美）麦礼谦：《从华侨到华人——二十世纪美国华人社会发展史》，三联书店（香港）有限公司1992年版，第356－358页。

③ 同上，第359页。

④ Maxine Hong Kingston, *The Woman Wwarrior: China Men* (New York: Everyman's Library, 2005), pp. 110－115.

织经常和华人社区以外的激进团体联系，特别是和美国社会里各种左派力量合作，加强了华人社会对其他社区族裔政治主张的了解，也在一定程度上提升了华人社会活动的声势。

70年代后期，左派青年活动的重点逐步转移到美国主流社会的“工人运动”。[①] 但是，这些组织间的政治分歧很深，宗派色彩浓郁，组织者往往自立门户，互相攻讦，动辄称对方为反动分子。这些组织都标榜是响应“文化大革命”的号召，而当时中苏分裂已经公开化，因此它们与亲苏联的美国共产党也是处在对立地位。[②] 左派团体有时会为了搞一些活动而暂时合作，但这些结合都不能持久。这也是导致左派在华人社会里不能集中力量，发挥更大影响力的一个重要因素。

（二）保卫钓鱼岛运动的发展与影响

1970年前后的美国校园，大陆因为尚未开放，鲜有留学生赴美，中国留学生主要来自香港和台湾地区。当时，港台留学生对于台湾当局普遍持有两种态度：激烈反对台湾当局和要求台湾当局实行改革，由这两种态度而派生的对于中国大陆的情感，也既有向往，亦有疏离。钓鱼岛的归属关系到中华民族的荣辱，留美学生中的不同政治立场得以在“保钓运动”中凝聚在爱国主义的大旗之下。

1970年，日本政府宣称钓鱼岛列屿是日本的领土，9月，派军舰到钓鱼岛附近驱逐中国渔船，并宣称拟在岛上设气象站。钓鱼岛事件爆发后，美国普林斯顿大学和威斯康辛大学的中国留学生发起了“保卫钓鱼台运动”。[③] 1970年12月19日，普林斯顿大学沈平、李德怡等人率先组成了“保卫钓鱼台行动委员会”（以下称“保钓会”），强调以行动“警告日本”、

---

① Theresa Chong Carino, *China and the Overseas Chinese in Southeast Asia* (New York: New Day Publishers, 1985), p. 175.

② （美）麦礼谦：《从华侨到华人——二十世纪美国华人社会发展史》，三联书店（香港）有限公司1992年版，第501页。

③ 同上，第482页。台湾地区习惯称钓鱼岛为钓鱼台。

“抗议美国”、“呼醒国人”。短短两个月间，至1971年初，“保钓会”几乎遍及全美各地近60所高校。

1971年1月29日，北加州金山湾区9所高校的500名留学生在加州大学柏克莱分校的呼吁下，自发集结在旧金山市，掀起了“保钓”游行示威活动。时间定在1月29日，其意义也是指学生要效仿当年的“一二·九”爱国学生运动。[①] 游行队伍沿路经台湾当局“驻旧金山总领事馆”以及日本驻旧金山领事馆，并向当时的“总领事”周彤华递交了呼吁台湾当局捍卫领土主权的请愿书。几乎在同一天，纽约、芝加哥、西雅图和洛杉矶均发生了类似的留美学生“保钓”游行。但“一二·九”游行之后，台湾当局并没有及时作出积极回应，台湾当局在钓鱼岛问题上的暧昧态度和软弱举措，再度催生了更大规模的华盛顿“四一〇”大游行。[②]

1971年4月10日，来自全美30余所高校，17个地区的近4000名留学生、华侨齐聚于华盛顿，“保钓”运动达至高潮。游行队伍浩浩荡荡，高唱《毕业歌》、《黄河大合唱》，威斯康辛大学学生甚至自创了“钓鱼岛战歌”。[③]

历经半年的激情之后，“保钓”意识虽然在留学生心中扩散，但“保钓”行动中台湾当局的不作为却给学生留下深刻印象。台湾当局对钓鱼岛主权所采取的软弱态度，导致“保钓”运动里的台湾留学生开始抨击国民党当局和运动里的亲国民党分子。从此，“保钓”运动便公开分裂为支持和反对国民党当局的两派。1971年6月17日，美日签约，同意当时在美国管辖下的琉球（包括钓鱼岛列屿），于1972年归还日本。留学生们越发意识到，钓鱼岛问题的彻底解决必须仰仗于中国的真正强大，而两岸分离

---

① 《南方周末》，2005年8月4日，第4版。

② Harry L. Kitano & Roger Daniels, *Asian American: Emerging Minorities*. 2d ed. (Englewood Cliffs, N. J.: Prentice Hall, 1995), p. 139.

③ Harry L. Kitano & Roger Daniels, *Asian American: Emerging Minorities*. 2d ed. (Englewood Cliffs, N. J.: Prentice Hall, 1995), pp. 134－140.

的状况让他们更为深入地关注到中国何去何从的问题上，“保钓”运动开始从最直接的钓鱼岛问题延伸至两岸关系的讨论上。从6月到10月间，美国各地区的“保钓会”相继召开“国是会议”（Conference of Affairs of State）。[①]

1971年9月安娜堡“国是大会”在密歇根大学召开，全美高校的100余名“保钓”精英齐聚一堂，就“保钓”行动的发展方向出谋划策，议题渐渐从单纯的爱国保钓集中于促进两岸统一之上，这成为“保钓”运动具有分水岭意义的一幕。此次会议通过5项决议：1. 反对任何“两个中国”和“一中一台”的国际阴谋；2. 一切外国势力，必须从中国领土（包括钓鱼岛）及领海撤出；3. 台湾省是中国领土的一部分。所谓台湾问题，是中国的内政问题，应由中国人民（包括台湾人民）自行解决；4. 反对出卖中国领土主权的任何集团；5. 承认中华人民共和国为唯一合法的代表中国人民的政府。[②] 至此，保钓运动的亲大陆政治立场已经明朗化，整个运动进入新的阶段。保钓运动为期不长，但对于留学界政治动向却起很大的影响，摆脱了国民党势力多年来对留学界言论上的钳制。

在美国进行的“保钓”运动从一开始即以“第二次五四运动”自称，甚至打出了“外抗强权，内除国贼”的口号以作比照。连续两次的游行示威让美国的新闻媒体对于一向沉默的中国学生的印象为之一变。[③] “四一〇”华盛顿游行后，各地“保钓”成员捐款6万美元在《纽约时报》上刊登了一整页的大广告，表明钓鱼岛列屿应是中国的领土，这是留学生就钓鱼岛问题向美国社会的公开抗议。著名数学家陈省身当时正在加州大学柏克莱分校做教授，在留学生们的再三邀请下，为首签名发出了一份告美国

---

① Harry L. Kitano & Roger Daniels, *Asian American: Emerging Minorities*. 2d ed. (Englewood Cliffs, N. J.: Prentice Hall, 1995), p143.

② （美）麦礼谦：《从华侨到华人——二十世纪美国华人社会发展史》，三联书店（香港）有限公司1992年版，第483页。

③ Karin Aguilar－San Juan (ed.), *The State of Asian America: Activism and Resistance in the 1990s* (Boston: South End Press, 1994), pp. 99－112.

政府公开信，阐述钓鱼岛问题的实质，呼吁将钓鱼岛归还中国。“四一〇”游行结束后不久，留学生办起了“钓运”杂志《水牛》。这是一份纯手抄杂志，杂志宗旨为启蒙，主要是介绍新中国的现状和建设成就，阐释社会主义理论。[①]《水牛》每期从两三百份稳定升至五六百份，开始在当时全美数十家类似的保钓运动杂志中脱颖而出。

1971年，杨振宁成为海外华裔科学家访问新中国的第一人，他回到美国后，应“保钓”学生的邀请，穿梭于全美各高校发表演讲。在题为《我对中华人民共和国的印象》一文里，杨先生从他所见的上海女性穿裙子，讲到科研事业、文化传统，无所不包，最后以“为有牺牲多壮志，敢教日月换新天”来比喻新中国的巨大变化。著名华裔数学家丘成桐认为，这场保钓运动，更重大的意义在于，当时的中国是不开放的，而它打开了一扇窗户，让海外学子了解中国。[②] 同年，吴仙标发起组织的“特拉瓦州保卫钓鱼台委员会”，编印了一本关于钓鱼岛的小册子，说明钓鱼岛的历史和领土主权，并分发给联邦参议院外交委员会的所有成员。此外，保钓积极分子开设“中国青年之声”(Chinese Youth Voice)，用普通话广播节目向听众介绍中国大陆和台湾的情况。[③] 这些都是以前美国华人社会罕见的政治行动。

由于中美关系的冷淡及两岸的敌对态势，这场“保钓”运动的具体情况和信息一直无法畅通地传递至大陆，迫切需要搭建一道沟通的桥梁。而1971年下半年，海外“保钓”运动在最初游行示威的激情过后，也进入了反思和总结阶段。9月的安娜堡“国是大会”上，“去新中国看一看”成为许多与会者热切的愿望。开完这次大会几天后，当时的全美“保钓

---

① Molly Joel Coye & Jon Livingston, *China: Yesterday and Today*, 2d ed. (New York: Bantam Books, 1979), p. 153.

② 徐德清等:《世纪之交的反思——中国旅美学人谈中美关系》,香港八方企业公司2001年版,第97页。

③ Gary Y. Okihiro, *Margins and mainstreams: Asians in American History and Culture* (Seattle: University of Washinton Press, 1994), pp. 189—201.

会”总召集人李我焱，获悉了中国政府拟邀请海外“保钓”学生组团访问祖国的信息。[①] 李我焱等保钓运动领导人立即开始筹办去大陆事宜。经过艰苦努力，访问团最终成行，访问团一共五人，李我焱为团长，四位团员分别是陈治利、陈恒次、王正方和王春生。这五人均是台湾籍留学生，基本都是“保钓”运动各个地区的联络人。出发前夕，五人特意到达纽约联合国总部参加支持中华人民共和国重返联合国的集会，并在前往大陆的旅途中获悉中华人民共和国重返联合国的消息。[②] 访问团虽然只有五人，在当时特殊的历史条件下也未进行公开宣传，但这是一次名副其实的破冰之旅。

1971 年的国庆前夕，由海外保钓运动的五位骨干成员组成的“保钓访问团”第一次踏上祖国大陆，其间受到周恩来总理的亲切接见，会谈整整持续了 6 个小时。基于当时的中美关系和两岸形势，这次访问自始至终，不上报纸，不拍照片，成为一段被尘封的历史片段，也被参与者戏称为“保钓第零团”。[③] 返美后不久，访问团团员在各地留学生的要求下，将他们在国内的所见所闻向广大留学生进行宣讲。[④] “保钓第零团”的访问成功，开辟了海外学子与祖国大陆定期沟通的渠道，其后 1972 年、1975 年，“保钓”第一团、第二团，接连循着他们的足迹，参访大陆。当时周总理不管多忙，总是尽量亲自接见这些海外归来的学子，进一步增强了他们对于新中国的认同感。

---

① 这一口讯是当时新成立的中国驻加拿大大使馆委托李我焱的同学伍经元传达的，对外名义是参加 1971 年的国庆观礼活动。参见中共中央统战部研究室编著：《新中国统一战线五十年大事年表（1949—1999）》，华文出版社 2000 年版，第 197—198 页。

② 徐德清等：《世纪之交的反思——中国旅美学人谈中美关系》，香港八方企业公司 2001 年版，第 143 页。

③ （美）麦礼谦：《从华侨到华人——二十世纪美国华人社会发展史》，三联书店（香港）有限公司 1992 年版，第 484 页。

④ 李我焱毕业后响应周总理的号召，经联合国考试录取到联合国秘书处工作，而受访问团演讲的影响，去往联合国工作以作报国之途的留学生共有 80 多人，他们几乎都有博士硕士学位，大多是放弃自己的专业，改而从事语文工作。参见徐德清等：《世纪之交的反思——中国旅美学人谈中美关系》，香港八方企业公司 2001 年版，第 92 页。

至1972年5月15日，美国仍然对外宣布，按照“美日联合公报”如期将钓鱼岛的托管权交予日本，轰动一时的“保钓”运动遭遇挫折。几年后，“保钓”运动中的积极分子大部分进入社会，生计问题成为他们首要考虑的问题，因此从事社会活动的时间和激情减少，轰轰烈烈的“保钓”运动最终趋于平静。但是“保钓”运动打破留学界，乃至美国华人社会自50年代以来的沉闷压抑局面，美国华侨华人的社会和政治意识整体提高，并且为今后中美关系解决提供了良好的社会环境。另一方面，该运动使华侨华人在不能直接、公开地表达对中华人民共和国的认同和对台湾当局的反对的情况下，其爱国感情得到了宣扬。

第二节　美国华人社会反国民党力量的发展

一、中美关系走向正常化

50年代末、60年代初，美国社会逐渐出现一种思潮，主张改变美国对华僵硬政策。[①] 60年代中期，对美国社会舆论产生影响最直接也是最大的，就是1964年美国参议院外交委员会主席威廉·富布赖特（William Fulbright）的长篇演说和其后来主持的一系列听证会。1964年3月25日，富布赖特在参议院发表讲话，批评美国外交政策的僵化。他指出美国现行的外交政策是建立在不切实际的“神话”基础之上，与美国外交所处的国际环境相脱节。关于中国存在的“现实”，富布赖特表述了一个极其

① 资中筠：《缓慢的解冻——中美关系打开之前十几年间美国对华舆论的转变过程》，《美国研究》，1987年第2期。

重要的观点，实际上并没有“两个中国”，而只有一个，那就是中国大陆。① 富布赖特为日后美国政府考虑对华政策调整提供了重要理论基础：一是中国的客观存在，二是中国政权的稳定。他所提出的尖锐问题就是：要不要正视和承认这个现实，同中国打交道?② 1966 年，富布赖特再次主持国会外交委员会听证会。这一系列被载入史册的“富布赖特听证会”，对美国对华政策调整提出了极其重要的建议，并引起美国政府的积极反响。③系列听证会产生了巨大的舆论影响，美国国内越来越多的人赞成同中国发展关系，另一方面它也使美国“亲台阵营”出现分化。④ 到 60 年代末，恢复中美关系正常化的呼声已经日益高涨。中美关系解冻已经成为历史发展的必然趋势。这趋势也决定华人社会对中国大陆的态度必然发生变化。

在 1960 年代中期以后，美国已经失去了军事上对苏联的优势，美军在越战中深陷泥淖，社会主义阵营出现分裂，这都构成了促使中美关系正常化的外部因素。中苏关系的恶化更使美国期待中华人民共和国能够扮演阻止苏联军事扩张的角色。美国全球战略的改变使美国对华政策出现转向，在以“谈判代替对抗”的和解政策之下，对中华人民共和国是“遏制

---

① Leonard A. Kusnitz, *Public Opinion and Foreign Policy* (Westport: Greenwood Press, 1984), p. 100.

② 最明显的例子就是共和党参议员雅各布·贾维茨（Jacob K. Jvists）政治态度的转变。从前，贾维茨是亲蒋的“百万人委员会”的积极支持者。然而，在听证会期间，贾维茨却在一次6000多人的集会上，引人注目地公开呼吁美国政府改变当前的对华政策。贾维茨具体建议美国政府同中国政府举行“无条件的讨论”。贾维茨当年底宣布退出了“百万人委员会”。参见苏格：《60年代后期美国对华政策的解冻》，《美国研究》，1997 年第 2 期。

③ 听证会出席、作证发言者包括鲍大可（A. Doak Barnett）、费正清（John Fairbank）、斯卡拉皮诺（Roberts Scalapino）、汉斯·摩根索（Hans Morgenthau）等十余名美国研究中国问题和国际问题的专家。从 3 月 8 日到 30 日，共举行了 12 次会议，会议发言人包括国会“中国帮”头面人物周以德（Walter Judd）和华盛顿大学远东与苏联研究所所长乔治·泰勒（George Taylor）等，但绝大多数代表呼吁政府对华采取更加灵活的政策。表述的主要观点包括：美国在不放弃台湾的同时，允许北京加入联合国，放弃敌视中国的政策，同中国大陆建立和保持联系。*U.S. Policy with Respect to Mainland China*, *Hearings before the Committee on Foreign Relations*, United States Senate, 89th Cong., 2nd sess., Washington, D. C. 1966.

④ 苏格：《60 年代后期美国对华政策的解冻》，《美国研究》，1997 年第 2 期。

而不孤立”；因此过去防堵中华人民共和国进入联合国的政策也出现重大调整。在联合国有关“中国代表权”问题的争议，经历了“缓议案”与“重要议案”两个阶段，这使台湾当局暂时保住了在联合国中的地位。但是，在新的形势下，美国不再阻止中华人民共和国恢复联合国合法席位的政策已然呈现。

进入70年代，国际战略形势总体上是苏攻美守，美处于不利地位，中华人民共和国反对苏联霸权主义的战略地位，使得美国政府开始寻求中美关系的改善。1969年当选的美国总统尼克松不断放出外交信号，表示要走向同中国和好。1971年2月，尼克松向国会提出外交报告，要求消除不必要的障碍创造实现中美扩大交往的机会。中国抓住这一战略机遇，4月，毛泽东决定邀请在日本名古屋参加第31届世界乒乓球锦标赛的美国队访华。4月至6月，中美两国政府就美国国务卿基辛格秘密访华进行磋商并达成一致意见。中国政府确定中美会谈的方针是反对美国武装干涉台湾，坚持美国必须承认台湾是中国的一个省，台湾问题是中国内政，因而不容外国干涉，美国必须确定撤走驻台美军的期限，必须废除美蒋“共同防御条约”。1972年2月21日尼克松访华，毛泽东同日接见，就世界局势和战略问题进行交谈。2月28日，中美双方在上海发表《联合公报》。中美两国的1972年历史性会谈打开了中美关系的大门，为两国以后建立外交关系的谈判奠定了基础。

1973年基辛格再次来华商议中美关系正常化，1974年4月邓小平副总理赴美出席第六届联合国特别大会，同基辛格谈中美关系正常化问题。11月，福特总统派国务卿基辛格访华讨论两国关系正常化方式。1975年12月福特访问中国。但都因为在同台湾断交、撤军、废约的“建交三原则”问题上下不了决心，没有获得进展。因而，在共和党政府任期内没有实现中美建交。

1977年，卡特政府上台，为了加强美国战略地位和国家利益，他决定推动中美关系正常化。8月，派国务卿万斯访问中国。邓小平在会见万斯时指出建交原则就是“废约、撤军、断交”三条。为照顾现实，可以允许美台之间非官方的民间往来，台湾同中国统一问题让中国人自己解决。1978年4月，卡特总统宣布，美国承认一个中国概念，同中国建立正式外交关系符合美国的最大利益，并于5月派总统国家安全事务助理布热津斯基访华，表示美国愿意接受中国提出建交三原则。中美双方于1978年12月16日发表了《中华人民共和国和美利坚合众国关于建立外交关系的联合公报》。公报重申：美国政府承认中华人民共和国政府是中国的唯一合法政府。美国政府承认中国的立场，即只有一个中国，台湾是中国的一部分。中美关系走向正常化以及最后的建交对美国华人社会产生最深刻和最直接的影响就是，台湾国民党当局已不具备代表中国的合法性，亲大陆力量获得了政治发展空间，台湾国民党当局和亲国民党力量在美国华人社会的控制和影响在法理上受到严重挑战和冲击。

二、支持中国大陆力量渐趋活跃

在大的国际环境和美国国内民权反战运动的背景下，激进的土生华裔青年在反共势力控制下的纽约和旧金山率先向国民党及保守势力发起挑战。1969年，“红卫兵党”在旧金山华人社区举办五四运动50周年纪念会，讲台上高挂中国五星红旗和毛泽东画像，这是1949年以来华人社区首次出现支持中华人民共和国的有组织的行动。[①] 此举虽然只是反映了华裔青年的反潮流精神，但它所起到的客观作用，则象征着华裔青年对国民党占统治地位的传统侨社的挑战。

六七十年代在美国发行的各家日报中，绝大多数属于国民党、亲国民党或中间偏右。1969年旧金山华人翁绍裘、黄运基创办的《华声报》是

① Stephen Castles & Mark Miller, *The Age of Migration: International Population Movements in the Modern World* (New York: The Guilford Press, 1993), pp. 143—146.

第一家公开支持中华人民共和国的报纸。1970年，纽约和旧金山的华裔青年组织活动庆祝中华人民共和国国庆节，成为新中国成立20年后的第一次。1972年，纽约华人苏国坤创办《北美日报》（*The Peimei News*），该报采取中间偏左的政治立场，支持中华人民共和国。到1978年，中美关系开始步入建交阶段，在50年代遭受迫害的《美洲华侨日报》再次派遣记者长驻旧金山采访新闻发稿回纽约，出版后每天空运到旧金山发行。① 华人社会对于中美关系的期望和对中华人民共和国的关注，标志着华人社会内原有的反共意识在渐渐地淡化。

侨社内部开始出现不同的政治声音，一些华侨华人改变了对中国大陆的偏见，提出改善中美关系的设想。1971年3月，美国国务院撤销美国公民到中国旅行的禁令，到6月，撤销对中国的禁运。8月，美国各族裔民主人士正式成立了“美中人民友好协会”（U. S. —China People’s Friendship Association），致力于促进美中两国人民的友谊。② 9月，旧金山的“华裔民主党协进会”发表声明，要求联合国恢复中华人民共和国的一切权利。③ 这种形势的发展，深深鼓舞了华人社区人士、留学生、进步华裔青年及美国一些进步人士。1971年10月，他们在纽约和旧金山联合举办1949年以来最盛大的集会，庆祝中华人民共和国成立22周年。④ 1971年保卫钓鱼岛运动后，华人社会舆论开始出现支持中美关系正常化和恢复中华人民共和国在联合国合法席位的呼声。1972年1月，旧金山华人社区组织了一个以周锐、刘贵明及黄德庆为主持人的“中美邦交协进会”（Chinese Americans For Better U. S - China Relations Committee），发动社区人士在请愿书上签名，要求改善中美关系，在尼克松总统访华之前

① Stanely Karnow, *In Our Image* (New York: Random House, 1989), pp. 231－238.

② Stanford M. Lyman, *Chinese Americans* (New York: Random House, Inc. 1974), p. 210.

③ Stanely Karnow, *In Our Image* (New York: Random House, 1989), pp. 179－180.

④ Stan Fusang Steiner, *The Chinese Who Built America* (New York: Happer and Row. 1979), p. 197.

呈交给白宫。[①] 此后，舆论形势朝向有利于中国大陆的变化，主要表现为传媒的政治结构趋向多元化，除传统的左右派报刊外，价值中立的报刊趋多。

此外，60年代以后，美国华人社会的巨变也反映在社会政治生活的改变上。由于华侨华人存在组建社团的需求，因此，华人社会出现了形形色色的社团组织。来自中国各省的移民分别组织有东北同乡会、华北同乡会、齐鲁会馆、安徽同乡会、苏浙同乡会、四川同乡会、湖南同乡会等；来自台湾地区的移民组建有台湾同乡会、台湾同乡联谊会等；来自中南半岛的移民难民，组建有潮州同乡会、广东同乡会、福建同乡会等。由于这些团体都以中国的祖籍地区或姓氏为组织基础，往往有相同名称及相同性能，所以不以党派利益而以中华民族利益为依归的趋势逐渐成为海外华人社会的主流和共识，除了中文传媒追求客观公正的价值取向之外，美国各地新生的华人社团也在悄然改变传统侨团的政治取向，积极促使中美关系的正常化。

为了避免涉及两岸关系的问题，防止因此导致组织内部发生纠纷，一些中立性组织开始出现。1973年，王恭立等人发动成立全国性的华人组织"美华协会"(Organization of Chinese American，简称OCA)。该协会是当时唯一的全国性美籍华人政治宣传性组织，总部设在首都华盛顿，在24个州设有40个分支机构，在香港也有一个分支，拥有会员6000多人，主要从事游说国会议员等活动。[②] 该会的主要宗旨是：尊重美国宪法，发扬政治民主；鼓励华人积极参加美国社会活动；争取少数民族均等机会；扫除歧视性法律和法令；发挥华人的优良传统及其形象。它同时也声明，

---

① Birgit Zinzius, *Chinese America: Stereotype and Reality: History, Present, and Future of the Chinese Americans* (New York: P. Lang, 2005), p. 36.

② 周敏、王晓辉：《华裔美国人的精英群体》，《社会学研究》，2005年第5期，第60—61页。

并不参与美国的任何对外政策事务（包括对中国和台湾地区）。[①]“美华协会”的成员包括土生华裔、台湾和香港移民，他们一般都是在城市郊区或大学附近居住的中产阶级高级知识分子，因此该协会的组织基础和服务对象主要是高级知识分子阶层，主要代表人物有：骆家辉、吴仙标、莫虎、杨致远等。[②]

70 年代中美关系改善，一些社团领袖对国民党的控制发起公开的挑战，而亲台分子也尽其所能排斥亲大陆分子。一些社团就由于争辩中国大陆或台湾哪方属于正统的问题而不断发生内部斗争。例如，1970 年，纽约和旧金山的崇正会的亲国民党势力受到亲大陆力量的强力挑战，虽然亲国民党势力继续控制该社团，但控制力已明显削弱。[③] 1975 年，台湾当局“侨委会”向台湾当局提交了一份《对美侨务工作统计报告》，根据这份报告的统计，美国华人社会支持台湾当局的侨社和组织有 1200 多个，相较于五六十年代没有什么变化。但是，支持大陆的社团组织从尼克松总统访华后迅速发展到近 500 多个，相比五六十年代在数量上出现了质的变化，还有近 600 个新兴的社团组织不具备任何政治立场。[④] 此外，1978 年 12 月 29 日《世界日报》对旧金山湾区的华人就政治认同问题做了一次民意调查，抽样调查的 227 个美国华人中有 82 个宣称自己认同“中华民国”，占 36.1%；有 65 个人支持中华人民共和国，占 28.6%，而剩余的 80 个人认为自己没有具体的政治认同，认同自己是中国人的，占 35.2%。[⑤] 虽然“侨委会”和亲台湾当局的《世界日报》的

---

① Stan Fusang Steiner, *The Chinese Who Built America* (New York: Happer and Row. 1979), pp. 227－230.

② 1997 年 7 月，该会在洛杉矶举行第 16 届年会时，克林顿总统不仅派出总统特别助理出席会议，而且以总统名义发去贺信。参见方雄普：《海外侨团的发展演变及其相关政策》，《华侨华人历史研究》，1997 年第 1 期。

③ （美）麦礼谦：《走向多元化的当代美国社会：在变化中的美国华人地缘性社团系统》，《华侨华人历史研究》，1996 年第 3 期。

④ 《侨务五十年》，（台北）侨务委员会 1982 年版，第 101－102 页。

⑤ 《选票就是权力》，（美）《世界日报》，1978 年 12 月 29 日，第 1 版。

统计和调查不一定能完全准确地反映当时华人社会内部的政治生态，但还是能够体现出美国华人社会出现的政治变化。美国华人社会不再是一面倒的支持台湾国民党当局，亲国民党势力明显停滞发展，亲大陆力量逐步壮大，而不以党派政治为选择的中间力量在华人社会中的地位也在提高。

三、“台独”势力在华人社会滋生和发展

这一时期，美国华人社会中反国民党的势力主要是亲大陆的华侨华人及社团，而“台独”势力也开始滋生。亲“台独”的华侨华人和组织在最初的表现形态是反对国民党在台湾的威权统治，具有反国民党的特性。因此，在60年代中后期，虽然亲大陆派与亲“台独派”没有任何联系，而且相互水火不容，但台湾当局和华人社会将亲“台独”和亲大陆的华人社团都视为反对国民党的力量。从当时的时空背景考虑，美国的“台独”势力刚刚滋生时，其组成人员从历史的角度看并不是所有人都是顽固的“台独”分子，其中还包括一批不支持独立、不支持中国大陆而反国民党的人士。因此，早期美国的“台独”运动是以国民党及其所谓的外省人族群为反抗对象，即以推翻国民党政权为首要目标，到了80年代后期才转变为以中华人民共和国为独立的对象。

国民党统治时期坚持“一个中国”的国家认同，在台湾实施高压和威权统治，对“一个中国”国家认同的反对者采取严厉镇压的手段，对宣扬“台湾独立”观点的人和组织视为“中共”的同路人，大批岛内“台独”分子为躲避镇压而逃往海外。60年代、70年代后，“台独”的大本营逐步

从日本转移到美国。[①] 这一时期主要由“台独联盟”主导海外的“台独”活动。

其实，早在50年代，“台独”活动就在美国出现了。1956年，旅美台籍人士林荣勋、陈以德、李天福等成立了以“台湾人的自由台湾”命名的组织，即所谓“3F”（The Committee for Formosan′s Free Formaosa)。[②] 在此基础上，1958年正式成立了以“台湾独立”为目标的秘密团体“台湾独立联盟”(UFI，The United Formosans for Independence)，选举陈以德为主席。该组织在60年代初才公开其“台独”面目。1961年，陈以德在“二二八”事件纪念日这一天，以“台湾独立联盟”主席身份，在纽约召开记者招待会，鼓吹“台湾独立”，这一事件标志着“台独”活动在美国的公开化。[③] 同年8月，他们在联合国大厦前，向访问美国的台湾当局陈诚“副总统”抗议示威，虽然参加的人数不过20人，但这却是“台独”史上首次示威游行的活动。[④] 1963年，“台湾独立联盟”开始发行英文版《美丽岛》杂志和中文版的《台湾通讯》，宣扬台湾人团结以求“独立”，并向美国人请求声援。[⑤] 这时的“台独”活动仅为极少数人的单

---

① 历史事实表明，美国是“台独”思潮的始作俑者之一。最早引起美国对台湾兴趣的是台湾富饶的资源。1847年，美国舰船驶人台湾，对岛上的煤炭资源进行过系统的勘察，发现基隆煤矿的煤质比英国利物浦煤质还要好，1854年，美国东方舰队司令伯里率两艘军舰登陆基隆进行勘察后，在给华盛顿的报告中称：美国应单独采取先机行动，建立一个美国殖民地或居留地，作为美国发展其东方商务的中心。该报告还认为，能控制台湾就能控制中国沿海，能控制中国沿海就能控制中国及西太平洋。同年，出任美国驻日领事的美国贸易商哈里斯甚至向美国国务卿马西提出了“购买台湾”的建议。第二次鸦片战争期间，美国驻华公使彼得·派克向美国国务院递交了一份“绝密件”报告，谈到台湾问题时说：这个岛屿有可能在不久的将来不再是中国的一部分。一旦台湾在政治上，一如它在地理上一般与中国分离的时候，美国应即刻占有台湾，这项行动对美国的利益是显而易见的。由此可见，美国是最早鼓吹台湾分离主义的，只是因种种原因，其妄图独霸中国的野心未能实现，反使日本捷足先登。

② （台北）《中央日报》，1956年12月3日，第4版。

③ 黄嘉树：《台湾能独立吗——透视台独》，国际战研究基金会战略研究丛书1994年版，第46－51页。

④ Julie Shuk－yee Lam, *Chinese America: History and Perspectives* 1989 (San Francisco: Chinese Historical Society of America, 1989), pp. 119－121.

⑤ （台北）《联合报》，1963年11月5日，第4版。

打独闹。

1964年9月20日，原台湾大学政治系主任彭明敏联合其学生谢聪敏、魏廷朝起草了“台湾人民自救运动宣言”，明确提出“推翻蒋政权”及“独立建国”的主张。[①] 彭、谢、魏等三人立即遭国民党当局逮捕。该宣言传到美国后，在美的“台独”分子受到极大鼓舞，分散的“台独”组织逐步走向联合。1965年10月，“台湾独立联盟”与另一个“台独”组织“台湾问题研究会”公开在美国威斯康辛州召开所谓“留美台湾同胞结盟大会”，并发表“联合公报”，决定共同在美国境内推展“台独”运动。[②] 1966年6月，上述团体再次在费城集会，宣布成立“全美台湾独立联盟”(UFAI)。该盟继续发行《台湾通讯》等刊物，竭力鼓吹“台湾独立”和“自决”等论调。[③] 在美“台独”势力的整合影响和助长了其他地区的“台独”活动，加拿大及欧洲等地也相继出现了“台独”的组织及活动。

1970年1月15日，分散于海外各地的“台独”组织实行整合。由“全美台湾独立联盟”联合在日的“台湾青年独立联盟”、“欧洲台湾独立联盟”、“在加台湾人权委员会”等组织，在美国召开会议，宣布成立号称世界性的统一组织——“世界台湾人争取独立联盟”（WUFI、简称“台独联盟”），总部设在美国纽约，其第一任主席为蔡同荣，[④] “台独联盟”成为台湾岛外“台独”运动的核心组织。与此同时，“台独联盟”又在美国、日本、加拿大、欧洲及台湾设立分部。[⑤] “台独联盟”建立了一整套组织机构，其行政组织分为训练、宣传、学生运动、群众运动、岛内地下活动以及台湾本岛的协调联络等部门。“台独联盟”建立之后，相继出版

---

① （台北）《联合报》，1964年9月23日，第1版。

② （台北）《联合报》，1965年10月26日，第1版。

③ （台北）《联合报》，1966年9月8日，第4版。

④ （台北）《中国时报》，1970年1月16日，第3版。

⑤ 蔡同荣兼任美国本部主席，辜宽敏任日本本部主席，林哲夫任加拿大本部主席，张维嘉任欧洲本部主席。

了《台独》、《台独季刊》等杂志、对“台独”的理论及政策进行宣传和研讨。[①]“台独联盟”遂成为海外“台独”的主导力量。“台独运动”也由分散走向统一。

1970年1月，彭明敏逃出台湾后，到达瑞典。在美、日、加、欧各地的“台独联盟”同时宣布了彭逃出台湾的消息。9月，彭抵达美国后，奔波于各城市，向学术团体、教会组织、台籍团体等做公开演讲。他在接受记者采访时说：“如果给我一个月自由演讲的时间，一定能够打倒蒋政权。”[②] 彭的到来，使在美的“台独”分子大受鼓舞。彭很快成为美国“台湾独立运动”的重要领导人之一。1972年2月。彭明敏担任“台独联盟”第二任主席，后改任顾问。

“台独联盟”成立后，其“第一步的工作是要推翻蒋家外来政权，建立台湾共和国”。这个组织自称是个“轻理论、重行动”的团体，“台独联盟”的纲领是“打倒中华民国体制”、“抑制中华人民共和国入台”、“建立台湾共和国”，[③] 并以暗杀、爆炸等恐怖活动作为实现“台独”纲领的重要手段，主张以“暴力革命”实现“台湾独立”，把“主动打击蒋政权”列为优先工作。“台独联盟”在“台独”团体中属于最为激烈的暴力派系，并带有相当浓厚的神秘色彩。长期以来，其组织、成员、活动均不公开。[④] 1970年4月24日，该盟成员黄文雄、郑自才在纽约布拉萨饭店刺杀来访的“行政院副院长”蒋经国未遂，曾轰动一时，二人被美国警方逮捕；1971年2月和10月，“台独联盟”制造美国驻台新闻处和美国花旗银行爆炸案；1974年，“台独联盟”成员用邮件炸弹谋杀台湾驻美“大使”沈剑虹未果；1976年10月，王幸男用邮包炸弹炸伤台湾省主席谢东

---

① （台北）《联合报》，1971年5月7日，第1版。

② 黄嘉树：《台湾能独立吗——透视台独》，国际战研究基金会战略研究丛书1994年版，第59页。

③ （台北）《中国时报》，1970年1月22日，第1版。

④ （台北）《联合报》，1971年2月15日，第1版。

闵的左手。[①] 从1980年开始，美国对“台独”分子的恐怖活动开始进行打击。“台独联盟”被美国司法当局宣布为恐怖组织，台湾当局定义为“叛乱团体”，其活动和影响均受到较大限制，没有多少华侨华人附和他们的言行。[②]

1971年台湾当局退出联合国后，台湾长老教会总干事高俊明趁机发表《对国是的声明与建议》宣言，提出台湾人民有权决定他们自己的命运。1972年，台湾长老教会在美国的黄彰辉、黄武东、宋泉盛等在纽约宣布成立“台湾基督徒自决协会”，是“台湾自决派”在美国活动的开始。另一个有影响力的“台独”组织是“全美台湾同乡会”，该会于1970年成立，原本是较松散、政治性不强的联谊性质同乡组织。但在1974年，欧洲、美国、日本、巴西、加拿大等国的同乡会组织联合成立“世界台湾同乡联合会”（简称“世台会”）之后，该会政治色彩开始浓厚。

正当以美国为大本营的“台湾独立”活动有所发展之时，形势发生了较大变化，旅美台湾留学生1971年掀起的“保钓运动”给“台独”以沉重打击。在“保钓运动”的基础上，海外华人社会又兴起“中国统一运动”，几十个促进祖国统一的社会团体纷纷成立，他们创办数种刊物，召开讨论会、报告会，讨论台湾前途，主张祖国统一。“中国统一运动”的开展、中国的强大和国际地位的提高，对海外“台独分子”是沉重打击。总之，从60年代末以来，美国华人社会出现了亲大陆、亲国民党和“台独”三种政治势力，在“亲共反共”的斗争中又加入了“统独之争”的内容，但前者仍然是斗争的主要方面。

---

① 1979年8月，该组织在“台湾驻北美事务协调委员会”纽约和华盛顿的办事处制造3起爆炸事件，12月又抢劫台湾驻洛杉矶办事处，捣毁西雅图办事处并在驻华盛顿办事处纵火；1980年7月又先后制造了台湾华航营业处在纽约、洛杉矶、芝加哥机构的爆炸事件；1983年他们又策划了台湾《中央日报》报社和《联合报》报社爆炸事件以及台湾中正机场纵火事件。参见黄嘉树：《台湾能独立吗——透视台独》，国际战研究基金会战略研究丛书1994年版，第63－67页。

② 1988年李登辉主政后暗中进行“渐进式台独”，“台独”活动只要不搞暴力则被视为合法。于是，“台独联盟”遂将其暴力宗旨改为“以和平方式达到独立建国目的”，其活动中心也逐渐从美国转入至岛内。

第三节　台湾当局对美国华侨华人的政策和影响

一、台湾当局调整侨务政策的历史背景

60年代，美国陷入越战深渊，美国主流社会对中国的认识也发生变化，1972年尼克松总统访华，中美关系走向正常化。在两岸关系方面，蒋介石反攻大陆的幻想基本破灭，但依然坚持“一个中国”原则，两岸仍处于军事对峙时期。在这些因素的作用下，台湾当局的侨务政策及对美国华侨华人的政策都开始作出调整，以确保对美国华人社会的控制。

（一）台湾当局推行“弹性外交”政策

1966年至1976年，“文化大革命”严重干扰和破坏了大陆的经济建设和各项工作。虽然蒋介石认为“文化大革命”是反攻大陆的时机，但是已经无力实施“攻势作战”的军事准备和作战部署。蒋介石在军事上被迫转入长达十年的“攻守一体”时期（1969年至1979年）。在“攻守一体”时期，美台关系发生变化，美国决定采取在两岸中维持现状的政策，以继续利用台湾遏制中国大陆。台湾当局意识到“依美求存、伺机反攻”已无力为继。[①] 20世纪70年代初期，台湾内外环境条件发生巨大变化。1971年10月，联合国恢复中华人民共和国的合法席位，将台湾当局驱逐出联

① 牛震：《第三中华：海外华人的历史·现在·未来》，（台北）台湾磨坊文化事业有限公司2002年版，第79页。

合国。[①] 1972年2月，美国总统尼克松访问中华人民共和国。9月，中日建交。这一连串的国际重大事件令台湾当局几乎土崩瓦解，而两次石油危机也导致经济面临重大挑战。而在岛内，“党外运动”也开始发展起来，国民党政权受到台湾本土意识的强烈对抗。这一切促使国民党当局加速政权“本土化”和政治“民主化”的进程，台湾此时进入了所谓的“蒋经国时代”。

在1971年被驱逐出联合国后，台湾当局并未放弃“一个中国”的原则。1972年蒋介石连任“总统”，并任命蒋经国担任“行政院长”。蒋经国在首次“立法院”报告中指出，“由于当前世局变多，因之一般国人多有‘求变’的心理，希望政府以变应变，甚至许多国际友人也盼望我们有所转变。……但是我们纵通权变达，而在通权之中，决不离开‘守经’的原则，也就是在‘达变’之中，仍有不变的基本原则。这不变的原则，也就要牢牢把握我们反共复国的基本国策。”[②] 这坚守不变的原则包括：1.“中华民国宪法”所制定的“国体”决不改变；2.“中华民国”反共复国的总目标决不改变；3.“中华民国”永远站在民主阵营的一边，为伸展正义公理、维护世界和平的职志决不改变；4.“中华民国”对于“共匪叛乱集团”决不妥协的坚定立场决不改变。蒋经国的宣示充满了国际局势转变

---

① 台湾当局在处理有关联合国“中国代表权”问题时，也已认识到不可能阻止中华人民共和国获得联合国席位，于是在策略上做了调整。首先，台湾当局只坚持“不排除中华民国代表”，同时认为“中华人民共和国的存在这一事实，并不影响中华民国的合法地位”。针对阿尔巴尼亚等国所提出的“恢复中华人民共和国在联合国合法权利”的方案，台湾当局驻联合国代表周书楷在10月18日的联合国大会中，说明了台湾当局对“中国代表权”问题的立场：(1)“中华民国”政府是参加创设联合国的政府，其领袖、制度、政权的延续从未中断，其法统也迄未变更；中共虽至1949年起即已占据中国大陆，然而此一事实并不影响“中华民国”的合法地位。(2) 联合国宪章第六条规定，“联合国之会员国中有屡次违反本宪章所载之原则者，大会经安理会之建议得将其由本组织除名”，现大会请求排斥“中华民国”为联合国之创始会员国，“中华民国”从未屡次违反宪章，且始终小心谨慎地履行宪章所规定一切义务，因此，排除“中华民国”的想法，不仅荒谬，抑且不可思议。参见“中华民国外交部外交报告书编辑委员会”：《外交报告书：对外关系与对外行政》，(台北)“中华民国外交部”1992年版，第247页。

② 蒋经国全集编辑委员会：《蒋经国先生全集》(第十一集)，(台北)“行政院新闻局”1991年版，第202—203页。

的无奈，但从其四项坚持中，也不难从中发现他坚持“一个中国”原则的决心。蒋经国还于1975年表示，“外交的变化本来就很多，但我们两个不变的原则，第一是‘中华民国’是中国唯一的合法政府，第二就是联合全世界爱好自由的民族和我们站在一起。”①

台湾当局虽然仍主张“一个中国”的原则，即“中华民国”是中国唯一合法政府，但面对中华人民共和国已经被国际社会广泛承认的情势下，在具体操作中，台湾当局对“一个中国”原则的坚持已不再像五六十年代那么积极。这一时期，台湾当局积极主张是“中国文化与中国历史唯一真正的代表”，而非完全政治意义上的代表，这也是对台湾版“一个中国”原则的新补充。面对“外交”局势的恶化，台湾当局试图通过建立一种非正式“外交”关系的途径，并以弹性及实际的态度来处理“对外关系”。蒋经国表示，“外交工作的推动，在秉持国策，针对现实，创造时机，权衡利害，做适当的折冲，来维护国家的最高利益。”他提出“有所为，有所不为；知所变，知所不变”，② 这十四个字成为台湾当局“弹性外交”的最高指导原则。1972年，中美关系开始解冻，台湾军事战略从“依美协防”转为“独立防御”。③ 1975年4月5日，蒋介石病逝于台北。蒋经国继位后，于20世纪70年代后期，便逐步停止了对大陆的武装袭扰和空中侦察行动。

1978年12月，中国共产党十一届三中全会以后，中国政府指出，随着中美关系的正常化，台湾回归祖国，实现统一大业的前景已经摆在我们面前。在十一届中央委员会第一次全体会议公报中，首次以“台湾回到祖国怀抱，实现祖国统一大业”来代替“解放台湾”提法，传递了和平统一的信息。面对中国大陆的和平统一信息，台湾国民党当局顽固坚持不接

---

① 李盈慧：《华侨政策与海外民族主义》，(台北)“国史馆”1999年版，第199页。

② 蒋经国全集编辑委员会：《蒋经国先生全集》(第十一集)，(台北)“行政院新闻局”1991年版，第229页。

③ 姜南杨：《台湾政治政治转型与两岸关系》，武汉出版社1999年版，第131页。

触、不谈判、不妥协的"三不"原则，以"三民主义统一中国"对抗"和平统一"，但在实际运作方面继续奉行"弹性外交"政策。

（二）"文革"时期大陆侨务政策失误

在"文化大革命"的十年期间，由于极"左"思潮的影响，导致了中国政治上的混乱，经济上的破坏和社会的动荡不安，我国的外交工作受到了极大的冲击，外交政策出现了较大的曲折。作为我国外交政策重要组成部分的海外华侨政策，一方面由于外交方针的变化产生了很大的波动，另一方面由于"极左思想"对国外侨务工作的干扰使"文革"期间我国的海外华侨政策出现了许多严重的失误。

林彪、"四人帮"对侨务政策的干扰破坏，首先是全面否定"文革"前的侨务政策。1966 年秋，"中央文革小组"在江青、陈伯达等人控制下就已指示批判"文革"前的华侨政策。江青、张春桥宣布过去的华侨政策是"反动的"，并声称"特务"已渗透到归侨之中。他们指责"文革"前鼓励海外华侨在侨居地和睦相处，安分守己，遵守侨居地法律，尊重侨居地风俗习惯等等有利于华侨生存和发展的政策是"放弃了阶级斗争"，是"国外侨务工作的投降主义"；还强调过去的华侨政策削弱了海外华侨的"革命性"等等。①

其次，林彪、"四人帮"策动造反派冲击中侨委并迫害中侨委领导人。冲击中侨委实际上是冲击外交部的一部分。1967 年，随着外交部被冲垮，自 1949 年以来负责贯彻华侨政策的主要机构中侨委也被搞垮了。林彪、"四人帮"占据外交部和中侨委的同时，以"人民战争"为口号的"极左路线"取代了以往正确的华侨政策。1966 年 6 月 18 日，廖承志因"反对海外华侨以革命行动对抗当地政府"而受到批斗。②"极左势力"继之以

① Stephen Fitzgerald, *China and the Overseas Chinese: A Study of Peking's Changing Policy*, 1949—1970 (Cambridge University Press, 1972), pp. 172—179.

② Theresa Chong Carino, *China and the Overseas Chinese in Southeast Asia* (New York: New Day Publishers, 1985), p. 40—41.

愈益激烈的态度支持海外特别是东南亚国家的华侨参加“革命运动”。为适应国内的“文化大革命”运动，实际上，当时中国没有阻止红卫兵对华侨输出革命热情的行动，过分强调社会主义祖国是海外华侨的靠山，而海外华侨是支持国内红卫兵运动的坚强后盾。国内“文化大革命”运动及对海外华侨的错误导向严重影响了中国大陆在美国华人社会的形象。此外，林彪、“四人帮”又形而上学地提出所谓“海外关系”的反动谬论，把“海外关系”说成是“反动的政治关系”。因为华侨居住在国外资本主义社会，就说“华侨都是资产阶级”。虽然当时华侨当中，确有少数人被反共势力利用来反对社会主义中国，也有个别特务混在华侨中潜伏到国内来从事破坏活动，但是，华侨当中多数是爱国的、进步的，这是问题的本质和主流。如果因为华侨当中有极少数反动分子和特务，就把华侨看成是敌人，这是以偏概全，以个别代替整体的典型的形而上学。与此同时，侨汇政策也遭到严重破坏，被批为“侨汇挂帅”。“极左思潮”散布“侨汇危险”、“没有侨汇一样建设社会主义”等言论，否定侨汇在祖国建设中的有益作用。1967 年下半年，华侨投资公司停止吸收华侨股金，1969 年以后又撤销华侨投资公司，因而使华侨、外籍华人在华投资完全中止，也进而影响了侨汇业的发展。

“文化大革命”在国内进入高潮后，国外侨务工作更是遭到极大的干扰和破坏，一味鼓动华侨在政治上追随中国，突出海外华侨的“反对美苏及其走狗”的意识，各种“极左言论”充斥报端，这无疑影响了中国与华侨华人居在国的关系。直到 70 年代初，中国大陆与华侨的联系才逐渐恢复。在周恩来总理的主持下，廖承志被任命为重新设立的国务院侨务办公室主任，1957 年的政策被重新确定为与海外华侨接触和工作的框架和政策。

二、推行“文化复兴”运动，同大陆争夺侨心

进入 60 年代中期，台湾时任“侨务委员会”委员长的高信在“立法

院”接受质询时提出，台湾当局侨务工作的特质是：地区在海外，工作内容复杂广泛，因此不能依靠权力推行，须多方面配合；在侨务工作方面，应采用领导、服务与社运方式，引发侨社自动自发方式推展；侨务政策之拟定基础方面，侨民本质是经济性的，其侨务场地在海外，侨政的极效是复国。①

根据侨民经济性本质的判断，“侨委会”制定了一系列具体措施：1. 筹办海外青年技术训练班；2. 筹办回台升学大专工科应届毕业侨生生产技术讲习会；3. 鼓励海外华侨学校、工厂、农场派员回台入适当地方学习；4. 改订侨民教育函授学校课程，使之尽量与职业教育及技术训练衔接配合；5. 奖励海外侨民在侨居地设立职业学校，或于原有侨校中增设职业班；6. 派遣技术服务团前往侨居地辅导侨民发展现代化经济事业；7. 在各侨居地设立华侨经济讯问处，辅导侨民增资和贸易；8. 筹划于新加坡、泰国两地设立国货陈列馆。②

根据侨务对象在海外这一判断，制定了如下具体措施：1. 规划各种工作方案，顺应泰、越、菲各地环境，分别研订侨校课程标准；2. 加强推行海外电化教育及广播，以减少空间和时间限制；3. 对侨居地采取友好互利的方针；4. 不事空言宣传，致刺激侨居地人民情感；5. 对无“邦交”地区的侨民，特别注意设法联系。③

关于“侨政的极效是复国”，“侨务会”制定三项具体措施：1. 在全球侨居地普遍设置联络通讯处；2. 改进侨团组织形态及活动形式，密切联系侨团工作人员，并加强海外视导工作，以健全侨团组织，策进侨民“反共爱国”活动；3. 研订海外侨胞人力物力的运用方案，并进行各项准

① 《海外党的组织与工作改进纲领》，（台北）中国国民党中央党部海外工作会编 1972 年版，第 87—91 页。

② 夏诚华：《民国以来的侨务与侨教政治研究（1912—2004）》，（台北）玄奘大学海外华人研究中心 2005 年版，第 164 页。

③ 同上，第 171 页。

备工作。[①]

由此可以看出，台湾当局意识到经济力量在日后侨务工作方面的重要性，除了政治的意识形态外，第一，明确指出“侨务本质是经济性的”，着重于侨民的经济工作辅导事项；第二，提出了侨务工作的多样性思维，并且指出侨社自动参与的重要性。

1966 年“文化大革命”在中国大陆展开，一些中国传统文化作为糟粕受到了批判。蒋介石觉得在这个时候，台湾要扮演复兴中国文化的角色以同大陆争夺侨心。1967 年 11 月 12 日，蒋介石在纪念孙中山 101 年诞辰大会上发表演讲，指出伦理、民主、科学为中华文化基础，并提示“复兴文化，重光大陆”的口号。他还将每年孙中山诞辰日定为“中华文化复兴节”，并发起文化复兴运动。蒋介石发动台湾各界人士组成“中华文化复兴运动委员会”，他自己亲自担任会长，并且通过“中华文化复兴运动推行委员会组织章程”、“中华文化复兴运动推行纲要”，开始在国内与海外设立“中华文化中心”，后来又设立“海外中华新闻中心”等海外文化机构，推动岛内和海外华人中的“中华文化复兴”运动。“中华文化复兴运动推行纲要”列出了 10 项纲要，其中第 8 项则是“海外侨教、侨报之辅导”。[②] 蒋介石发动“文化复兴运动”意在获取全球海外华人的支持，因为传统文化是中华民族最基本的认同标准。从当时的历史和国民党当局在台湾的实践来看，这些文化活动还可以作进一步解释，即国民党政府在大陆政治和军事上的失败促使它在海外华人中增强权威性和民族感召力，因而转向中华民族的“文化复兴运动”，以收到确保它在台湾的政治地位、对海外华人施加民族亲和力影响及文化“光复大陆”的效果。

1971 年后，如何增加“反共爱国”力量，宣扬台湾国民党当局是“中华文化唯一代表”的理念，成为当时侨务政策的重点。在蒋经国“弹

---

① 夏诚华：《民国以来的侨务与侨教政治研究（1912－2004）》，第 179 页。

② 李云汉：《中国国民党史述》，（台北）台湾商务印书馆，1994 年版，第 145 页。

性”策略的指导下，当时“侨务委员会”委员长毛松年提出了侨务工作的重点，主要内容包括以下几个方面：1. 鼓励海外各地侨胞，以坚定态度，公开主张自由正义，为侨胞自己求生存的保障；2. 辅导海外各地侨胞，以联系友好，倡导合作团结，为防制敌人统战阴谋的重要方法；3. 辅导海外各地侨胞，研究当地法律，运用当地法律，为维护权益之有效武器；4. 辅导海外各地侨胞，增进居留地与祖国经济关系，为侨胞事业发展的通路；5. 支援海外各地侨胞，以推广华文教育，厚植下一代新生力量，为复兴中华文化的根本。[①]

台湾国民党当局视侨教为宣扬其中华文化正统代表的重要手段。“侨委会”也提出了这一时期侨教的指导思想为：1. 改进侨团组织，并因应客观环境采用不同方式，以策进“反共爱国”运动；2. 辅导侨民加强“国民外交”活动，协助当地经济建设，藉以促进当地人民的友好关系，维护侨民的正当权益；3. 鼓励侨民回台投资，以加强经济建设；4. 改善侨民入出境手续，鼓励回台观光考察，以争取侨民对“中华民国”的向心力；5. 加强海外侨情及中共情资的研究，以了解海外一般情况及中共动态，积极推进对中共斗争；6. 研订海外侨胞人力物力的运用方案，并进行各项准备工作。[②] 1972 年台湾当局在台北举行海外华人教育座谈会，在会上作出实施侨教的具体措施：1. 分区研订辅导华文教育之计划；2. 华文教育以弘扬孔子学说为重点；3. 教学方法与教材的使用应力求科学化；4. 扩展侨教领域；5. 增加侨生回台升学名额；6. 结合海内外文教人士力量推展华文教育。[③] 此一决议标志台湾当局的侨教政策也逐步成型和系统化。

此外，虽然没有列入侨务政策（也无法列入进去），蒋经国控制下的台湾情治系统也逐步进入侨务系统的运作。台湾情治系统起源于国民党在

---

① 彭怀恩：《中华民国政府与政治》，（台北）风云论坛出版社，1997 年版，第 98－102 页。
② 李盈慧：《华侨政策与海外民族主义》，（台北）“国史馆”1999 年版，第 176－180 页。
③ 陈鸿瑜：《海外华人社区发展》，（台北）海外华人研究学会 1998 年版，第 202 页。

中国大陆时期的“军统”与“中统”，历经多次改造，演变为六大系统，即“国家安全局”、“军事情报局”、“警政署”、“调查局”、“海岸巡防署”和“宪兵调查组”。60 年代以后，由于台湾资金开始流入美国，台湾在美国设有大量的商业机构，他们与美国的社会各阶层具有各种各样的联系，并且表面上与台湾当局没有直接的联系，被台湾当局作为在美国寻求政治支持的重要组成部分。[①] 台湾当局情报系统就是依托驻美商业机构展开活动。长期以来，台湾当局在美国华人社会中的情报活动处于秘密状态，直到“江南事件”爆发后，情报局参与暗杀活动的真情被揭发出来，台湾当局在华人社会的情报活动也成为美国社会关注的问题。

可以发现，这一时期的侨务政策还是以“一个中国”为基调的政策，也是对已有侨务政策和纲要的延续。但相较于 50 年代初期的侨务政策，由于这一时期正值中国大陆“文化大革命”前后，台湾当局侨务政策的重点是强调复兴中华文化在侨务工作的重要性，在既有的政治意识形态外（增加反共复国力量）更注重于强调中华文化的正统性。

三、以“反共爱国”为旗号，竭力维持其在华人社会地位

这一时期台湾国民党当局的侨务政策以“反共爱国”为主轴，以宣扬中华文化为手段，以达到控制海外华侨华人的目的。围绕这个原则，国民党势力在美国华人社会的活动分为两个部分：反共和反“台独”，而国共之争依然是斗争的主线。台湾当局不遗余力争取美国华侨华人，每年用于美国侨务经费有 8 亿多新台币。[②] 台湾“侨委会”每年邀请传统侨社领导人物免费到台湾参加“双十”庆典，策划配合“外交政策”的示威游行及抗议活动，定期派遣歌舞团“宣慰侨胞”，经常免费向中文学校赠送中文

---

① 孙哲主编：《美国国会与台湾问题》，复旦大学出版社 2005 年版，第 279－280 页。

② Julie Shuk－yee Lam，*Chinese America：History and Perspectives* 1989（San Francisco：Chinese Historical Society of America，1989），p. 76.

教材，及在台湾举办青年教师研习班等。

（一）同亲大陆力量的对抗

亲国民党势力在国民党侨务系统的影响下积极展开反共活动和同亲大陆力量的对抗，这主要表现在四个方面：

第一，控制中文报纸。1965 年以后，大量中国移民进入美国定居，华人读者群迅速增长，扭转了中文报纸在第二次世界大战结束后 20 多年的颓势。到 70 年代，华人读者群的增长掀起一股办报浪潮。面对《北美日报》、《华声报》和《美洲华侨日报》等亲大陆报刊的迅速发展，台湾国民党当局担心华人社会的主流媒体受到中共的控制，于是采取一系列的应对措施。1976 年，国民党中央常务委员会委员、台湾《联合报》董事长王惕吾从台湾输出资金到美国，先后在旧金山及纽约创办《世界日报》(World Journal)，初期投资 60 万美元。王惕吾是国民党中央常务委员会委员，曾任蒋介石官邸警卫团团长，属于蒋介石的“嫡系部队”。《世界日报》后来发展成为美国最大的华人中文日报，而且目前已成为一个跨越国界的媒体网络。该报在纽约、洛杉矶、旧金山、温哥华、多伦多等地拥有办事处，雇用的 1000 多名记者分驻中国香港、中国大陆、中国台湾、新加坡、日本、泰国、加拿大和欧洲等国家和地区。该报从全球视角为华人生活提供了一个较为全面的报道，它的读者包括祖籍是中国大陆、香港、台湾以及东南亚的华侨华人。20 世纪 70 年代、80 年代，该报明确支持台湾的国民党政府，成为国民党当局争取侨心、反对亲大陆和“台独”力量的最重要阵地。1977 年，国民党中央常务委员会委员余纪忠出资在美国创办《时报周刊》（1982 年《时报周刊》改为每天出版的《美洲中国时报》)。[①] 余纪忠是《中国时报》系统的董事长，但后来《美洲中国时报》在同《世界日报》的竞争中逐步衰落，余纪忠在岛内的政治斗争中遭受重创，最后该报在 80 年代宣布停刊。

---

① （台北）《中国时报》，1977 年 8 月 7 日，第 1 版。

第二，加强在美情报系统活动。台湾当局的情报机关的主要活动目标一直是中国大陆，从1971年中美关系正常化以来，工作重点开始转移到美国。在这些机构中，以“国安局”派驻海外的力量最为雄厚。20世纪90年代之前，出于对欧亚美地区的重视，“国安局”分别在印尼、德国和美国设有三个特派员室，特派员均是中将军衔。据媒体公开资料显示，“国安局”目前在全球设有70个工作组，并且与30多个国家有情报合作关系。每个工作组都有自己代号，有的是以个人的名字命名，有的则是以数字编号代替。在“国安局”海外设点中，以美国密度最大，有11个情报站分别设在美国从东到西的各大城市，足见美国政府对台湾当局情报工作的“支持力度”。[①] 台湾在美国的情报站除对美国的重大政治、军事动向非常关心外，将更多精力放在了美国的华人圈，希望从中发展一些大陆留美的学者或者学生，甚至大陆在美研修的官员也是他们“网猎的对象”。国民党开始有计划在美国华侨华人、台湾留学生中扩散其情报网，同时加强与在美国政界的亲台派的联络。根据美国一些大学的校刊披露，台湾的特务网遍布在哥伦比亚大学、康奈尔大学、麻省理工学院、普林斯顿大学等著名学府。[②] 20世纪70年代以来，许多台湾的前情报人员以华侨华人身份渗透到美国主流社会中，包括一些主要银行和大企业公司。同时，一些新的台湾公司相继注册成立，情报人员改头换面成为商界人士，他们表面上为公司的利益忙忙碌碌，实际上为台湾当局的利益来往奔波。

台湾国民党政权对美国华人社会中的异己分子，专门派遣情治系统的人员监视他们的活动，甚至不惜采用暴力手段，打击这些所谓“叛逆分子”。1976年，亲台湾的组织在纽约哥伦比亚大学召开座谈会，在会上攻击中国大陆，反对者在会场上与主持人针锋相对展开辩论，主事人指使流

---

① Tinsman Marilyn Williams, *China and the Returned Overseas Chinese Students*. (Columbia University Teachers College Education, 1983), pp. 215－217.

② 郝雨凡：《白宫决策：从杜鲁门到克林顿的对华政策内幕》，东方出版社2002年版，第295页。

氓向他们下手，有一名打手还挥舞武士刀冲向观众。[1] 1978 年，一些台湾留学生反对蒋经国在台北就任“总统”，在旧金山举行示威。台湾当局驻旧金山的党政官员亲自率领打手，棍棒相加，打伤示威者。同年，明尼苏达大学女学生叶岛蕾返回台湾时被当局逮捕，指控她企图推翻台湾当局，并为共产党宣传，判刑 14 年。[2] 匹兹堡大学副教授陈文成在美国经常发表言论要求台湾更加民主自由，他在 1981 年回台湾省亲过程中，被台湾特务扣留审问，后来离奇惨死。[3] 台湾当局情治系统在华人社会的活动非常不得人心，80 年代“江南事件”的爆发才使台湾当局情治系统在华人社会的活动有所收敛。

第三，影响美国政府对华政策。台湾当局一直非常重视在美国的游说活动，这一时期台湾当局通过亲国民党华侨华人力量极力阻挠中美关系正常化的进程。1977 年 2 月 27 日，亲大陆的“全美华人协会”在《纽约时报》周日版刊登署名广告，向卡特总统发出呼吁要求改善中美关系，广告质问美国政府：“美国将继续与它的盟友独行其与本身利益及承诺不相符合的对华政策吗?”署名的华人有杨振宁、陈省身、牛满江、龙绳文、袁晓园、余元恺等，他们在广告中指出美国现在与中国建交是“亡羊补牢，犹未为晚”。[4] 支持国民党的中文报纸《世界日报》随即发表题为“沉默的大多数需要说话”的社论，[5] 指责“全美华人协会”虚而不实、浮而不真，不能代表全美华人发言。[6] 该报攻击“全美华人协会”是中共的“统战工具”，全美华侨华人必须加以抵制。同时，还载文称，根据美国司法

---

① 《人民日报》，1976 年 3 月 9 日，第 2 版。

② （台北）《联合报》，1978 年 7 月 6 日，第 1 版。

③ （台北）《联合报》，1981 年 9 月 7 日，第 1 版。

④ Him Mark Lai, *Becoming Chinese American: a History of Communities and Institutions* (Walnut Creek, CA: Rowman & Littlefield, 2004), p. 99.

⑤ 此处提到的《世界日报》是台湾联合报系的子报纸，创办于 1976 年，创办人是台湾联合报董事长王惕吾。

⑥ 《沉默的大多数需要说话》，（美）《世界日报》，1977 年 3 月 1 日，第 1 版。

部的登记资料，龙绳文是中共代理人。[①] 5月，亲国民党社团在旧金山湾区组织1000多名华人举行政治性游行。游行的口号是，拥护卡特总统的人权主张，反对美国与中共政权建交。参加这次游行的有黄仁俊、司徒政、严泮掀和旧金山中华总会馆董事长谭福民等。他们将10000份由华人签署的致卡特总统的陈情信转交联邦官员。[②] 这是在反对中美建交的活动中，亲国民党华人社团组织的一次最大规模的游行。6月14日，旅居纽约市及美东地区的80位支持国民党的华人学者和专业人士，包括教授、工程师、新闻记者、作家，还有华埠社区领袖，联名发给卡特总统一封公开信，阻挠中美关系正常化的进程，这封信假意为中国大陆八亿人民的人权挺身而出，声称："我们想请你对八亿中国人民适用同样的人权观念；假如美国承认中共，八亿人民从桎梏中获救的希望将从此断绝。"[③] 亲国民党分子也借此机会鼓动在美华人继续签名呼吁，扩大这种寄信的运动。他们认为卡特总统宣扬人权外交，因此以人权压制或影响美国对华政策是一个最有效的工具。8月17日，全美14个亲国民党的华人社区领袖再次发表致卡特总统的一封公开信，要求美国继续维护与"中华民国"的"外交"关系和"共同防御条约"，并劝告美国政府与中共政权打交道时须极度慎重。[④] 这14个华人社区包括纽约、旧金山、洛杉矶、华盛顿、芝加哥等较大华埠的中华公所主席或中华会馆主席，代表了当地传统侨社的最高权威机构。

第四，打击亲大陆力量。70年代随着亲大陆华侨华人力量的发展，美国华人社会中的亲国民党力量也进行了一系列的活动。1977年3月，纽约华埠社区领袖和美东中国留学生联合发动的所谓"反政治渗透行动"，对抗华侨华人中支持大陆力量。亲国民党势力认为，中共努力蓄意的、有

---

① 《华埠面临社会与政治的双重冲击》，(美)《世界日报》，1977年3月2日，第1版。
② 《参加就是力量》，(美)《世界日报》，1977年5月3日，第1版。
③ 《致卡特总统的一封公开信》，(美)《世界日报》，1977年6月25日，第1版。
④ 《向十四位华人社区领袖致敬》，(美)《世界日报》，1977年8月19日，第1版。

计划、有步骤的渗透纽约华埠，而且由来已久。冲突的导火索是，支持中国大陆的“纽约华埠要求中美邦交正常化委员会”于纽约的孔子大厦容闳小学举行纪念“上海公报签字五周年”的活动。亲国民党社团认为这是“中共正在明目张胆地向华埠渗透”，而且宣称这种活动有从纽约逐渐蔓延到洛杉矶和旧金山华埠的趋势。[①] 1978 年 5 月 20 日，纽约中华公所组织下属各社团以庆祝所谓“中华民国”第六任“总统”、“副总统”就职仪式为名，联合美东区的青年、留学生及旅美学者举行庆祝活动。同一天，亲大陆的华人社团针锋相对也组织抗议游行，当然这其中也包括少数“台独”分子。亲国民党势力借机将亲大陆社团等同于“台独”组织，指责他们与“中华民国政府及人民为敌，与海外支持或同情自由祖国的华人为敌”，为此《世界日报》呼吁“纽约华人社会的良知和良心，认清他们，斥责他们，扬弃他们。”[②] 亲国民党的华人社团还是以传统侨社为主，通过《世界日报》、《美洲中国时报》等亲国民党报纸就中美关系正常化同亲大陆力量展开了激烈的较量。

（二）同“台独”的斗争

美国华人社会亲国民党力量另一个主要活动就是反对“台独”。这一时期，“台独”在国民党的强制镇压的政策下在岛内已经无法生存，而在海外“台独”势力却不断发展。因此国民党和亲国民党的社团组织在美国展开了同“台独”的坚持斗争，这个斗争也主要表现在两方面：

第一，组建新的社团对抗“台独”势力。原来不具政治色彩的“全美台湾同乡会”在被“台独”分子蔡同荣、陈唐山把持后，开始具有鲜明的“台独”倾向，并加入“世台会”同岛内和全球各地的“台独”组织建立联系网络。“台湾同乡会”以联谊性同乡组织的外衣在美国华侨华人宣传

---

① 《呼吁国务院重视华人的普遍愿望》，（美）《世界日报》，1977 年 3 月 8 日，第 1 版。

② 《它们想把华埠斗臭》，（美）《世界日报》，1978 年 5 月 27 日，第 1 版。

“台独”思想，并拉拢在美台胞加入该组织。[1] 台湾国民党当局为了对抗和制衡“台湾同乡会”，于1978年推出保守的、亲国民党的台湾人士另外组织“全美台湾同乡联谊会”。[2] “台湾同乡联谊会”虽然同“台湾同乡会”只有两字之差，但是性质完全不一样，并逐步发展成为在美台胞中支持国民党、反对“台独”的中坚力量。到1989年，该会已经发展到12个分会，会员多达2万余人。

第二，揭露“台独”的真实面目。亲国民党势力反对“台独”的立场是非常坚定的。《世界日报》揭露，“台独”分子在纽约开设太平公司，总投资额2000万美元，作为进行恐怖活动以反对国民党当局的一个据点。这家太平公司在美国南部与香港都有分公司，而且有资金、有计划，企图制造恐怖以破坏台湾治安，用暴力手段颠覆台湾的国民党政权。《世界日报》发表社论，明确指出：“所谓的台湾独立运动，诚然滑天下之大稽，在台湾的居民，除了极少数的高山族，都是由中国大陆迁移去的，大家不过有移居先后之分，省籍之别而已。就像美国仍有‘北方佬’、‘南方人’之称，今日南方人卡特入主白宫，北方佬要喊叫独立吗？如谓台湾同胞在‘中华民国’政府治下被歧视这个疑问只要到台湾去看看就一目了然了。今天在台湾工商企业界，最有实力的是台湾人、还是外省人？今天在台湾拥有房地产及农田最多的是台湾人、还是外省人？在蒋经国执政后，在国民党与政府中大量延聘及引进台籍人士及台籍青年，如以省籍来作比例，外省籍的真是望尘莫及。而以地方政府来说，台湾省政府与台北‘院辖市’的行政首长，以及省市议会的议长，没有一位是外省人。在这样的情况下，美国华人社会实在不解在海外的一些台湾同胞呼叫独立的目的是为

---

① Walker Connor, The Impact of Homelands upon Diasporas. in *Modern Diasporas in International Politics, edited by Gabriel Sheffer*. (London: Croom Helm, 1986), p. 146.

② Wing Chung Ng, Taiwan's Overseas Chinese Policy from 1949 to the Early 1980s. in *East Asia Inquiry: Selected Articles from the Annual Conferences of the Canadian Asian Studies Association*, 1988—1990, edited by Larry N. Shyu, Min — sun Chen and Claude — Yves Charron. (Montreal: Canadian Asian Studies Association, 1991), pp. 321—322.

了什么。”①

1978年12月17日，旅美“台独”分子的喉舌“台湾之音”发表一则消息：由海外台籍知名人士与政治团体组织的“台湾建国联合阵线”，已于12月15日在纽约正式成立。这是海外台湾人对国民党政府大肆逮捕党外人士所作的激烈反应之一。该联合阵线是由“台湾独立联盟”、“台美协会”、“台湾民主运动海外同盟”、“台湾人民自决运动”、“独立台湾会”、“协志社”、“美丽岛杂志社”及“潮流社”等组成。他们发表了一篇措辞激烈的宣言，表示要对国民党政权进行立即的、持续的、全面的、毫不容情的攻击，一直到这个罪恶的政权彻底地从整个地球上消失。自国民党疯狂逮捕党外人士的消息传到海外后，全美各地国民党协调会办事处，纷纷遭到“台独”分子的攻击。② 为此，《世界日报》发表了“他们自己翻开了底牌”的社论，谴责这些“台独”分子采取暴力行动，证明他们过去高喊的民主、自由、人权等口号都是虚伪的、骗人的。该报还一一列举了这些“台独”组织头面人物的名字，包括彭明敏、郭雨新、彭彰辉、陈重远、史明、林台元、洪顺五、许信良、陈婉真。③ 该报呼吁全美华侨华人看清他们的底牌，不再受“台独”分子蛊惑。华人社会中亲国民党的人士认为，“台独”分子的行动和论调除了腐蚀台湾的安全，破坏“中华民国”政府的地位，为大陆的“解放台湾”充当侧翼，打先锋之外，没有任何意义。

台湾的侨务工作在20世纪60年代、70年代，由于注重“侨牌”，突出中华文化正统性的宣传，以及情报系统渗入美国华人侨社，因此70年代台湾当局在美国侨社中影响依然很大。这一时期，国民党势力的活动主要包括三个方面，一是向美国政府施加压力，阻挠中美关系正常化；二是

---

① 《只有是非，没有中立》，(美)《世界日报》，1977年9月3日，第1版。

② 郭焕圭：《台湾的将来：国际政治与台湾问题》，(台北) 致良出版社有限公司2005年版，第87页。

③ 《他们自己翻开了底牌》，(美)《世界日报》，1978年12月19日，第1版。

同亲大陆社团争夺华人社会的主导权；三是展开与美国“台独”势力的斗争。由于“台独”组织最初也将“推翻蒋介石政权”列为行动纲领之一，因此在整个70年代，亲国民党势力将“台独”与华人社会中的亲大陆派混在一起加以反对，意识形态的斗争还是这一时期的主轴，亲国民党的势力在同反国民党力量对抗的过程中仍占有一定的优势。

本章小结

国民党自50年代以来，就肆意利用美国社会的反共气氛，以及中美之间的对峙，全面支配了主流社会的舆论，从而导致美国华人社会向台湾当局一边倒的现象。但从60年代中期开始，随着1965年美国新移民政策的出台，大批新移民进入美国，新兴的中产阶级逐渐成长，参政意识进一步增强，并发展成为华人社会里一股重要的力量。这股力量的利益基础建立在美国社会，它不再是任由台湾当局支配的棋子，所以他们对中国大陆采取较灵活和实事求是的态度，从而逐步接近美国主流社会对中国的认识。当时美国朝野越来越多人士已经认识到美国与中国建立友好关系，符合美国的长远利益。

这一时期，在美国民权和保卫钓鱼岛运动的影响下，美国华裔青年和支持中国大陆力量开始复兴，他们打破了美国华人社会自50年代以来的沉闷压抑局面，对传统的国民党势力发起挑战。另外，美国华人社会中“台独”势力在美国政府的扶持下开始滋生。“台独”势力在最初的表现形态为反对国民党在台湾地区的独裁统治。

为服务于其“弹性外交”政策，台湾国民党当局在这一时期调整侨务政策的策略与手段，仍然坚持一个中国原则，但是突出宣扬台湾当局是

“中华文化唯一代表”。美国华人社会仍然是台湾当局侨务政策的重点。国民党势力在美国华人社会继续在各方面同亲中国大陆力量对抗，并强化同“台独”势力的斗争。由于中美没有正式的外交关系以及“文革时期”中国政府在侨务政策方面出现失误，亲国民党势力在美国华人社会影响虽有所削弱，但仍占有一定的优势。

第三章　亲大陆力量迅速发展 台湾当局影响衰退（1979—1988）

这一时期从 1979 年中美正式建交开始到 1988 年蒋经国去世结束，中美建交标志着美国承认中华人民共和国是中国的唯一合法代表，台湾是中国的一部分。作为逐步融入主流社会的美国华侨华人，他们的认同发生了变化，越来越多的华侨华人从承认中华人民共和国是中国的合法代表，再发展到支持中华人民共和国。台湾当局在华人社会势力出现衰退趋势，但美国依然阻碍台湾问题的解决，台湾国民党当局把美国华侨华人视作“第二轨道外交”，对华人社会的控制并没有放松，因此美国华人社会分化依然存在。国共意识形态之争依然是美国华人社会中亲大陆和亲国民党力量较量的主线，但相较于前两个时期已经渐趋淡化。由于民进党的出现和发展，这一时期美国华人社会“台独意识”公然抬头，“中国意识”与“台独意识”的斗争转为激烈。

第一节　美国华侨华人社会地位的变化

一、美国华侨华人经济地位的变化

80年代至90年代是华人经济力量迅速发展的时期。从20世纪80年代中期起，世界华人经济进入一个新的发展阶段，其标志是台湾的海外投资。台湾大规模海外投资的主要国家则是美国。[①] 台商海外投资的策略一般是尽可能地利用华人的贸易网络或者是和当地华人进行合资。据美国商业部普查局1987年的统计，全美华裔企业共9万多家，比1982年增长83.7%。按台湾当局“侨务委员会”估计，到1988年全美华裔企业已达16万家。[②] 这些华人的事业已不再全是餐馆或杂货铺，而是先进且规模大的高科技企业。

80年代以来，台湾、香港及东南亚等国的一些华人资金，源源不断地大量地注入美国，使美国华人的经济活力大大增加。大规模华人资本流入美国改变了华裔群体的社会经济地位。当时有一种流行说法，平均每个华人移民家庭携带到美国的资产达20万美元。[③] 这也许估计得有点过高，但是华人资本从亚洲流入美国的数目确实惊人。从20世纪80年代开始，由每年几十亿美元上升到每年上百亿美元。1980年至1988年期间，洛杉矶的华人数量增长6倍，而华资企业的数量则增长了15倍多，从1100个

---

① 庄国土：《1978年以来中国政府对华侨华人态度和政策的变化》，《南洋问题研究》，2000年第3期。

② 《由点到面展开侨务》，(美)《世界日报》，1987年7月9日，第2版。

③ 《美国华人社会的美好前景》，(美)《世界日报》，1986年7月3日，第1版。

增长到16600个。[①] 这些企业大多数是由亚洲流入的华人资本建立起来的。

华人餐饮业在华人经济发展的同时迅速成长，成为华人最为重要的商业之一。1965年后来自中国不同地区的移民涌入，使得在美国的华人饭店数目增加，其发展也呈多样化趋势。同时，大众对华人餐饮的需求开始提高。美国华人为了应付不断增长的需求，开始建立更多的饭店，加大食品供应范围及添加中国不同地区的菜式，装修饭店以突出中国民族特色，从而让华人饭店能更多地被主流社会所接受，跟上了当时政治形势的华人餐馆老板们及时地将中式菜肴美式化，进一步拓展了他们的市场。[②] 这些饭店主要集中于纽约、旧金山和洛杉矶，几乎所有的美国城市都有华人饭店。[③] 饭店运营者设法满足那些不熟悉中华文化和中华食品的顾客的需求，通过推广中华食品宣扬中华文化，华人饭店成为当之无愧的推广中华文化的前哨和先锋。

80年代以来，华人地产业迅速发展，其资金可与餐馆业、车衣业相提并论。据1987年至1988年美国《华商年鉴》记载，仅在纽约便有320家华人地产公司，投资总额在10亿美元以上。1987年，加州的华人地产公司就有310家。[④] 华人地产业的发展原因，一是新移民的大量涌入，使原来已是紧缺的华埠住宅和商店更加供不应求。华人兴家立业的传统观念比较重，购买地产的兴趣比其他族裔高；二是港台及东南亚资金大量流入

---

① Tsung Chi, *East Asian Americans and Political Participation: a Reference Handbook* (Santa Barbara, Calif.: ABC－CLIO, 2005), pp. 56－57.

② Bernard Wong, *Ethnicity and Entrepreneurship: The New Chinese Immigrants in the San Francisco Bay Area* (Boston: Alyn & Bacon, 1998), pp. 112－113.

③ 美国1990年的人口普查报告显示出当时有14540华人服务于餐饮行业，许多饭店员工是来自中国大陆和香港的当代移民，来自台湾的饭店员工相对较少。参见（美）王保华著，杨亚丹译：《从封闭式族群经济到高新科技产业——美国旧金山湾华人调查》，《思想战线》，2004年第5期。

④ 张兴汉、刘兴标：《世界华侨华人概况（欧洲、美洲卷）》，暨南大学出版社1996年版，第176页。

美国，直接刺激了华人地产业的发展。地产业的发展也带来了建筑和装修等行业的发展。

附表 2：美国亚裔各族群的家庭和个人年收入及受教育水平（1980 年）①

民族	非美国本土出生者的比例（%）	家庭年平均收入（美元）	个人收入（美元）	高中以上（%）	四年大学及以上（%）
华人	63	22560	15753	71	37
日裔	28	27350	16829	82	26
菲律宾裔	65	23690	13690	74	37
朝鲜裔	82	20460	14707	78	34
印度裔	70	24990	18829	80	52
越南裔	90	12840	11641	62	13
柬埔寨裔	94	8700	缺	43	8
老挝裔	94	5200	缺	31	6

华人经济在美国整体经济中占有比重迅速提高，而且华人中产阶级群体不断壮大，从事行业也从传统产业进入高科技、金融和房产业领域。华人经济的发展还有一个先天优势就是背靠中国大陆广阔市场，中国大陆的改革开放为美国华人经济的发展注入了新的活力，从而加深了美国华侨华人同中国大陆的联系。80 年代以后，华人经济地位的提升已成为美国社会的新气象。美国历史学家斯特林·西格雷夫（Sterling Seagrave）在其所著的《龙行天下：海外华人的巨大影响力》一书中说，如果从太平洋世纪即将到来的角度来看，纽约不是未来的典范，而属于过去。未来在美国西岸，那里华人的资金和才能，已经开始影响到美国政治生态。② 华人移民成为了美国社会的佼佼者，关于华人不关心政治和不忠于美国的假设也

① 转引自李爱慧：《透视当代美国华人的社会经济地位》，《东南亚研究》，2005 年第 4 期。

② 斯特林·西格雷夫：《龙行天下：海外华人的巨大影响力》，海南出版社 1999 年版，第 260 页。

不再正确，大多数的华人移民拥有“落叶归根”的观念。他们热心于完全地投入美国社会，希望成为法律上的及文化内涵上的“完全公民”。[①] 他们希望在生活的方方面面：从公众服务到私营部门；从商业到教育；从地方到国家政府扮演角色。无论是在民族经济圈中，还是在硅谷的高新科技工业中，他们都采取了富有创意的行动，并在政治上、社会上和经济上逐渐融入了美国社会。

二、美国华侨华人政治地位的变化

在美国，要参与政治，就得以金钱作为后盾，没有一定的财力支持是不行的。以上分析告诉我们，美国华人经济水平已达到一定的程度，华侨华人已经有了相当的经济实力。华人经济力量的增长为华人积极参选、参与政治提供了可靠的物质前提，战后华人政治角色的变化正是其经济力量增长的必然结果。社会存在决定社会意识，华人经济力量的增长、职业结构的变化作为一种社会存在，必然引起其社会意识的变化，促使华人产生和加强参政意识。

70 年代末 80 年代初，美国华人中的共和党人为了支持里根竞选总统，进一步团结起来，组成全国性族裔党部。1979 年陈香梅当选共和党全美族裔党部主席，大力鼓励华人参政。次年，陈本昌、陈天枢等人在纽约及洛杉矶分别成立共和党亚裔总部，隶属全美族裔党部，积极发动华人支持里根竞选总统。这些事件标志美国华人参政活动迈入了一个新时期。[②] 在这个时期，美国华人空前团结，参政热情空前高涨，取得了辉煌的成就。

---

① （美）王保华著，杨亚丹译：《从封闭式族群经济到高新科技产业——美国旧金山湾华人调查》，《思想战线》，2004 年第 5 期。

② 梅伟强：《世纪之交的美国华人：从漠视政治到积极参政》，《华侨华人历史研究》，1997 年第 4 期。

1981年里根出任美国总统，1985年连任。他在八年任期内，对华人的政治任命超过了以往任何一届总统。比较重要者有：总统府出口委员会副主席陈香梅、委员张文卫，教育部部长助理伍观贤，喀麦隆和平队总裁韩锦嫦，交通部海事局局长赵晓兰，联邦人权委员会委员陈天枢，国防部助理副部长宋德伟，联邦法官刘成威，经济政策委员会行政主任李利民，总统成人教育顾问余显利等。[①] 在地方上任职的华人精英有：美国大陆第一位华人副州长（特拉华州）吴仙标，美国第一位华裔女市长（洛杉矶蒙特利尔公园市）陈李婉若，洛杉矶市第一位华裔市议员胡绍基，旧金山市参议员谢国翔，纽约州财政厅长赵光华，纽约市警察局副局长莫虎，犹他州喜瑞都市市长黄锦波等。

1987年，3月21日和22日，近百名著名华裔人士在洛杉矶市集会，讨论执行由特拉华州副州长吴仙标及共和党华裔委员会名誉主席陈香梅的联合倡议《华裔公民关于1988年大选的政治宣言》。此后，1000多位华裔人士签名支持《华裔公民关于1988年大选的政治宣言》。《政治宣言》呼吁全美华裔公民在1988年美国总统选举中跨越共和、民主两党界线，一致行动，以争取华裔公民平等的政治权利。《政治宣言》对1988年大选表述了华人的看法，并提出了华人的政治诉求。政治诉求非常具体，当选总统在其第一任内至少任命3名华裔担任下列公职：行政部门的助理部长或更高之职务，国家科学委员会委员、民权委员会委员及平等就业机会委员会委员，移民局、商业贷款局、少数族裔企业事业局的决策性职位及联邦法官。3月22日，以争取华人出任美国联邦政府要职为重要目标的美国“华裔政治委员会”在洛杉矶市正式成立，并选出包括吴仙标和陈香梅在内的执委会，争取征集约10万名华裔公民的签名支持，实现《政治宣言》提出的目标。[②]《宣言》犹如一颗“政治炸弹”，

---

① 李其荣、傅义朝：《从旁观者到参与者——战后美国华人政治角色的变化》，《中南民族学院学报》（哲学社会科学版），1998年第2期。

② 《人民日报》，1987年3月28日，第6版。

在美国政坛上引起了强烈反响。共和党和民主党总统候选人布什和杜卡基斯争先表态，应允一旦获选入主白宫，一定延揽华人入阁，以争取华人选民的支持。①

美国政治是金钱政治。华人经济实力的增强为华人政治家的竞选活动提供了重要经费来源。80年代，吴仙标竞选州长时，他筹得的33万美元竞选费中，美国华人的政治捐款占2/3。② 不仅如此，华人捐款也是美国总统竞选者的重要经费来源之一。自卡特开始，历届两党总统候选人，都亲临华人社区拉“赞助”，作为交换条件，他们许诺一旦当选就任命华人出任政府要职。华人的经济实力对美国竞选政治能起这样的作用，这是史无前例的。

总之，自80年代以来，美国华人参政呼声日高，取得了史无前例的硕果。概括地说，这个时期华人参政有这样几个特点：一是参政人数多，二是任职范围广，三是官阶高，四是群体意识增强，五是妇女政绩突出，六是知识阶层起着领导作用。美国华侨华人社会地位与参政意识相较于过去都有明显的提高，随着中国大陆改革开放的深入发展，美国华侨华人的经济与科技力量开始寻求同中国大陆的合作与交流，华侨华人与中国大陆的互动加强。美国的台湾移民具有经济实力强、文化层次高等方面的特点，他们与台湾同胞和台湾当局有着密切的往来，又经常往来于祖国大陆和台湾之间，在沟通海峡两岸间的联系，促进经贸合作、文化交流等方面，发挥了积极作用。

---

① Iris Chang, *The Chinese in America: a Narrative History* (New York: the Penguin Group, 2003), p. 245.

② Gary Y. Okihiro, *Margins and Mainstreams: Asians in American History and Culture* (Seattle: University of Washinton Press, 1994), p. 87.

第二节　亲大陆力量的迅速发展

一、改革开放后中国的侨务政策

（一）新时期中国侨务政策的基本指导思想

“文化大革命”时期，极左路线主导了中国政治，“海外关系”成为“阶级敌人”的代名词，侨务工作部门解散，侨务工作基本停顿。以邓小平为核心的第二代中央领导集体，高瞻远瞩，力挽狂澜，确立了指引中国社会主义建设事业走向新的胜利的正确路线。在邓小平的亲自关心之下，中国政府恢复设立侨务机构，实行了正确的侨务政策。随着中国政府对华侨华人地位重视程度的不断提高，1978 年以后中国共产党和中国政府的工作重点转移到经济工作上来之后，中国侨务政策的目标是配合党和政府的中心任务，其总方针是保护华侨的正当权益，发挥爱国爱乡的传统；鼓励华侨自愿加入当地国籍，为促进所在国经济繁荣以及祖国和所在国的合作与交流发挥作用；保护归侨、侨眷的合法权益，适当照顾其特点，发挥其海外联系的优势，为祖国建设做贡献。[①] 新时期中国侨务政策的基本指导方针是：

1. 中国的侨务政策没有变

在邓小平的一系列重要讲话中，多次重申中国政府的侨务政策，并要求侨务部门落实好华侨政策，各有关部门遵照华侨政策办事。1978 年，邓小平访问泰国、马来西亚和新加坡，在与当地政府首脑会晤、接见华侨

---

① 毛起雄、林晓东：《中国侨务政策概述》，中国华侨出版社 1994 年版，第 143－148 页。

华人代表等许多重要场合都谈到中国的侨务政策问题。邓小平告诉大家："中国的华侨政策没有变"。[①] 邓小平讲的中国没有变的华侨政策，指的是由毛泽东、周恩来等制定的、事实证明是正确的政策。关于侨务政策，邓小平强调的有三条：第一条，中国政府赞成和鼓励华侨加入居住国国籍。凡是加入居住国国籍的，"应该全部履行所在国公民的权利和义务"。第二条，根据自愿的原则选择国籍。对于入籍与否，不能勉强，更不能强迫。对于实在不愿加入外籍仍保留中国国籍的，应鼓励他们"遵守居住国法令，尊重居住国风俗习惯，同居住国人民友好相处，尽其力所能及的力量同居住国人民一起，帮助居住国发展。对于这一部分华侨，理所当然地按国际惯例，中国政府保护侨民的合法权利。"[②] 第三条，中国政府不承认双重国籍，华侨入居在国籍后，就自动丧失中国国籍。关于国内侨属政策，邓小平多次指示要尽快落实，凡是错误的东西要尽快纠正过来。

1980 年 9 月 10 日，《中华人民共和国国籍法》正式公布实施，它明确规定，中国政府不承认中国公民同时具有双重国籍的立法原则，加入了外国国籍者便自动丧失中国国籍。中国政府这些正确政策有利于华人融入主流社会，对华人的生存与发展，对华人的参政活动创造了良好的外部条件。邓小平所重申的三条基本的侨务政策，至今仍是我国侨务政策的基本内核。

2. 华侨华人是中国大发展的独特机遇

90 年初，邓小平再次提出华侨华人是中国大发展的独特机遇。邓小平把华侨华人看成是中国大发展的"独特机遇"，这是对华侨华人在我国对外开放和现代化建设中地位和作用的最为充分的肯定和赞扬。[③] 1993 年，他指出："对于中国来说，大发展的机遇并不多。中国与世界各国不

① 国务院侨务办公室、中共中央文献研究室编：《邓小平论侨务》，中央文献出版社 2000 年版，第 7 页。

② 同上，第 9 页。

③ 同上，第 12 页。

同，有着自己独特的机遇。比如，我们有几千万爱国同胞在海外，他们对祖国做出了很多贡献。”[①] 这就是邓小平最著名的“独特机遇论”。说它是“独特机遇”，主要是因为：首先，华侨华人具有丰富的资金、技术和人才的资源优势，可以为中国经济发展和科技进步发挥重要作用。其次，作为中国海外移民及其后裔，华侨华人与中国在文化上和种族上保持着千丝万缕的联系，具有深厚的热爱家乡、热爱祖（籍）国的情怀，愿意为中国的发展贡献力量。第三，中国近现代史，特别是改革开放以来中国的发展史，都证明了华侨华人的极端重要价值。据国家工商局的统计，1987 年，华侨华人、港澳同胞在大陆的投资企业占当时外商投资企业总数的 80%，投资额占外商投资总额的 70%，华商投资企业成为了我国国民经济的重要组成部分。[②] 第四，华侨华人是中国连接世界、走向世界的最重要、最便捷的桥梁，可以帮助中国打开在国际舞台的各方面关系。80 年代初，华侨华人的这些作用显得尤为突出，与其他国家侨民比较，这也是少见的。邓小平的“独特机遇论”及其关于“海外关系是个好东西”的思想是一脉相承的。[③] 这既反映了他对海外侨胞的深切关怀，对侨务工作的高度重视，更是与他关于我国对外开放总体战略部署和对世界发展大势的深邃洞察所分不开的。

3. 华侨华人是实现祖国统一和民族振兴的重要力量

邓小平在会见海外华侨华人客人时多次表示，“要完成前人没有完成的统一事业。”1983 年会见美国西东大学杨力宇教授，1984 年会见前来参加新中国成立 35 周年庆祝典礼的 60 多名华人科学家，1986 年会见来自美国、加拿大、澳大利亚等地荣氏家族部分成员，1990 年分别会见知名

---

① 国务院侨务办公室、中共中央文献研究室编：《邓小平论侨务》，中央文献出版社 2000 年版，第 12、13 页。

② 《人民日报》，1987 年 8 月 6 日，第 6 版。

③ 国务院侨务办公室、中共中央文献研究室编：《邓小平论侨务》，中央文献出版社 2000 年版，第 6 页。

华人企业家马来西亚的郭鹤年和泰国的谢国民等人时，邓小平均表示希望“振兴中华民族”，“中国人要振作起来”，“共同努力，实现祖国统一”。[①]

海内外炎黄子孙大团结，实现祖国统一和民族振兴，这是一个具有战略意义的重大课题。民族团结是祖国统一的重要基础，祖国统一将更有力地推动整个民族更大程度上的团结和复兴。邓小平特别希望海外侨胞能够为此而发挥自己最大的力量。今天，海外侨情已经发生了很大变化，华侨华人当地化成为主要发展趋势，海外各国华族的形成和发展具有极强的当地政治价值取向，但从文化和种族意义上说，海外华族与中华民族仍具有自然的亲近感和十分密切的关系。推动中华民族子孙更多的联系、团结、合作和发展是可行的，也是具有重要而深远意义的。

（二）新时期侨务政策的具体措施

1978 年初，中国政府重新成立主管侨务的机构——国务院华侨事务办公室，其功能与“文化大革命”前的华侨事务委员会基本一致，其不同点是它的新增职能之一是协助外交部处理华侨和华人事务。在国务院侨办的工作职责中，有关华人的事务是重点。自 1978 年起，各个省、自治区和直辖市几乎都成立了侨务办公室。中央和省级的人民代表大会和人民政治协商会议也都设立了处理华侨华人事务的专门委员会。官方涉侨机构的增加意味着从中央到地方的各级政府都对华侨华人事务高度重视，也标志着侨务工作法制化的起步，这是中国历史上前所未有的现象。

十一届三中全会以后到 1984 年，落实侨务政策，纠正“文革”期间的冤、假、错案，解决历史遗留问题是这一时期侨务工作的重点。考虑到海外侨情的变化，中央在 1983 年就“关于加强华侨、外籍华人工作问题”作出新规定，其内容为避免侨务工作的两种偏向：一是防止将华人作为华侨对待，注意华侨与华人的国籍界限；二是将华人仅作为外国人，注意不要把华人和一般外国人等同看待，应照顾华人与华侨的共同民族感情和利

① 《振兴中华民族》，《邓小平文选》第 3 卷，第 357－358 页。

益，维护和加强他们与我国的密切联系。

1984年以后，配合国家以经济建设为中心进行工作是侨务工作的基本方针。为了保护华侨华人权益，促进他们对中国的了解，中国政府首先在华侨华人较多的地区派遣侨务领事，指导华侨遵守当地法律，促进华侨华人团结，介绍我国经贸发展情况。我国政府在双边、多边条约中，多对公民的经商、侨居等权益作出规定，这是保护侨民的法律依据，同时也根据国际法或国际惯例来保护华侨在国外的正当利益。中国政府关心与支持外籍华人在当地长期生存和发展，推动华侨华人组织职业、语言、技能培训，发展文化事业；在海外建立中资机构，为华侨华商提供特别服务。政府各部门也为华侨华人同我国的经贸、科技、文化等领域的合作提供方便，给予必要的支持。华侨华人在与中国的经贸联系中能赚到可观的利润，有助于改善其在居住国的地位。

吸引华侨华人参与中国经济建设，是各级侨务部门的工作重心之一，也是中央和地方的共识。在引进华侨华人资金与人才的过程中，法律配套工作也相应得到重视。1986年，全国人大颁布《中华人民共和国外资企业法》。与引进华侨华人资本、开拓对外经济联系密切相关的是对国内归侨、侨眷的工作。党和政府在有关涉侨部门的推动下，对归侨、侨眷的利益予以前所未有的重视，其标志是1990年全国人大通过的《中华人民共和国归侨侨眷权益保护法》。调动归侨与侨眷参与祖国建设的积极性，直接影响了海外华侨华人对中国政府的信任程度与向心力，使他们更愿意为祖国和家乡建设贡献力量。

此外，联络海外华人一个重要的非官方渠道是通过社团组织的联系。华侨华人社团历来在华侨华人与祖国家乡方面扮演重要角色。海外社团的成员，尤其是其领导层，常被官方邀请访华，作为回报，更多的中国大陆政府官员和商人被邀请出国。为推动海外华侨华人的全球性联系和扩展海外华人社团网络，在中国政府的协助下，一种以“同乡”和“同宗”为基础的全球性华侨华人社团组织纷纷成立。

总之，改革开放后中国政府制定的一系列积极的侨务政策，为海外华侨华人在华投资创造了良好的环境。海外华侨华人不断被吸引到有共同种族、语言、文化基础并具有世界上最大自然资源和劳力资源的中国大陆。

二、中美建交后大陆移民美国的浪潮

在中美关系完全正常化前夕，中国政府就把派遣交流学生学者计划作为促进各项改革开放事业的手段而开始实施。在1978年至1991年间，中国大陆有19万名公费和自费留学人员赴世界105个国家求学深造，其中一半人到了美国（约95000人），而这些留美学生学者的回国率只有13%。[①] 中美两国正式建交后，美国持续提高中国移民配额。1981年12月，美国开始在中国举办托福（TOEFL）考试，标志着两国文化交流的起步和吸纳中国留学生计划的实施。1982年美国允许中国大陆和台湾地区每年向美国各移民2万名，1986年又允许香港和澳门每年分别向美国移民5千名。至此，包括大陆、台湾、香港和澳门在内的中国人，每年移民美国的配额达5万名。美国还制定了一些新移民法令鼓励中国移民不断进入美国。美国华人社会由此成为西方世界最大的华人社会和华人成功人士最为集中的地区。

1984年12月，中华人民共和国国务院颁发了《关于自费出国留学的暂行规定》，除重申了肯定自费留学的有关政策外，对自费留学作出明确规定：个人通过正当合法手续，取得国外资助或国外奖学金，办好入学许可证件的，不受学历、年龄和工作年限的限制，均可申请自费到国外留学。各级政府和基层单位应支持和关心自费出国留学人员。[②] 这是自清末以来中国对留学资格最宽松的规定，这一完全开放的自费留学政策导致了

① 周敏、王晓辉：《华裔美国人的精英群体》，《社会学研究》，2000年第5期。
② 陈可森：《留学工作二十年》，《神州学人》，1998年第6期。

"出国热"（主要是"留美热"）在全国迅速升温。据中国有关方面的统计，至1983年时全国每年自费出国的人数仅有1000多人，而三年后即增长了10倍，为每年10000多人。[①]

中美建交以来，中国大陆不断出现向美国的移民潮、留学潮，特点是由青年人留学潮变成移民潮，"先学后移"蔚然成风。1988年11月15日美国高等教育年度调查报告公布指出，中国大陆在美国的留学生总数达到29040人，首次超过同期的台湾地区，高居世界各国各地区之首。如果包括访问学者和进修生的话，总数更是达到43000人。[②] 中国大陆来到美国的新移民80%持有大学本科以上的学位，多数来自中国重点高等学校和重要科研机构，是中国高等教育培育出来的精华，他们代表着融合中西两种文明的中国科技学术精英移民在海外的新成就。当中的许多人已经成功地进入美国主流社会，成为学者、教授、律师、医生、商人、工程师、科学家、企业家、金融家、艺术家和各方面的专家。

1979年以后，中国大陆移民美国的数量迅速增长，其主力是来自广东和福建的移民。许多移民是利用美国的移民配额优先原则申请亲属移民，申请亲属移民不但是为了尽可能利用美国优先家庭团聚的签证原则，而且华人重视家庭、宗族的传统也使他们乐于承担为其他家庭成员申请移民美国的责任。在20世纪80年代，有84.5%来自大陆的美籍华人为父母申请移民美国，是美国各类移民中最积极为父母申请移民的。[③] 一旦大陆的父母来美，就开始申请他们的其他子女前来团聚。根据美国移民条款，被批准来美国的移民的父母，可以携带未成年的子女。这些子女成年后，可以利用婚姻关系，再将配偶办来美国，然后再开始新的一轮申请配偶的父母。这种家庭连锁移民的结果是一旦一个移民被批准定居美国，在

① 《人民日报》（海外版），1983年11月4日，第2版。

② 《华声报》，1988年11月23日，第1版。

③ 庄国土：《从移民到选民：1965年以来美国华人社会的发展变化》，《世界历史》，2004年第2期。

今后数年或十来年间，会有一大批亲属有机会前往美国。自中美建交以来，以亲属连锁移民方式为主的华人大规模涌入美国，加之留学生群体和非正式途径移民美国的人，导致美国来自中国大陆的华人人数急剧增长。

三、亲大陆力量的发展与壮大

（一）华人精英与大陆关系密切

美国社会的华人精英是最早摆脱台湾当局控制并且支持中华人民共和国的群体之一，进入80年代以后，中国的改革开放政策极大地激励了倾向中国大陆的美国工商界人士和知识分子，增强他们对祖国的信心和希望，他们积极活动并组建各种团体，希望为改善中美关系，为祖国的统一和强盛做出贡献。

1. 美国华人知识分子的作用。早在1977年中美正式建交之前，美国华裔高级知识分子就成立了“全美华人协会”（National Association of Chinese Americans，简称NACA或“华协”）。其宗旨是保护华人权利，谋求华人福利，介绍中华文化，以及促进中美友好关系。第一届会长是著名科学家杨振宁，其他的领导成员也都是由美国社会知名人士及学者所承担，而且分会遍布美国全国，长期以来致力于推动中美友好关系的发展。同一时期，新成立的亲大陆组织还有“华人联合会”、“夏威夷华人促进会”。1981年9月30日，叶剑英委员长阐明台湾回归祖国实现和平统一的方针政策，建议举行国共两党对等谈判实行第三次合作。1981年10月9日，胡耀邦以共产党负责人身份提出邀请，欢迎蒋经国先生回大陆和故乡看看，指出，“愿意谈谈心当然好，暂时不想谈也一样热烈欢迎”。[①] 1982年8月，纽约中文报纸纷纷载文呼吁蒋经国莫失良机为统一大业做出贡献。1982年9月12日，纽约“中国和平统一促进会”成立，发起人

① 《人民日报》，1981年10月9日，第6版。

潘维疆、宋希濂等人呼吁国共和谈、和平统一祖国。从此，“中国和平统一促进会”成为美国华人社会中一个支持中国统一的主要力量，它积极致力于两岸关系的发展，促进中美关系，发动华侨华人同美国政界中支持“台独”的力量进行坚决的斗争。之后，1984 年 12 月 26 日，芝加哥“中国和平统一促进会”成立。1985 年 6 月 4 日，洛杉矶“海峡两岸交流协会”成立。

在美国的科技领域，华人科学家具有举足轻重的作用，涌现出一批世界著名的科学家，如美籍华人杨振宁、李政道、丁肇中、李远哲、① 吴健雄、陈省身、丘成桐、林同炎等。自 80 年代以来，他们多次来中国大陆访问讲学，为中国科学事业的发展坦诚荐言，献计献策。1984 年 10 月 17 日，在李政道的大力推动和具体帮助下，中国第一个高能加速器——北京正负电子对撞机在北京西郊奠基，1988 年顺利建成。② 中国建造高能加速器这一举世瞩目的成就标志着中国的基础科学研究已迈入世界先进水平。李政道还首倡并积极推动中国设立博士后流动站和国家自然科学基金会，创立中国高等科技研究中心。

1985 年 4 月 29 日，美籍华人科学家王赣骏成为第一位非美国本土出生的登上太空的科学家。③ 王赣骏随“挑战者”号航天飞机上天时，为表达对祖国对故乡的怀念，他把一面中华人民共和国国旗带入太空，把中国的香片茶和 14 首中国歌曲带入太空。回到地球后，他激动地说：“我在太空十四次飞临中国大陆，每次总要在窗口凝望，童年时代的情景立刻浮现在眼前。阔别三十多年了，我要好好看看故乡的土地。”④ 王赣骏的言行

---

① 李远哲在 2000 年、2004 年台湾地区领导人选举中，公开支持民进党的陈水扁，受到了广大海外华侨华人的质疑与批判。但是他并不支持台湾独立，赞成两岸之间的交流合作，并以科学家的身份为两岸交流做了一定的贡献。

② 《人民日报》，1988 年 8 月 6 日，第 6 版。

③ 王赣骏博士祖籍江苏，出生于浙江省，生长于上海市，在台湾接受小学和中学教育，于 1963 年来美国，在加州大学洛杉矶分校获得物理学博士学位。

④ （美）《世界日报》，1985 年 5 月 3 日，第 2 版。

在美国华人社会产生了巨大影响。1986 年 1 月，美国第一位华裔副州长吴仙标应邀到中国大陆访问，吴仙标在担任副州长前是美国著名的物理学家，一直是美国华人参政的代表人物之一，他的出访对华人政治精英访问大陆的起到了积极推动作用。①

2. 学术机构和团体的作用。美国华人学者还通过召开各学术会议，以学术研讨为纽带，在学术交流的基础上促进两岸学者相互的认识和了解。1987 年 6 月，来自海峡两岸的中国学者和美国华人学者就“海峡两岸中国土地环境保护与环境污染”问题和“文学与社会”问题在纽约举行了为期 4 天的夏季研讨会。这次研讨会由美国“亚美文化协会”主办，亚美文化协会由居住在美国的华侨华人在 1985 年建立。该会宗旨是通过组织各种学术讨论和文化活动，增进海峡两岸和海内外同胞之间的了解和合作。② 在研讨会即将结束时，组织者根据与会者的要求又临时组织了一次有关祖国和平统一问题的座谈会。在座谈会上，来自海峡两岸的同胞和美国华侨华人踊跃发言，畅叙他们对“三通”和“一国两制”的看法。许多人在发言中表达了他们渴望看到两岸分离局面能够尽早结束的愿望。③ 这一举动也开启了两岸学者就政治议题的展开讨论的序幕。

---

① 祖籍浙江余姚市、出生在上海呢绒棉布商家庭的吴仙标，不满 20 岁就赴美留学。先进乔治城学院，后入密苏里州的华盛顿大学专攻物理，1964 年获物理学博士学位后，曾任美国实验室太空联合研究所研究员。两年后应聘到特拉华州立大学任物理学教授兼校董事。在原子物理学和分子物理学方面有很深的造诣，发表了不少学术论文和专著。1984 年当选为特拉华州副州长。

② 台湾学者介绍了台湾发生的重大公害案件和台湾人民为保护环境而开展的自立救济运动。他们指出，随着工业的迅速发展，台湾人民面临着日益严重的环境污染问题。台湾人民保护环境的意识大大提高，他们为保护环境、反对污染往往自行开展各种运动，敦促台湾当局采取必要的措施。来自大陆的 4 位专家和学者在会上分别就“中国的环境保护及其对策”、“中国的城乡建设与环境保护”、“三峡建坝对生态与环境的影响”以及“受公害影响的福建沿海、远海水产业”作了专题报告。他们既谈到了近几年来中国大陆在环境保护工作方面所取得的成就，也介绍了环境污染方面的严重情况。他们还呼吁提高全体人民对环境保护的责任感，并在具体工作中贯彻国家提出的经济建设、城乡建设、环境建设同步规划、同步实施、同步发展，做到经济效益、社会效益和环境效益相统一的原则。在讨论会上，许多美国华侨华人表示，希望中国政府和台湾当局在重视发展经济的同时，抓紧环境保护这个重要问题，以造福于中华民族的子孙后代。参见《人民日报》，1987 年 6 月 29，第 6 版。

③ 《人民日报》，1987 年 6 月 30 日，第 4 版。

美国华人石油协会（简称CAPA）于20世纪80年代初成立，会员涵盖美国各大小石油公司的华裔专家、大学和研究机构的教授、学者，有会员逾千人。骨干力量是中国近20年来留美的华侨华人。自成立以后，协会每年都举办各种形式的石油专题研讨会，并在美国、中国大陆、台湾地区轮流举行，中国大陆和台湾地区均有庞大的高级代表团参加。① 各届研讨会不仅进行技术交流，还为中国石油工业的发展进行专题论证，积极推动中国大陆与西方石油工业界的商业合作，为中国招商引资。

3. 华人政治人物的影响。陈香梅是中美关系的重要人物，她在美国、中国大陆和台湾地区都有深厚的人脉关系和政治影响，长期以来一直是美国华人政治精英中的代表人物。1980年，陈香梅作为里根总统的“特使”被派往中国大陆和台湾地区进行访问。美国总统使命贸易代表团于7月21日至27日访问中国大陆，代表团由四人率领：美国负责内阁事务的总统助理克雷格·富勒、总统出口委员会副主席陈香梅、负责国际贸易的副商务部长帮办奥林·韦辛顿和负责贸易发展的助理商务部长，成员包括美国10家航空公司的代表和美国商会会长。② 在两岸尚未接触之时，陈香梅此行有着特殊的意义。

1987年，陈香梅率美国华裔杰出妇女代表团一行20人赴中国大陆和台湾地区进行访问。这是首次美国民间妇女访问团同时访问海峡两岸。该团成员大多为在美国政治、文化教育等方面的有杰出贡献的华裔妇女，其中包括好莱坞影星卢燕、著名华人学者宋李瑞芳、世界桥牌名将杨小燕，州参议员叶稚凤等。③ 访问团于8月9日到达台北，在台湾访问了四天，会晤了台湾“行政院院长”俞国华及其他一些“高级官员”。14日经香港分赴上海、北京、西安、桂林等地进行访问，访问团在北京期间受到我国

① 《人民日报》(海外版)，1987年7月5日，第2版。
② 《人民日报》，1984年7月20日，第2版。
③ 《人民日报》，1987年8月20日，第4版。

领导人的接见。[1] 此次访问虽属民间交往，但客观上为促进海峡两岸的交往创造了条件，加深了美国华人社会对中国的认识。

（二）“一国两制”的构想与亲大陆力量的壮大

1982 年 1 月 10 日，邓小平在接见来华访问的美国华人协会主席李耀基时说，“叶九条”实际上就是“一个国家，两种制度”，在实现国家统一的前提下，国家的主体实行社会主义制度，台湾实行资本主义制度。[2] 在这次谈话中，邓小平第一次明确提出了“一个国家，两种制度”的概念，标志着邓小平“一国两制”构想明确形成。[3] 邓小平“一国两制”的战略构想无论是在明确形成阶段还是全面论述阶段，对外发表的时机都选择在接见美国华人的场合，因而美国华侨华人也最为关心“一国两制”战略构想的意涵和实践。

进入 80 年代以来，海峡两岸关系开始从对峙逐步走向缓和。两岸经贸投资和人员往来日益扩大，间接“三通”和部分双向交流已成事实。与两岸关系变化相适应，许多美国华侨华人也纷纷前来大陆观光和寻根访祖。华人社会与中国大陆的亲情关系已逐步加深和不断发展。这一时期，多数华人认为自己是当地社会的一部分，既关心美国的发展，也对中国存有一份民族感情。美国华人社会中比较一致的想法是：华人已经是侨居国公民，不应参与两岸纷争。国共之间的历史恩怨和现实矛盾应让他们双方自己去接触、谈判，海外华人可以发挥和平促进作用。尽管如此，美国华人社会中仍有政治观点、职业、宗教、信仰、受教育程度等差距，因而对中国统一问题和“一个中国”原则也态度不一。据《世界日报》1980 年 4 月 2 日做的民意调查显示，对“一个中国”原则的看法，美国华裔新生代

① （美）《世界日报》，1987 年 8 月 17 日，第 1 版。

② 国务院侨务办公室、中共中央文献研究室编：《邓小平论侨务》，中央文献出版社 2000 年版，第 42 页。

③ 高民政、魏宽勇：《世纪回眸：党和国家三代领导集体和平统一战略思想的形成与发展》，《军事历史研究》，2002 年第 2 期。

持赞同态度者为12.5%，持不赞同态度者为21.59%；对“一个中国”感到迷惘的，则高达65.91%。美国华裔新生代赞同与反对“一个中国”原则的人数都比较少，最高也只占到总人口的21.59%，反对者的比例比赞同者的要多9.09%；不过，美国华裔新生代中有高达65.91%的人，也即一半以上的人对此问题不知如何回答。[①] 应当指出，对祖国统一的方式，无论是持欢迎或中立态度的美国华人都对两岸统一后的前景怀有忧虑情绪。美国华人长期生活在资本主义制度之下，对社会主义的中国仍了解不够，有些人爱中国，但不赞同社会主义制度，这也是可以理解的。在“一国两制”统一构想提出后，美国华人社会对统一的认识发生了根本变化，据1984年《世界日报》5月7日的民意调查显示，美国华裔新生代对“一国两制”赞成者为43.7%，反对者为21.4%，持中间立场（即不赞同也不反对）的为34.9%。[②] 支持和不反对“一国两制”的比例高达65.1%。由此可以看出，“一国两制”统一构想的提出具有深刻的历史意义，对于美国华人社会来说，“一国两制”构成了新的话语语境，“一国两制”在同台湾当局侨务新理念的对抗中取得了优势。对大多数美国华侨华人来说，他们还是希望海峡两岸能捐弃前嫌，早日成为一个统一的国家，并对两岸“三通”和经贸、文化交流的发展起促进作用。“一国两制”的构想符合美国华人社会希望祖国早日统一的愿望，获得了广大美国华侨华人的支持和认同，因而也促进了美国华人社会中亲大陆力量的壮大。

1983年6月26日，邓小平会见了美国新泽西州西东大学教授杨力宇。这次会见的中心议题，是关于和平统一祖国的问题。杨力宇着重谈了台湾当局在祖国统一问题的观点，他强调，只有一个稳定的台湾才可能与大陆进行和平谈判。他向邓小平建议，采取更实际的立场，减少对台湾的压力，考虑台湾的心态，照顾台湾的敏感性。他希望国共两方要有耐心及

---

① （美）《世界日报》，1980年4月2日，第2版。

② （美）《世界日报》，1984年5月7日，第2版。

弹性，减少宣传，减轻敌意，增加了解，培养互信，努力缩短各方面的差距，为营造和平谈判气氛创造条件。邓小平耐心地听了杨力宇的观点，接着以真诚的态度，对和平统一台湾的设想作了阐述，这次谈话被认为是邓小平“一国两制”科学构想的全面论述。邓小平“一国两制”的科学构想通过海外华侨华人及时地、迅速地向外扩散，并通过他们传向台湾，引起强烈震动。

邓小平同杨力宇的谈话立即在美国华人社会引起巨大反响。纽约的《美洲华侨日报》发表文章指出，邓小平的谈话已把和平统一的概念扩展到最大的范围。[①]《北美日报》指出，邓小平的这一谈话是合情合理的，现在球已经踢到台湾那边，就要看台北统治者的诚意了。[②]《中报》发表文章指出，邓小平提出的最新方案，可能预示着中国统一日程的逼近。[③]美国著名华人学者翁绍裘撰文指出，“一国两制”构思真谛在于“和平统一”，为了循和平途径实现统一，就必须采取“一国两制”的主张。他认为：海峡两岸同胞骨肉隔离已逾40年，北京发出的实现祖国和平统一大业的呼声是完全正确的，是正义之声，符合炎黄子孙的共同意愿。[④]

1984年12月，美国华侨华人纷纷发表文章和谈话，表示祝贺和拥护中英两国政府正式签署关于香港问题的联合声明。《美洲华侨日报》12月21日发表文章说，“1984年12月19日是一个伟大的历史时刻”，中国在这一天“完成了一件历史功业”。文章说，作为一个中国人，不论在大陆，在台湾，或在海外，对中国恢复行使对香港的主权“都引为自豪，都为之庆贺”。[⑤]纽约《中报》发表社论指出，中英正式签署关于香港问题的联

① 《和平统一是时代的呼唤》，(美)《美洲华侨日报》，1983年6月27日，第1版。

② 《球已经踢给台湾》，(美)《北美日报》，1983年6月27日，第1版。

③ 《中国统一日程的逼近》，(美)《中报》，1983年6月27日，第1版。

④ 翁绍裘：《“一国两制”构思真谛在于“和平统一”》，(美)《世界日报》，1983年6月28日，第3版。

⑤ 《伟大的历史时刻》，(美)《美洲华侨日报》，1984年12月21日，第1版。

合声明，“为中国的和平统一迈出了历史性的一步”。[①] 美国华人联合会名誉会长梅子强认为，香港问题的和平解决具有国际意义，中英双方为通过和平谈判解决国与国之间历史遗留下来的问题作出了榜样。中国和平统一促进会会长梁博文指出，中国政府解决香港问题的方针、政策是完全正确的，它符合人民的愿望，不论在大陆、香港、澳门，还是在海外华侨中，都受到拥护。“一国两制”的构想，对于解决台湾问题起了很好的榜样作用，它将促进祖国的和平统一。美东福建同乡会主席郑忠高说，中英关于香港问题的联合声明的正式签署，将促进港九局势的稳定，也将促进中美之间的贸易，对美国的华侨华人也有好处。[②] “一国两制”构想的提出和《中英联合声明》的签订符合美国广大华侨华人的心愿，极大地鼓舞了他们对中华人民共和国的信心和支持，对台湾当局在华人社会坚持意识形态之争的行为感到质疑，在这种情况下越来越多的华侨华人和社团组织开始转向支持中国大陆，美国华人社会中支持两岸和平统一的呼声也不断高涨。

第三节　台湾当局对美国华侨华人的政策调整

一、台湾当局侨务政策的“新理念”

中美建交对台湾国民党当局给予沉重的打击，台湾当局对外关系几乎处于无以为继的境地，虽说蒋经国经受过“断交风”的考验，可是美台“断交”对他的打击实在太大了。为了扭转“对外”关系上的颓势，他提出“外交”新思维，改变坚持多年的“对外”关系基本原则，即放松对

① 《历史性的一步》，(美)《中报》，1984 年 12 月 22 日，第 1 版。
② 《人民日报》，1984 年 12 月 23 日，第 6 版。

“一个中国”原则的坚持，“汉贼不两立”的说法也渐渐消失，开始宣扬“三民主义统一中国”的理念，推行所谓“弹性外交”、“实质外交”。

从1979年后，台湾当局在强调“中华民国”的正统性时，也默认中华人民共和国的政治地位，追求目标不再是消灭或取代中华人民共和国，而是在两岸皆主张实行民主、自由、均富的条件下，进行中国的统一。此政策的特点是不再否认中国大陆政权，也无意去推翻大陆政权，只要大陆能实行符合台湾当局所标榜的政策并拉近两岸生活距离，则可进行中国统一。[①] 台湾当局还针对大陆一波接一波的“统战”，于1979年正式提出“三民主义统一中国”的口号。随后，国民党第十一届全代会通过“贯彻以三民主义统一中国案”，并提出一系列“奉行三民主义”的措施，包括“加强三民主义思想登陆；鼓励中共党员干部为救国救民起义立功；支持大陆同胞争取自由民主人权；团结海外侨胞学人留学生检讨大陆惨状之根源与中国应走的正确道路。”[②] 与此同时，蒋经国于1979年4月在国民党高层会议上正式提出了“不接触、不谈判、不妥协”的立场，进一步坚持其“反共拒和”的政策。面对大陆发动的和平统一攻势，台湾当局于1980年6月提出了“三民主义统一中国”的政治主张。1982年10月22日，台湾当局在美国成立“三民主义统一中国大同盟”，同盟通过的宣言宣称：中国的统一，必须遵循三大基本原则，一是中共必须放弃共产主义，统一在三民主义的旗帜之下，早日恢复民族生机；二是中共必须放弃无产阶级专政，统一在“中华民国”宪政体制之下，走向民有、民治、民享的救国大道；三是中共必须废弃马列主义、毛泽东思想，统一于中华文化精神之下，使中共党员重新做堂堂正正的中国人。[③] 因此，在这一阶段，“三民主义统一中国”是台湾当局一切工作的基础和原则，所有“外

---

① 田弘茂：《大转型：“中华民国”政治与社会变迁》，（台北）台北时报出版1989年版，第167页。

② 同上，第175页。

③ 刘鸿宇：《统一于中华文化精神之下》，（台北）《联合报》，1982年10月26日，第2版。

交”和侨务工作都是在这一基础上展开，台湾当局仍没有放弃统一立场和“一个中国”的原则。

然而，蒋经国虽然仍然坚持一个中国政策，但他在“外交”的具体运作与政策实施上却开始采取弹性策略，在“外交”政策中逐渐放松了对原有“一个中国”原则的立场。1983年“中华民国奥委会”与国际奥委会达成协议，接受改名为“中华台北奥委会”；1986年，亚洲开发银行将创始会员国的“中华民国”改称为“Taipei，China”。[①] 这在以往对于台湾当局来说都是不可能的，蒋经国在放松“一个中国”的原则下开始寻求务实的“对外”政策。台湾当局“实质外交”的特征是，在没有正式“外交”关系和官方关系的前提下，以经济为后盾，发挥“总体外交”能力，通过民间的、非官方的形式，拓展双边和多边的贸易、文化、科技、体育、军事和政治关系。到蒋经国执政后期，则明确把“对外”关系的重点放在已经与中华人民共和国建立外交关系的国家之上，企图运用经济利益结合政治利益的策略，采取非传统、非官方、非正式的“外交”方式，重点发展与中华人民共和国建交国家的实质关系，这就是所谓的“实质外交”。[②] 而“实质外交”发挥作用的一个主要管道是海外华侨华人，台湾当局的侨务政策在“实质外交”指导思想下也提出了一系列新理念。

1984年，曾广顺接替毛松年出任“侨委会”委员长，曾广顺上任后在对大陆海外统战评估报告的基础上，提出了五大侨政理念，分别是：1.“新旧一体，侨学兼顾；尊重前辈，培植后进”作为大方向；2. 侨务就是为侨服务；3. 无侨教将无华侨；4. 辅助华侨发展经济事业；5. 维护华侨的参政权。[③] 这五大理念是对过去侨务政策的延续，但是其比较重要的变化就是第一和第三理念，第一个理念说明台湾当局已经意识到新移民

---

① 高信：《中华民国之华侨与侨务》，（台北）正中书局1989年版，第65－78页。

② 詹长浩：《携手走过的岁月：中华民国侨务发展历程》，（台北）侨务委员会1990年版，第89－91页。

③ 彭盛龙：《侨务行政与实务》，（台北）考用出版社1996年版，第99页。

和华人精英阶层同传统侨社的对立，必须加大对新移民和华人精英的工作。第三个理念再次强调了侨教的重要性，因为台湾当局的侨教在同大陆的比较中已经处于劣势地位。

二、台湾当局对侨务政策的调整

面对大陆新时期侨务政策的强大攻势，台湾当局内部也开始对大陆的“统战工作”进行全面评估。1980 年 7 月，“侨委会”委员长毛松年向蒋经国递交一份对大陆海外统战的评估报告，主要内容是：

第一，大陆开始渗透海外侨社。主要手段包括：1. 争取亲台湾侨团的支持，采取弹性、低姿态、主动参与、降低敏感原则，达到拉拢、分化、渗透之目的。2. 组团前往侨社访问，宣慰侨胞，加强海外侨胞联系，争取侨资与侨心。3. 邀请侨社重要人士及团体赴大陆访问。4. 加强海外宣传，对华侨及国际人士宣传大陆改革开放政策。5. 举办各类研讨会，争取海外知识分子认同，并渗透华侨学校及中文班。

第二，大陆不断拓展文化教育。侨教是维系侨务发展的基石，近年来随着全球汉语学习风潮的兴盛，大陆透过“国侨办”、“国家汉办”与海外“文化中心”，积极推广海外汉语教学，并举办汉语水平考试（HSK）、海外华裔青年夏令营等工作，藉文教推广来拉拢侨心，侵蚀台湾当局的侨教领域，达到打击台湾当局“外交”士气、压缩台湾当局国际空间与孤立台湾当局国际地位的最终目的。

第三，大陆在争取侨界资源。大陆积极推动经济改革，使大陆成为全球极具吸引力的新兴市场，大陆更以“走出去，请进来”的多元管道、全方位策略，加强与世界各地侨商密切接触，并仿效台湾当局“世界华商经贸会议”形式，成立类似“世界华商组织”，扶植召开世界华商大会、国际华商会议与台商大会等；籍经贸合作的诱因，吸引高科技专业人才技术与资金，参与大陆经济建设，加强对全球华商进行统战。

第四，大陆在控制文宣市场。大陆“新华社”、“中新社”免费提供新闻稿给予海外各种媒体使用。大陆通过这种方式加强对海外亲台侨胞的统战，吸引台湾地区及移民海外的台湾侨胞关注和了解大陆的经济发展和国力增强，藉此扩大其文宣攻势。①

台湾当局对大陆所谓“海外统战”的评估固然有夸大和污蔑的成分，但是客观上也反映出大陆海外侨务工作的影响和成效，使台湾当局一直占优的海外侨务工作陷入困境。

面临这种形势，台湾当局开始调整其海外侨务政策。“侨委会”委员长毛松年在1981年“立法院”的工作报告中提出了侨务工作的重点：1. 辅导发展侨团组织：侨团组织定位为服务侨社及举办各种“爱国”活动；2. 加强对移植侨胞服务：辅导成立联谊性组织，加强联系沟通，收集反映意见，以供侨务施政参考，邀请台籍侨社人士返台参加“侨社工作研讨会”；3. 增进区域性侨团联谊功能：发扬民族意识，反制中共统战分化阴谋；4. 激励侨社“爱国”活动；5. 对越棉寮侨胞之救助与辅导，并且辅导其移居美国之中南半岛侨胞成立联谊性组织，发挥互助作用；6. 召开“全体侨务委员会会议”：讨论中心为“结合全球侨胞力量，支持政府加速三民主义统一中国任务”；7. 侨民接待与救助；8. 侨胞出入境证照服务。② 这个工作报告中比较突出的调整就是注重移民或以难民身份到美国的东南亚华侨华人。越南、柬埔寨、老挝华侨华人移民到美国的主要原因是当地政治形势的恶化，居住国出现反华浪潮，他们虽大多祖籍是中国大陆，但普遍抱有反共情绪，因此，台湾当局视美国的这些华侨华人为侨务工作的新的增长点。

---

① 詹长浩：《携手走过的岁月：中华民国侨务发展历程》，（台北）侨务委员会1990年版，第89－101页。

② 1982年2月，时任国民党“海工会”负责人的曾广顺主动先后邀请北美洲、欧洲及大洋洲的越棉寮华裔社团领导人物到台北座谈，分别成立北美及欧洲越棉寮华裔社团联谊会。1983年又成立世界越棉寮华裔社团联谊会，在台北召开第一次代表大会。参见陈一新：《断交后的中美关系》，（台北）五南图书出版有限公司1995年版，第176－178页。

"侨委会"在五大理念的基础上制订出这一时期的侨务政策具体措施。这些具体措施反映在三个层面。

在加强华侨及侨团组织方面，主要有八项措施：1. 健全侨民组织，展开反共复国工作；2. 发展侨团区域性组织，辅导侨民推展福利事业；3. 华侨应促进与居留地政府友好关系；4. 鼓舞全球侨胞重视香港前途问题；5. 若干处境困难地区侨民应尽量取得公民权；6. 对于侨民的合法权益应循有效途径尽力维护；7. 简化华侨出入境手续，辅导岛内移民事业的发展；8. 加强对华侨的联系与服务。

在华侨经济方面有五项措施：1. 改善国内投资环境，并给予特别优待奖励，以争取回台投资；2. 鼓励及辅导岛内对侨商贸易，并给予必要的协助或支持，以促进华侨经济事业之发展；3. 协助侨营事业训练专业人才；4. 适应东南亚新兴各国需要，协助当地基本工业之发展。5. 适用宣传及组织力量，促使华侨实施对中共经济制裁。在华侨文教方面有三项措施：1. 辅导侨校立案，供应图书器材；2. 奖励优良侨报，辅助华侨文化事业及社教团体以推展华侨教育；3. 鼓励侨生回台升学。[①]

1987 年至 1988 年，"侨务委员会"又提出了"侨务政策规划纲要"，对侨务政策进行了新补充和强化：1. 在一般侨务工作的推展方面，强化侨社联系服务，辅导侨团组织发展。发挥侨团组织功能，促进侨社和谐发展。结合侨胞"爱国"力量，打击"中共统战阴谋"。协助海外"大同盟"组织，推展三民主义统一中国运动。照顾归侨及中南半岛难侨。强化侨务政策功能，举行"全球侨务会议"；2. 在推展海华文教育方面，提供华文教材，派遣华文教师，辅导侨校正常发展。推展海外青年活动，研习中华文化。供应社教辅助教材，寄赠侨团运用。辅导华侨新闻出版事业。加强办理华侨函授教育与空中教学；3. 在辅导侨生回台升学方面，鼓励侨生

① 陈鸿瑜：《中华民国之侨务政策》，(台北)海外华人研究学会 2000 年版，第 128—137 页。

回台升学。照顾在学侨生。联系毕业生；4. 在辅导华侨经济发展方面，设立华侨贷款信用保证基金，以协助华侨创业。培植侨社专业人才，协助华侨经济事业发展。辅导侨商贸易。鼓励华侨回台投资。成立“港澳侨胞回国服务处”。促成华商与岛内厂商经济合作。促进华商事业之合作联系，发挥整体经济力量；5. 在加强华侨证照方面，办理华侨回台申请出入境服务之工作。“国人出国”移植之辅导。核发华侨身份及印鉴证明；6. 在华侨参政方面，赋予回台华侨服务公职考试加分优待。给予海外侨胞“立法委员”“国民大会”代表名额之保障。① 这次的侨务规划基本上成为日后台湾侨务工作的固定范本。

可以看出，台湾当局制定的海外侨务政策建立在海外华侨华人变化的基础上，以中国大陆的“统战”工作作为具体针对目标，以拉拢新移民和华人精英阶层为主要目标，制定了详细而周密的应对措施，在政策层面摆出了同大陆争夺海外华侨华人支持的阵势。

三、台湾当局对美国华侨华人的新政策

蒋经国得知中美即将建交的消息，极为震惊和愤怒，指责美国政府出卖了“自由中国”。1978 年 12 月 27 日，美国代表团到达台北时还受到台湾当局鼓动的游行者的袭击，他们包围车队，投掷鸡蛋、西红柿、烂泥，有人甚至爬到汽车上进行威胁，代表团团长与美国驻台“大使”均受轻伤，美国国务院对此提出强烈抗议。② 蒋经国在无可奈何的情况下，于 1978 年 12 月 31 日，由台湾“外交部”宣布同美国断交，美国与台湾的官方关系从此正式结束。

从国民党退守台湾时起，美国的支持和援助就一直是国民党当局得以

① 颜国裕：《我国侨务政策之研究：民国六十年以后之发展分析》，（台北）龙文出版社股份有限公司 1991 年版，第 203—205 页。

② 陶文钊：《中美关系史（1972—2000）》（下卷），上海人民出版社 2004 年版，第 63 页。

延续和生存的重要因素，台湾经济的发展又有赖于美国的援助和对美经贸关系，台湾当局有求于美国之处甚多。① 因此，蒋经国还是面对现实，仍然视美国为台湾当局生存的依赖支柱。1979 年 2 月 15 日，蒋经国在“北美事务协调委员会”成立会上发表讲话，② 他说：“为了重建中美两国间的新关系，我国已决定设立新的机构……由于现实的需要，我们不得不以‘打落牙齿和血吞’的坚忍勇敢来处理当前变局。”③ 台湾国民党当局未来“对外”政策的重点依然是美国，而美国华人社会亲国民党势力的支持更成为台湾当局极为倚重的力量，亲国民党华侨华人也成为替台湾当局在美国争取利益的“海外推手”，台对美国华侨华人的政策成为其侨务政策的重点。

在侨务政策理念和具体措施指导下，结合美国华人社会的实际情况，台湾当局对美国华侨华人的工作也开始实施“弹性政策”。

（一）对美工作的新策略

1984 年，“北美事务协调会”驻美代表钱复在洛杉矶举行“北美华人学术研讨会”，在会上他系统地解释了台湾当局对美华侨华人的新策略，

---

① 美台“断交”之后，美国国会制定的《与台湾关系法》，又成了美国得以继续向台湾出售武器和提供其他所谓“防务保障”的法律凭据。《与台湾关系法》实际上把台湾视为一个“独立的政治实体”，将台湾当局与主权“国家”相提并论，该法第四条规定：“不存在外交关系或承认不影响美国法律对台湾的适用……凡当美国法律提及或涉及外国和其他民族、国家、政府或类似实体时，上述各词义中应包括台湾，此类法律亦适用于台湾。”《与台湾关系法》不但使刚刚正常化的中美关系濒临倒退的境地，也增加了海峡两岸关系发展过程中的不稳定因素，使海峡两岸关系的发展更加复杂化。《与台湾关系法》埋下了美国利用台湾问题继续干涉中国内政、阻挠两岸和平统一的祸根，增加了台湾当局与中华人民共和国政府对抗、拒绝和平谈判的筹码，同时也助长了“台独”势力的嚣张气焰。参见《与台湾关系法》与陶文钊：《中美关系史（1972－2000）》（下卷），上海人民出版社 2004 年版，第 78 页。

② “北美事务协调委员会”（The Coordination Council of North American Affairs）在纽约、波士顿、芝加哥、休斯敦、旧金山等地设立 12 个办事处，这些机构名义上是非官方的法人机构，实际履行着过去“大使馆”和“领事馆”的职能。1994 年，美国同意台湾将“北美事务协调委员会”更名为“台北驻美国经济文化代表处”（Taipei Economic and Cultural Representative Offiice，TECRO），其他 12 个办事处更名为“台北经济文化办事处”（Taipei Economic and Cultural Office，TECO）。孙哲主编：《美国国会与台湾问题》，复旦大学出版社 2005 年版，第 273－274 页。

③ （台北）《中央日报》，1979 年 2 月 15 日，第 1 版。

新策略包含四个方面的内容：1. 有所变，有所不变。钱复引用蒋经国在“总统”就职演说中所提的“有所变，有所不变”，指出这是未来台对美华侨华人工作的指导方针。台湾当局的基本侨务政策不变，但“北美事务协调会”属下各处的接触面将比过去扩大。所谓接触面的扩大，意指协调会驻美国各地办事处与华侨华人的接触已有面的扩大，不再坚持不是敌人便是朋友的原则，希望为台湾当局争取更多的朋友，减少可能的敌人，改变了以往“泾渭分明”的标准。钱复还提出中国传统哲学“有容乃大”的观点来论述台对美华侨华人“有所变”策略的正当性。2. 重申台湾当局对曾经访问过中国大陆的华裔学者的态度，他说海外学人有时因职务关系或特殊需要，前往中国大陆访问，不宜因此而与他们划分界线。3. 阐述了台湾当局对美国华人社会中“台独”势力的最新立场，表示台湾当局对“台湾人公共事务协会”和“台湾同乡会”看法并不等同台湾当局对其成员的看法，他承认这些组织的活动与台湾当局的政策的歧异，但认为这些组织内部成员之间意见并不一致。台湾当局寄希望于这些组织中一些重理性、态度温和的成员，不愿完全切断与他们沟通意见的可能途径。4. 结交新朋友，不能忘记老朋友。钱复也强调，“中华民国政府”必须紧紧把握住、丝毫不能放松现有的华侨华人和侨社的支持和拥护，并在获得反共、反“台独”华侨华人的谅解下，才能够有原则、有轻重缓急地展开争取朋友以及化敌为友的工作。①

同年，台湾当局“侨务委员会”委员长曾广顺一上任就立即前往美国访问海外侨社广拉关系。他选择旧金山、纽约、洛杉矶三个华侨华人最集中的地区作为访问对象。曾广顺在这三个城市分别举行了侨务座谈会，在座谈会上曾广顺提出台湾当局对美国华侨华人的十六字方针，即：“新旧一体，侨学兼顾，尊敬前辈，提携后进。”这同他提出的侨务五大新理念是一致的，只是原来的“培植后进”改称“提携后进”，反映出他对新移

---

① 《华人的责任和荣誉》，（台北）《联合报》，1984 年 7 月 15 日，第 4 版。

民作用的重视。他提出："无论新旧，不分地域，只有全侨团结、和谐，华侨社会才有发展，对祖国及民族才会有贡献。"[①] 曾广顺就任"侨委会"委员长之职时，正值美国各主要华人社区国民党势力受到全面挑战之际，新侨和老侨的矛盾日益激化，"江南事件"爆发后，广大美国华裔学者认清了台湾当局的本质，并逐步开始倾向大陆，不少学者亲自前往中国大陆，亲身感受改革开放后大陆的飞速发展。台湾当局在华人社会出现了空前未有的危机。曾广顺提出新的对美侨务策略正是企图化解和突破当时的困境，台湾当局的真实意图还是希望宣扬新移民尊敬老移民，那么新移民自然也要遵从传统的权威团体——中华公所/会馆的领导，这样就可以达到将新老移民拉拢在台湾当局控制下的目的。

1980年，台湾当局经营的"台湾电视"、"中国电视"和"中华电视"各投资100万台币在台北和美国成立"国际视听传播公司"，公司的口号是"统一价格，统一服务"，把台湾制作的节目供应美国正在发展的华人市场。[②] 1981年，该公司属下的"联合华语电视"在旧金山、洛杉矶和纽约每周播放节目一次，"联合华语"后来又发展到夏威夷、华盛顿、芝加哥和休斯敦等城市。[③] "国际视听传播公司"成为各华语电视台节目的主要来源之一，所以对华语电视台的发展起到了支配作用。

80年代中期，"侨委会"在全球各地区成立"华侨文教服务中心"，到1988年已经在11个地区成立。1985年，台湾当局在美国旧金山设立第一个"华侨文教服务中心"，接着分别于1985年、1986年、1987年、1989年先后在洛杉矶、纽约法拉盛区、休斯顿和芝加哥成立"华侨文教服务中心"。其中，规模最大的是"侨委会"投资60万美元在旧金山半岛

① 《美国华人社会的美好远景》，(美)《世界日报》，1984年9月12日，第1版。

② Wing Chung Ng, Taiwan's Overseas Chinese Policy from 1949 to the Early 1980s. in *East Asia Inquiry: Selected Articles from the Annual Conferences of the Canadian Asian Studies Association*, 1988－1990, edited by Larry N. Shyu, Min－sun Chen and Claude－Yves Charron. (Montreal: Canadian Asian Studies Association, 1991), pp. 87－89.

③ 吴剑雄：《海外移民与华人社会》，(台北) 允晨文化 1993年版，第126－127页。

南部矽谷设立的文教中心，该中心于1988年投入使用。[①] 1987年，“侨委会”宣布在美国设立“华侨贷款信用基金”，帮助华侨华人与留学生在美国创立事业，以此笼络人心，达到争取团结美国华侨华人的目的。

（二）利用亲国民党势力维持其在美国的利益

1. 维护台湾当局的“正统”地位

按照台湾当局“实质外交”和侨务新政策的精神，国民党当局为了保住其在美国的利益，并没有放松对美国华侨华人的政治攻势，仍旧排斥不明确表态拥护台湾当局，或对大陆持开明友善态度的组织。国民党控制下的社团成员对中国大陆的认识随着中美关系正常化也开始出现变化。国民党势力为了巩固对传统的侨社的控制，维护台湾当局的“正统地位”，极力拉拢社团成员，打压中立或对中国大陆友善的人士，不容许他们在侨社里担任要职。比如，在国民党的压力下，旧金山的肇庆会馆商董会拒绝支持拥护大陆的周锐出任会馆主席，昭伦公所恳亲大会也拒绝谢侨远进入大会主席团。[②]

这一时期，在台湾当局的影响下，亲国民党的华侨华人认为，美国华人社会已经成为中共统战与“中华民国”反统战的主战场，台湾海峡两岸统战与反统战短兵相接之地不是在北京，也不是在台北，而是在美国。[③]华人社会中的亲国民党势力继续对中国大陆进行攻击，采取一切手段维持国民党在华侨华人中的影响，宣扬虽然美国不承认“中华民国”，但台湾当局依然是中国的“合法代表”，在中国文化上是中国的唯一代表，强烈维护台湾当局的“正统”地位。这一时期华人社会的亲国民党力量活动主要有以下特点：

---

① 汪树华：《美国华人政治参与研究》，（台北）财团法人海会文教基金会 2001年版，第285—290页。

② Jiemin Bao, *Marital Acts: Gender, Sexuality, and Identity among the Chinese Thai Diaspora* (Honolulu: University of Hawaii Press, 2005), p. 321.

③ 《美国何以形成统战与反统战的主战场》，（美）《世界日报》，1980年2月22日，第1版。

第一，对中美建交表示强烈反对。中美建交是卡特任上完成的，因此华人社会中亲国民党势力对卡特政府非常不满，期望共和党上台后能够改变台湾当局在国际社会的不利局面。1980年美国总统大选，亲国民党华人社团号召华人不投卡特总统的票。它们认为，卡特总统冷酷、无情、残忍，从他处理台湾问题上完全暴露出来。台湾一千八百万人民无论如何也没有想到卡特总统决心与中共建交，毫不顾虑台湾的安全，完全接受中共所提的建交三条件。① 亲国民党势力指出，卡特政府曾经不准其官员访问台湾；不准它在台湾设立的“美国在台协会办事处”使用国务院在曼谷所设的“电脑中心”的服务；不准美国政府官员与“中华民国政府”官员在同一场所举行的仪式中出现；不准持有“中华民国国旗”的选手进入纽约州宁静湖的冬奥会；不准印有“中华民国”字样的台湾农产品进口美国；还禁止洛杉矶市议会在“双十”节升挂青天白日旗。亲国民党社团和报刊公开向美国华人提出，“你还愿意或能够忍受卡特四年吗?”② 亲国民党势力企图通过选举，展现它们对卡特政府处理中美关系和台湾问题的强烈不满。

第二，对抗中国大陆的“统战”。为了响应台湾当局的“实质外交”，亲国民党的华人社团和媒体在华侨华人中掀起以“三民主义统一中国”的运动，大肆宣扬台湾当局施政的成功，包括经济、政治、文化教育等多方面的“成就”，以此对抗所谓大陆对华侨华人的“统战”。1981年4月，亲大陆的“全美华人协会”在波士顿举行“华人联合行动大会”，亲国民党报纸《世界日报》、《美洲中国时报》认为这是中共对华人社会中亲国民党势力的严重挑战，因此鼓动华人精英抵制此次大会。③ 亲国民党的纽约中华公所和新英格兰中华会馆也公开宣布抵制行动大会。

第三，亲国民党势力想尽一切办法策反大陆赴美人士投奔台湾当局。

---

① 《沉默的大多数发出怒吼》，(美)《美洲中国时报》，1980年3月7日，第1版。

② 《你还愿意忍受或能够忍受卡特四年吗?》，(美)《世界日报》，1980年11月4日，第1版。

③ 《不是敌人便是朋友》，(美)《世界日报》，1980年3月31日，第1版。

1980年12月27日，《世界日报》发表社论“建立一个投奔自由祖国的桥梁”，文中赞扬纽约哥伦比亚大学校园中来自台湾留学生鼓动中国大陆留学生投奔台湾的行径，对美国警察指称这些台湾留学生是“台湾间谍”而大为不满。社论提出，大陆留学生需要一个与台湾的沟通渠道，需要一个组织协助有意投奔“自由中国”的大陆留学生，为他们作一切必要的安排，给他们提供可以信赖的机会。由于美国已经没有了台湾当局的官方机构，台湾当局不便在美国从事这样的活动，所以该报鼓动支持国民党的华人社团“挺身而出”担负起桥梁作用，并设置“中国大陆同胞投奔自由基金会”。① 1983年4月4日，美国司法部宣布给予中国大陆女子网球运动员胡娜政治庇护。美国司法部给予胡娜政治庇护的依据是1980年通过实施的难民法案。该法案规定凡是由种族、宗教、国籍、政治见解或特殊的社会团体身份，提出可信的理由认为会受到迫害的申请人，即可获得政治庇护。在“胡娜事件”中，美国国务院出于政治原因同意给予胡娜政治庇护，而移民与归化局则持不同意见，移民与归化局认为如果允许胡娜到美国政治避难，其他超过1000名以上已在美国提出政治庇护的中国大陆移民将会援例获得政治难民身份。亲国民党的华人团体得知移民与归化局的立场后，开始采取各种行动向它施加压力，指责“移民与归化局的考虑完全是政治的，而非法律的。其他1000多名申请者不一定都与胡娜的经历相同，即使每一申请者都具有同样的理由，就都应该有机会获得批准，移民与归化局的考虑是没有法律为后盾的。”② 在美国司法部宣布同意胡娜“政治避难”后，这些亲国民党的华人社团对里根政府大加颂扬，认为里根政府的立场是司法部作出批准决定的一个重要因素，里根政府“能在坚持原则之下表现道德勇气，不顾中共的威胁，维持了美国法律的尊严……全世界崇尚自由民主的人民对里根政府的信念将大幅增强，对美国的法治

① 《建立一个投奔自由祖国的桥梁》，(美)《世界日报》，1980年12月27日，第1版。

② 《胡娜案尘埃落定》，(美)《世界日报》，1984年4月5日，第1版。

制度将有更新一层的认识。”① 亲国民党势力在失去“中华民国”的依靠后，只有通过宣扬“自由中国”的办法来巩固华人社会对台湾国民党当局的认同。在此期间，亲国民党侨社多次配合台湾当局情报机关的工作策反大陆留学生、学者和工程师前往台湾，这些行动在当时的冷战气氛下产生了一定的宣传效果，台湾当局也将从事这些活动的侨社和个人称为“反共推手”。② 但是这些活动一般都是秘密进行，而且也有台湾特务插手的情况，不久这些行动就受到华人社会的批判和唾弃。

第四，鼓噪成立各种所谓“反共”联盟和组织“反共”行动。1981年12月25日，亲国民党组织“反共爱国联盟”庆祝成立10周年。“反共爱国联盟”原名是“全美中国同学反共爱国联盟”，组成分子主要是来自台湾的留学生，随着一些成员学生身份发生改变，但仍然是组织的骨干分子，因而改称“反共爱国联盟”。该组织号称是一个学术性、政治性、社会性的社团，其宗旨是：“一是团结留美中国同学及校友发挥反共爱国力量；二是支持并督促中华民国政府推翻中共暴政；三是建设民主、自由、统一的现代化中国。”③《世界日报》社论指出，反共爱国联盟的成立是对抗美国各校园内所谓“中共统战”的一个里程碑、一个转折点、一个分水岭。10年来，“反共爱国联盟”也是冲在反共活动的第一线，“无役不与，毫不掩饰的、毫无做作的，亮出反共的大旗。”④“反共爱国联盟”成为这一时期亲国民党华人社团的代表性力量。1984年1月，亲国民党的美东侨界成立所谓的“反奴役、反共产、反暴政”的行动委员会，鼓动华侨华人于1月10日，在白宫外面的拉法叶公园举行大示威，再前往中国驻美大使馆抗议赵紫阳访美。该委员会的主要目标是：“支持里根总统世界十字军民主运

① 《美国是多元文化的镶嵌品》，(美)《世界日报》，1984年4月6日，第1版。

② 高华国：《美国的反共推手》，(台北)《中央日报》，1981年6月8日，第4版。

③ 刘兆佳主编：《华人社会社会指标研究新领域》，中文大学香港亚际性太研究所1996年版，第128页。

④ 《反共爱国联盟成立十周年》，(美)《世界日报》，1981年12月28日，第1版。

动的呼吁；支持中国大陆同胞的争自由、争民主运动；支持香港同胞反对1997接受共产统治；谴责中共政权迫害大陆同胞的基本人权。”此外7个亲台组织，包括全美台湾同乡联谊会、纽约台湾同乡福利会、旧金山台湾联谊会、休斯敦台湾同乡联谊会、芝加哥台湾同乡联谊会、加州台湾同乡联谊会和华盛顿台湾同乡联谊会，迅速响应该委员会的鼓动，也号召全美各地华侨华人参加1月10日在华盛顿举行的大示威。这7个团体还发布文告："我们认识到当前海峡两岸长期的分隔，并非两个政权，两个政党之争，而是两种截然不同的意识形态、社会制度与生活方式的竞赛。我们呼吁里根总统及美国朝野认清中共的本质。”[①] 1月10日，只有约2000多人参加这场所谓的“大示威”，连《世界日报》也认为此次示威失败了。[②] 由于这些社团狂热地宣扬反共情绪，使广大华侨华人感到似乎回到麦卡锡时代，因此非常不得人心。在华裔美国人中间，有关台湾的意见冲突逐渐缓和了，广大华侨华人普遍关心住房与就业的问题，超过对发生在遥远台湾岛内的事情的关切。亲国民党势力也认为，这次示威的失败，希望引起台湾当局在美国从事学运、侨运、对外宣传以及美国华人社区文化机构的注意和检讨。

第五，大肆举行“吃喝玩乐”式的庆祝迎接活动。1981年5月，亲国民党华人社团在纽约欢迎台湾当局“北美事务协调委员会”驻美代表蔡维屏，为了扩大影响，亲国民党人士组织各社团领袖乘坐20多辆轿车组成的车队，从机场把蔡维屏浩浩荡荡迎接到唐人街。唐人街主要街道鼓乐齐鸣，到处挂满青天白日旗，大批华侨华人列队欢迎。当晚由纽约“泰华公所”及属下各大侨团、安良工商总会、美洲协胜公会等团体主持下，在饭店设宴欢迎蔡维屏，席开65桌，共有700多人参加。[③] 这些社团以此

① 牛震：《第三中华：海外华人的历史·现在·未来》，（台北）台湾磨坊文化事业有限公司2002年版，第97页。

② 《一连串的不参加》，（美）《世界日报》，1984年1月21日，第1版。

③ Molly Joel Coye & Jon Livingston, *China: Yesterday and Today*, 2d ed. (New York: Bantam Books, 1979), p. 137.

来证明纽约华人社会不是“解放区”，仍是在国民党势力控制之下，并且经常举办类似活动。台湾当局侨务机构和党务机构每年都向支持台湾当局的侨社提供大量经费补助，而且是“利益均沾”式补助，只要是亲国民党侨社都能得到补助。[①] 这些经费往往缺乏管理，私自挪用、占为己有的现象非常严重，亲国民党侨社经常将这些经费用在大张旗鼓地庆祝双十节和欢迎台湾当局的要人来访上，以便今后继续向台湾当局申请补助。

在国共势力在华人社会角逐的情势下，美国华侨华人社团内部也产生了一系列的纠纷和困惑。主要问题集中在两方面：一是在会所、会馆应该悬持五星红旗还是青天白日旗，二是宴会或重大集会是邀请中国大陆的官员还是台湾当局的官员。由于这一时期国民党的组织在华侨华人社会中相对比较牢固，因此国民党在与中立派、亲大陆派的较量中并不完全居于劣势。大多数华侨华人社团为了避免海峡两岸政治问题的干扰则主张会所、会馆只悬挂美国国旗或会旗，成员也趋向拥护在政治上较中立而且愿意专心为华人福利工作的人来主持社团事务。另一些社团则对海峡两岸的人士采取一视同仁的态度。1984 年，旧金山同源会举行 72 周年纪念和檀香山中华会馆举行 100 周年纪念，中国领事馆和台湾当局“北美事务协调委员会”的人员都受邀在同一场合出席。采取这种中立立场的基本上是土生华裔拥有较大势力的华人社团。

2. 继续坚持反对“台独”的立场

为了台湾当局在华人社会中的“正统”地位，亲国民党华侨华人及社团继续坚持反对“台独”的立场。在蒋介石的军事独裁和蒋经国的威权统治之下，尽管台湾在美国的军事保护下日益繁荣，但成千上万知识分子和中产阶级的台籍人士移民或逃亡到美国，从而导致了唐人街之外强大的反国民党势力的兴起。中美关系正常化之后，更多的人从台湾来到美国，他们通过教会和同乡会，在国民党控制的美国华人社区建立亲“台独”的基

---

① 《纽约中华公所的道路》，(美)《世界日报》，1981 年 12 月 1 日，第 1 版。

地。为了对付这种新发展，台湾当局利用在美国的支持国民党的集团和国民党海外支部来打击他们。

1981年3月，加州总检察长署向州议会提出一份年度报告，题为《加州有组织的犯罪（1980年）》。报告中的第二部分是关于恐怖主义活动，列举国际恐怖主义组织与国内恐怖分子1980年在加州犯罪行为。在国际恐怖主义部分，“台独”分子被列为恐怖组织的首位。报告提到，“以美国为基地的台湾极端分子，企图颠覆在台湾的中华民国政府，在本署1979年所作的评估之中，曾预测其活动将更加趋向暴力。在1980年，至少有5次在南加州发生的爆炸，台湾极端分子是可疑的肇事者，爆炸目标包括私人住宅与一家航空公司，爆炸事件中有一人死亡。”[①] 在爆炸中死亡的是当时高雄市长王玉云的内弟。《世界日报》发表社论，认为加州总检察长署把“台独”列为恐怖组织，是给“台独”组织的“正名”，是一大幸事，全加州的人、全美国的人从此可以肯定的确认，“台独”不是一个普通的政治性团体，不仅是一伙对其政府的政策持反对意见，或在政治立场上别有抱负的人，而是一个滥施暴力，不择手段的恐怖组织。[②] 加州总检察长署把“台独”正式列为恐怖组织，把参加“台独”活动的人视为恐怖分子，使广大华侨华人对这个组织与参与组织活动的人有了更加深刻的认识。此外，《世界日报》也向“台独”分子喊话，期望“台独”分子知所警惕、有所反省，恐怖组织实在不是一个好名称，“台独”分子进行的分裂活动伤害无辜，于事无补，成事不足，还是放下屠刀。该报还提出，期望那些片面的人权主义者，如国际特赦组织，有机会研读一下加州总检察长署的报告，分清恐怖分子和人权受害者的区别。[③]

1982年7月，台湾当局“立法委员”康宁祥、张德铭、黄煌雄和

---

① Peter Kwong & Dušanka Miščevič, Chinese America: the Untold Story of America's Oldest New Community (New York: New Press: Distributed by W. W. Norton, 2005), pp. 210—213.

② 《“台独”在加州“正名”》，（美）《世界日报》，1981年9月7日，第1版。

③ 同上。

“监察委员”尤清组团到美国访问，1985 年 1 月，台北市议员陈水扁应邀访问美国。当时民进党还未成立，这五个人的身份都是无党派人士，是在岛内以对国民党当局批评或对政策提出异议而闻名的“党外人士”，而且都支持或同情“台独”活动。《世界日报》撰文指出，康宁祥、陈水扁等人在访美行程中，从未接触各地华埠坚决支持“中华民国”的权威领导性团体——中华公所/会馆，他们同支持“中华民国”的所有“反共爱国”华侨团体都没有接触，也不同代表“中华民国”的驻美机构“北美事务协调委员会”各办事处接触，连台湾乡亲中拥护“中华民国政府”的团体如全美台湾同乡联谊会与台湾同乡福利会等，也均无接触，他们所参加的宴会和演讲会，清一色的是由与“台独”有关或接近“台独”的组织主办的。[①] 该报严厉抨击了康宁祥、陈水扁等人支持“台独”、同情“台独”的立场，主张美国华侨华人认清他们的行径。客观地说，当时亲国民党华人媒体对陈水扁等人的抨击是深刻且经得起历史检验的。

第四节　国民党势力在华人社会的衰退

台湾国民党当局不断调整对美华侨华人的策略，继续维系同美国华人社会传统侨社的联系和影响。然而，他们的政策和措施都遭到了失败，在中美正式建交的历史背景下，美国华人社会内部的各种因素的变化导致国民党势力在华人社会出现衰退。

一、新移民对美国华人社会的冲击

随着大批的中国移民进入美国，美国社会也出现了新的华人商业、居

① 《陈水扁来美国何为?》(美)《世界日报》，1985 年 1 月 22 日，第 1 版。

住地。从整体上看来，相对于老一辈的华人移民，华人新移民的教育水平较高，而且主要来自大陆。来自大陆的新移民包括两个部分：一部分是教育程度较低的，包括那些以与家人团聚而移民海外者，他们中的大多数是来自类似广东江门地区及珠江三角洲其他农村地区，以及大多数的非法中国移民（主要来自福建福州地区和浙江南部）；另一部分是前往发达国家的大陆留学生、学者以及他们的家属。他们在大陆就受过良好教育，据中国国家教育委员会的一项调查表明，1983 年－1988 年，大多数在海外的大陆留学生、学者（尤其是在美国），都选择在海外定居。来自台湾、香港的华人新移民也基本上都受过良好教育，他们的大多数人也和来自大陆的留学生一样，通过留学途径定居于国外。① 这些新移民为华人精英群体多元化和新精英群体的崛起打下了基础。新移民的到来对美国华人社会产生了如下的影响：

首先，华人族群在社会、经济和文化方面更加多元化。例如，蒙特利公园新华埠的创建主要源自于 20 世纪 70 年代台湾投资者和专业人士的大量移入，② 但当社区初步形成后，它就像磁铁一样吸引着来自中国大陆和东南亚的华侨华人，特别是那些具有中产阶级背景、不会讲广东话、对旧唐人街浓厚的广东文化气息不能完全接受的华人。80 年代中期以来，中

---

① 庄国土：《1978 年以来中国政府对华侨华人态度和政策的变化》，《南洋问题研究》，2000 年第 3 期。

② 蒙特利公园市是一个典型的华人经济区（新唐人街）。它本身是构成洛杉矶郡的 84 个市之一，该市有近 13 万平方公里，建筑密度低，住户稀疏，距洛杉矶的中国城仅十多分钟车程。20 世纪 50 年代，它是一个战后发展起来的典型的小卫星城，85％的居民是中产阶级白人。来自台湾和亚太地区的华人移民和投资者带着大量的资本，从 70 年代初开始进入并扎根该市，从而导致了其整个 70 年代的急剧转型。仅仅 10 年时间，该市就从一个白人居住区完全变为一个多民族的“世界村”，及美国第一个以亚太裔人口占大多数、华人商业密集的新移民城市。其中华人和华商比重最高、影响最大，使这里俨然成了一个全球定位的，以迅速膨胀的华人、华侨为主要服务对象的新型商业中心。白人居民所占比例由 1960 年的 95％，下降到 1970 年的 51％，继而下降到 1980 年的 26％，再下降到 1990 年初的 12％。而与此同时，亚裔居民却由 1970 年的不到 15％增加到 1980 年的 34％，再增加到 1990 年的 56％，到 1999 年已达 80％左右。参见周敏、王晓辉：《华裔美国人的精英群体》，《社会学研究》，2000 年第 5 期，第 55－56 页和 Don Shewey, *Playing Around*, *the Village Voice*, March 12, 1991. p. 76.

国大陆进入该社区的移民已超过了台湾移民，而大陆移民中，讲普通话的又超过了讲广东话的移民（含香港移民）。由于家庭联系和民族经济的发展，许多劳工阶层的华侨华人也慢慢地被吸引过来。华侨华人来源很广、成分复杂，曾明显占优势的台资企业和台籍人士对当地政治的积极参与，使蒙特利公园有了一个“小台北”的俗称，但中国大陆移民的数量上升更加快速。[①] 人口构成的多元化，导致了社会、经济生活的多元化，并改变了社区的传统组织形式，使各种新的精英群体得以产生，原有的精英概念变得模糊。[②] 在蒙特利公园市，很难清楚地说哪些人是精英，哪些人不是，因为没有哪一个单一群体能够完全控制社区事务。

其次，社会网络变得更加广泛，超出了传统的家庭、亲缘和家乡局限，不仅与主体华人社会有密切的联系，还与美国主流社会有多种多样的联系。民族性除了用于参与本地政治活动、动员和团结华人整体力量以外，并没有成为各种族群组织建立的基础。[③] 在新华埠，很少有组织以家族、亲缘和家乡来命名，相反，大量跨越地区、民族甚至国家的以产业、商贸为基础的行业性组织和以职业为基础的专业性组织如雨后春笋般涌现出来，至于来源地组织的地理范围已扩大到省和大城市一级，而其他社会性组织（如宗教、政治、理念、科教、学术、人缘）等也已大大拓宽了它们的范围。在蒙特利公园市，华人组织的密集度与旧唐人街一样高，但其形式、范围更广。没有一个组织像中华公所/会馆那样具有绝对性权威和具有强烈的政治倾向，也没有其他的垄断性组织。因此，台湾国民党势力在新华人社区的影响逐步淡出。

最后，民族经济更加多样化和全球化。移民们所带来的有形资源如资金、技术、人力等，与他们的无形资源如国际性人际关系、国际市场通道和外部资本来源结合起来，形成了一种巨大力量，创造了一种新的移民经

---

① Theodore Friend, Latin Ghosts Haunt an Asian Nation, *Heritage*, December 1989, p. 4.

② Stanely Karnow, *In Our Image* (New York: Random House, 1989), pp. 34－39.

③ 周敏、王晓辉：《华裔美国人的精英群体》，《社会学研究》，2000 年第 5 期。

济形式——跨国企业经营和本地经济发展中的海外投资。这种经济形式改变了传统民族经济的运作方式，促进了相对孤立的民族经济与外部经济体系的对接，使新华埠的华人民族经济走上了一条非传统的路子。尽管这里的某些商业活动与旧唐人街的相似，比如"夫妻店"餐馆、食杂店、礼品店和其他小规模服务业、作坊式生产业等，但大多数新涌现的企业是现代化经营、跨地区甚至跨国界的。这些企业涉及范围很广，从超级市场、金融保险机构、房地产业务、汽车经销服务、高科技生产领域，到餐饮、旅游、货品仓储、分销、包装、运输、广告、医疗保险，再到法律、财会、移民、教育、翻译及其他咨询服务等，可以说是应有尽有。新华埠及其邻近市区已成为美国一个跨文化、跨种族、跨地区的华商生产服务中心和华人经济活动中心。

随着华人精英群体的多元化和新精英群体的崛起，新移民开始组建并利用各种组织和协会。[①] 他们意识到以前简单、传统的权力结构已经不适合解决新移民的问题。以前建立的侨社主要是为了满足单身老移民经济、社会和感情上的需要，其成员主要以传统血缘关系和朋友纽带、区域来源、家庭姓氏、相同方言为基础，传统协会的主要领导人总的说来是为社区讲话，不熟悉美国社会，许多社团领袖甚至不会讲英语，并且存在浓厚的"反共"意识形态。许多老移民对美国政府的任何帮助不感兴趣，他们愿意与讲同样方言的人交际，通过各种传统侨会寻求经济和情感上的互相支持。[②]

新移民认识到传统侨会的不足，便组建了许多新的社团和组织。许多新协会和社会服务组织在引导新移民熟悉美国习俗方面起了重要作用。它

---

① Birgit Zinzius, *Chinese America: Stereotype and Reality: History, Present, and Future of the Chinese Americans* (New York: P. Lang, 2005), pp. 87—89.

② 《美国传统侨社的新挑战》，(台北)《联合报》，1985年5月6日，第4版。

帮助新移民找住房、工作和办医疗保险，在移民和美国社会中起了媒介作用。[1] 这些组织的领导人往往是新移民，他们熟悉美国社会工作。一些人作为职业社会工人、社区发展者和自愿者在华埠社区工作，无论怎样，属于新协会或利用社会服务组织的新移民对参与社会的财富分配发生兴趣。[2] 不像他们的前辈那样，避开冲突，许多新移民愿意利用美国人的方法如罢工、请愿和示威，来实现他们的目的。他们在美国通过大众传播特别是电视、报纸学到了这些方法。老移民把华埠作为传播传统文化的阵地，而新移民更热衷把华侨华人作为一个形成利益集团的群体。由于老移民生活在强烈的反对华人的种族主义时代，他们感到与主流社会的任何亲密联系都会导致麻烦，于是他们自己远离美国生活的主流。[3] 而新移民不想使他们自己隔离美国社会，相反，他们视自己的社区为融合人美国主流社会的一部分。

新移民不仅认识到他们必须组织一个联合其他种族的统一战线，而且渴望与其他种族群体合作，为争取平等权利和正义而斗争。新移民领导人寻求与其他少数族裔的联盟，特别是寻求与具有相同文化背景、遭到同样歧视的其他亚裔的联盟。一些有政治抱负的新移民广泛参与城市和州的各种职位的选举。一些新移民与第二代华人一道，帮助社区采取集中政治行动，如 1983 年—1984 年反对在唐人街建监狱的斗争。唐人街现代社团成功地迫使唐人街的各种政府组织雇用更多的美籍华人。[4] 新移民大多具有大陆背景，他们想迅速融入主流社会，同传统侨社也保持一定距离，虽然积极投身于为华人争取权益的斗争，但是并不想卷入华人社会中的意识形

---

① Tsung Chi, *East Asian Americans and Political Participation*: *A Reference Handbook* (Santa Barbara, Calif:ABC—CLIO,2005), pp. 150—151.

② Barry Edmonton & Jeffrey Passel,ed. ,*Immigration and Integration of America's Newest Arrivals* (Washington,D. C:The Urban Institute Press,1994), pp. 57—62.

③ Birgit Zinzius, *Chinese America*: *Stereotype and Reality*: *History*, *Present*, *and Future of the Chinese Americans* (New York: P. Lang, 2005),pp. 97—100.

④ Julie Shuk—yee Lam, *Chinese America*: *History and Perspectives* 1989 (San Francisco: Chinese Historical Society of America,1989),p. 86.

态之争，更不愿接受甚至排斥台湾当局的政治影响，在80年代他们中大多数在政治上采取中立的姿态。因此，新移民在人口结构、文化背景和政治取向方面的变化在客观上抑制了台湾当局在华人社会的影响力，台湾国民党当局的势力在华人社会出现衰退成为时代发展的必然。

二、支持两岸统一社团组织的涌现

随着中国的不断强大，随着国民党政策的节节失败，美国华人社会中企盼中国统一的渴望越来越高。为了促进祖国早日统一，美国华侨华人纷纷成立旨在推动祖国统一的社团组织，积极推动两岸关系朝着健康的方向发展。这些社团组织基本上都是支持中华人民共和国是中国的唯一合法代表，人员组成包括华人学者、华人政治精英、退役国民党将领、老一代侨界领袖等。

1982年9月，“美国和平统一促进会”成立。该会总部设在华盛顿，在纽约、旧金山等10多个城市设有分会，首任会长黄企文。该会宗旨在于促进中国的和平统一大业，成立之后在各地活动频繁，卓有成效，影响日益扩大。[①] 1984年1月，该会邀请正在美国访问的政协委员、中国国民党革命委员会副主席侯镜如，政协委员、中华全国台湾同胞联谊会副会长郑坚，旅美的原国民党将领蔡文治、李默庵以及台湾同胞30多人参加促进会活动，与会者一致认为，中国统一是全民族的大业，人人有责，大家应在不同的岗位上做出积极的贡献。[②] 旧金山和平统一促进会创办刊物，不定期举行台湾问题学术研讨会，在华人社会颇具影响。

1983年3月，华人学者杨力宇、朱永德在旧金山亚洲学会年会上发起组织了“中国统一的展望”研讨会，海峡两岸都有学者参加，到会采访

---

① (美)《美洲华侨日报》，1982年9月27日，第1版。

② 任贵祥、赵红英：《华侨华人与国共关系》，武汉出版社1999年版，第335－336页。

的记者多达400人。旧金山和平统一促进会会长翁绍裘在接受采访时表示，目前海峡两岸当局都未直接对话，这种长期人为制造的藩篱，产生了一定的隔阂。我们在海外可以起个牵线搭桥的作用。旧金山促进会是以海外华侨华人为基础的民间组织，在两岸之间起着沟通桥梁的作用。① 他认为，解决台湾问题的关键在美国，华人可以向美国政府表达意愿，不允许干涉中国的内政。1984年12月，纽约和平统一促进会邀请杨力宇、宋希濂、梁博文等包括大陆、台湾及美国华人学者共40多人，就如何促进祖国和平统一问题进行了讨论。大多数发言人都认为中国必须统一，也必定能够实现统一。② 虽然对于统一的方式、步骤、时机意见分歧比较大，但是具有不同政治观点的人坐在一起讨论和平统一问题，这本身就是一种突破，在美国华人社会产生了很大的反响。

1984年11月，“中国统一国际联谊会”在美国纽约成立，这是一个促进中国和平统一的华人社团。该会的宗旨是团结国共两党，增进中美友好合作，促进中国统一。美国华侨华人发起成立这个组织的目的，在于联系全世界华裔侨胞及海峡两岸知名爱国人士，采取积极行动，促进国共第三次合作。为此它主张邀集全世界中华民族爱国人士暨各党派与海内外贤达，举行政治协商会议，共商国是，以期推动和平统一。

1985年6月，“海峡两岸交流会”于美国洛杉矶成立，会员全部为美籍华人，李惠英当选为会长，该会最为显著的特点是会员一半来自台湾地区的美籍华人，另一半来自香港和中国大陆的美籍华人。③ 李惠英在成立大会上宣布，海峡两岸交流会纯粹是个民间组织。该会的宗旨是敞开大门，广交朋友；只要是中华儿女，不论来自何方，不论背景如何，都欢迎加入该会；希望在美国这个客观环境里，透过来自海峡两岸同胞的意见，能传达舆论信息，能产生些微政治影响，能早日达成和平统一的愿望。该

① 《华声报》，1983年5月9日，第1版。

② （美）《中报》，1984年12月10日，第1版。

③ 《人民日报》，1985年6月21日，第6版。

会成立不久，李惠英即邀请海峡两岸学者，主持召开了第一次以“大陆的经济改革与台湾的经济发展”为主题的学术研讨会，取得了良好的效果。该会成立后，举办了上百次探讨两岸关系的座谈会、演讲会。会长李惠英还自费到北欧、南美等国作旅行演讲，阐述海外华侨华人盼望中国统一的良好愿望和主张。在美国，她以聚餐的方式，邀请中国外交官员、美国议员会晤；接待来自海峡两岸的民间访问团，为彼此之间增进了解与接触创造条件。

三、“台独”势力的增长

台美“断交”后，台湾岛内社会议政浪潮不断出现，国民党专制统治面临重重危机。为了缓解统治危机，国民党提出了“革新保台”的口号，并解除在台湾实行 30 多年的“戒严令”。之后，“台独”势力在台湾政坛迅速崛起，成为一支专与国民党竞争的重要力量。1986 年 9 月 27 日，党外势力在台北圆山饭店组建政党——民主进步党。1991 年 10 月 13 日，民进党通过了陈水扁起草的党纲，党纲明确提出，“在台湾前途问题上，主张由台湾全体住民，以自主、普遍、公正而平等的方式共同决定，任何政府或政府的联合，都没有决定台湾政治归属的权利。”[①] 这就是民进党的“台独党纲”，民进党在岛内开始公开主张“台独”。岛内党外势力的发展和民进党的成立对美国华人社会中“台独”势力来说无疑是一个很大的鼓舞，民进党中的大部分成员都具有在美国学习和生活的背景，因此他们也很注重“台独”势力在美国的发展。这一时期，在美国“台独”势力发展的特点有两个，一是游说集团的成立，二是支持民进党华商的活动。

80 年代，美国出现了一个组织较为严密的台湾游说团。随着台湾地区移居美国人数的迅速增长——这些移民中包括许多专业人士、知识分子

① 刘红、郑庆勇：《国民党在台 50 年》，九州出版社 2001 年版，第 112 页。

和学者，他们成立了许多新的团体，这些团体很多都具有政治目的，它们关心的并非是美国政治，而是台湾的内政、安全及国际地位。这些团体分为两类，一类是为了结束国民党对台湾长达半个世纪的独裁统治，但是并不支持台湾独立；另一类是反对国民党统治，主要是宣扬“台独”思想。这两类团体在结束国民党在台湾统治的共同理念下混杂在一起，它们组成台湾游说团设法对美国国会、白宫，甚至地方政府施加影响。“百万人委员会”是“院外援华集团”的中坚力量，而台湾游说团的核心组织则是“台湾人公共事务协会”。其他一些较有影响的团体还有北美台湾商会、台湾国际关系中心、民进党美国代表团以及“台独联盟”等。

“台湾人公共事务协会”（the Formosan Association for Public Affairs，简称 FAPA）实际是一个支持“台独”的全球性组织，于 1982 年在洛杉矶成立，创始人蔡同荣，现总部设在华盛顿。① 它宣称其宗旨包括：1. 为台湾人民的权利，为建立独立和民主的国家并加入国际社会，争取国际社会支持；2. 推进全球台湾人社团的权利和利益；3. 促进台湾的和平与安全。虽然该组织自称是教育性的，但其行动却并非是教育性的。“台湾人公共事务协会”宣称：“该组织将向美国政策制定者、媒体、学者和公众提供有关台湾的信息。台湾人公共事务协会将有关台湾人的议题向国会议员及助理适时通报”。② “台湾人公共事务协会”的游说可以说无孔不入，甚至在其网站上直接向国会议员的选民呼吁，以选民的名义草拟多种呼吁书，鼓动选民将呼吁书通过电子邮件发给他们的国会代表。呼吁内容包括尊重所谓“台湾人民的自决权”、将“台北经济文化处”更改为“台湾代表处”、“支持台湾加入联合国”等等。

1988 年，王桂荣与台湾移民社团的一些商界领袖成立了一个非赢利

---

① 蔡同荣现为台湾民进党籍“立法委员”。截止 1999 年，FAPA 在美国各地成立了 40 个分会。FAPA Action Plan at www. fapa. org.

② Him Mark Lai, *Becoming Chinese American: a History of Communities and Institutions* (Walnut Creek, CA: Rowman & Littlefield, 2004), pp. 100—108.

性的组织——北美台湾商会。王桂荣成为该商会的首任会长，他长期以来一直支持反对台湾国民党政府的运动。截止2000年，该商会已在遍及北美的各个主要城市设立了32个分会，成员超过3500人，主要成员为在美台籍华人。[①] 该商会的目的是通过会员间的合作和交往来拓展商业利益，但它同时也致力于促进台湾与美国之间的交往和联系。同年，台湾国际关系中心在华盛顿成立，这是一个学术研究性的“台独”游说团体，它声称台湾（包括澎湖列岛）的主权只属于台湾人民，为了实现“台独”目标，该组织从事各种活动，包括进行研究和政策分析，结交美国政府官员，提供演讲人、研讨会代表以及专家在美国国会听证会上作证，并向国会议员、媒体和美国民众提供有关台湾的信息。[②] 它在纽约设立了一个分支机构，专门负责涉及联合国，特别是有关台湾加入联合国的各项事务。它的成员基本上是台湾民进党的忠实支持者。

随着民进党在岛内的势力逐步壮大，1986年，民进党在华盛顿成立了民进党美国代表团，其主要成员都是旅居美国的台籍华人。该代表团曾促成民进党内重要人物访问美国，游说国会议员，走访智库，与学者和媒体见面，并与日益扩大的台湾移民社区进行联络。[③]

四.“江南事件”的影响

前文提到，台湾当局的情报系统一直在美国华人社会活动，是台湾当局操控美国华侨华人的秘密手段。长期以来，美国华侨华人对台湾当局情报系统插手华人社会非常不满，“江南事件”的爆发成为美国华人社会反

① （美）孔秉德、尹晓煌主编：《美籍华人与中美关系》，新华出版社2004年版，第141页。

② Birgit Zinzius, *Chinese America: Stereotype and Reality: History, Present, and Future of the Chinese Americans* (New York: P. Lang, 2005), pp. 233—238.

③ 民进党美国代表团于2000年11月解散，主要原因是此时民进党已成为台湾执政党，其立场完全可以通过“台北经济文化代表处”向美国政府转达。

对台湾当局操控的一个重要转折点。江南，旅美华人，本名刘宜良，“江南”为其笔名。刘于1949年随国民党从大陆去台，进入“国防部政干班”学习，后被送到“政工干校”受训，毕业后投入台湾新闻界。1967年以《台湾日报》特派员身份驻美国。1984年夏，刘撰写出版了《蒋经国传》，披露了蒋氏父子一些鲜为人知的事情。对此，国民党当局极为恼怒。当时负责台湾情报系统的蒋孝武决定对此采取惩罚措施，并与“总统府秘书长”沈昌焕商议行动方式。沈昌焕为此专门召开了一个秘密会议，出席者有“外交部政务次长”丁懋时、“国防部代理部长”张国英、“行政院侨务委员会”委员长曾广顺、“中央党部文化工作委员会”委员长兼代理“新闻局长”宋楚瑜等高级官员。会议认为，由于中国大陆运动员在奥运会上战绩辉煌影响巨大、收回港九地区设想及对外开放政策，使台湾当局处于被动地步，从而使海外华侨有叛离之意。为了挽回这种颓势及推展侨务工作，应当用枪杀处决的方式将江南“明正典刑”，以起到震慑华人的效果。[①] 台湾当局指派台湾黑社会“竹联帮”分子于1984年9月潜往美国，经过密谋策划后，于10月15日在江南住处附近将其枪杀。由此，美国华侨华人对国民党当局这种野蛮行径非常愤怒，展开了一场反抗国民党海外势力的斗争。

美国旧金山《时代报》12月21日刊登了加州大学柏克莱分校华人学者王灵智代表“江南事件委员会”致里根总统的一封信，对美国政府在江南（刘宜良）遇害一事上采取的漠不关心和自相矛盾的态度深感不安，要求美国政府对这一恐怖事件进行谴责和控告，并依法将本案嫌疑犯解回美国，接受审判，以保障美籍华裔人士的合法权利和人身安全。信中说：“由台湾来的四名恐怖分子组成的小组在美国土地上实行了一桩杀害华裔美国公民的极其严重、组织严密的恐怖事件。两名疑犯现在扣押在台湾，一名可能已由台湾逃往菲律宾，第四名虽已被（美国当局）逮捕又以证据

① 《台北情报人员涉及“江南命案”》，（美）《世界日报》，1986年6月5日，第1版。

不足释放。这些恐怖分子既违反联邦法律也违反加州法律，他们的行为理应立即激起白宫及国务院的最高政府官员公开表示愤怒和谴责”，理应“立即引起联邦要求由台湾引渡，以及促使联邦参与调查及对在台湾和美国的已知疑犯进行控告。然而，美国公众碰到的是一座无影的墙。”① 信中指出：“作为我们的总统，您对国际恐怖主义问题一贯是直言无忌的。然而，到现在为止，对于国际恐怖分子在您出生的加州所干的恶行，我们竟未从您的政府听到任何反应。难道要我们假定，您的政府置所有已知的证据于不顾，对于刘宜良的被谋害竟认为并非国际恐怖主义行为，而不值得谴责与控告吗？这里许多美籍华裔人士都在怀疑，是否行政当局在处理国际恐怖主义事件时，对于美籍华人采用不同的标准和司法制度。”② 王灵智在信中最后指出：“总统先生，为维护国家主权和我国公民不畏外国威胁而安居乐业的权利，我恳请您采取直率的公开的行动，反对在我们后院中进行国际恐怖活动，并竭尽所能，使用外交或其他方法将疑犯解回美国，接受美国司法制度审判。我还恳请您向美国华人社会作出无条件的公开保证，不准外国干涉美国华人社会的事务，并对任何侵犯美籍华裔人士权利者都严加控告。”③ 这封信还提到这一案件在美国华人社会中已经引起严重的恶果。

自从江南被杀害以后，在整个 50 和 60 年代由于麦卡锡主义以及台湾当局及其代理人政治控制的结果所造成的、长期以来折磨美国华人社会的恐惧和恫吓似乎又卷土重来，再度降临到美国华人社会。“全美华人协会”副会长龙绳文先生指出，40 年前中国社会发生的李公朴、闻一多等被暗杀事件，今天又重新发生在美国华人社会，无论是出于何种原因，这类事件都是可耻而又可悲的。④

---

① 《“江南命案”暗波激荡》，(美)《世界日报》，1984 年 12 月 28 日，第 1 版。

② 同上。

③ 《人民日报》，1984 年 12 月 25 日，第 6 版。

④ 《人民日报》，1984 年 10 月 23 日，第 6 版。

1985年1月27日，全国性的华人团体“美华协会”发表声明，敦促美国司法部全面调查江南被害事件。声明说，美华协会有义务促进美国华人愿望的实现，并保证华人的权益受到保护。加州达莱市刘宜良被残暴杀害事件表明，受害者的公民权及其宪法权利受到了侵犯。协会将敦促美国司法部对刘宜良被害事件进行全面调查，并希望将调查结果告知美华协会。①

“江南事件”是国民党声称对海外华侨华人拥有“治外统治权”的最典型事例。里根政府未能代表美国主权和美国华人的宪法权力对这个国际恐怖主义行动提出强有力的抗议，这也是美国政府在冷战时期同意台湾当局将其镇压之手伸入美国华人社区的一个鲜明的反映。② 台湾当局在“江南命案”事实真相大白于天下之后，被迫改变“不承认”态度；但为逃避罪责，又改采“舍车保帅”手法，诿罪于台湾情治单位，判处了“国防部情报局长”汪希苓等人徒刑，并法办了具体执行这一罪恶行径的杀手陈启礼等人。虽然，这一事件始终未能彻底查处，但仍给国民党当局以很大打击。蒋经国曾在国民党中常会上表示，对这一案件所产生的“恶果”，“很感痛心”。③ 通过这次事件，使许多人看清了真相，也使国民党失去了更多的人心，国民党的处境从此更加孤立和困难。台《联合报》曾发表社论说，国民党派人杀害一个作家，这“是背离常理的事”，也是“不可思议”的事，谋杀“事实本身”，已“对（台湾当局）形象与利益构成严重伤害”。④ 经过“江南事件”后，国民党在美国华侨华人中的影响力大大削弱，台湾当局情报系统公开控制美国侨社的活动也迅速减少，⑤ 美国华侨华人（特别是来自台湾的华侨华人）对蒋氏政权的反感更为加深。

① 《人民日报》，1985年1月30日，第6版。

② 参见徐斌编：《华侨华人研究中文书目》，厦门大学出版社2003年版。

③ 李云汉：《中国国民党党史研究与评论》，（台北）国民党党史会1995年版，第321页。

④ 刘一平：《形象与利益的双重损害》，（台北）《联合报》，1985年，2月2日，第1版。

⑤ 亲国民党报纸《世界日报》也发表社论，对国民党特务机关刺杀表示遗憾和不解，也对这种行径表示批判，认为“国防部”情报人员涉及“江南命案”，实在是“中华民国”的大不幸，造成的影响无可挽回。参见《“江南”所写的七封信》，（美）《世界日报》，1985年1月19日，第1版。

本章小结

1979年中美正式建交，美国承认中华人民共和国是中国的唯一合法代表。这一时期，美国华人经济力量迅速发展，在主流社会的政治地位也随之提高，参政也取得了史无前例的硕果。随着大陆改革开放的深入发展，美国华侨华人在经济和科技方面与中国大陆的合作交流也进一步扩展深化，美国华侨华人与中国大陆的互动及其对海峡两岸关系的影响达到了一个新的高峰。在邓小平的亲自关心之下，中国政府制定和执行了正确的侨务政策，把联系华侨华人看作是中国大发展的独特机遇，是实现祖国统一和民族振兴的重要力量。在这些因素的影响下，美国华人社会中支持中国大陆的力量迅速崛起。这个阶段的一个重要特点是，国共意识形态之争虽然仍是这一时期导致美国华人社会政治分裂的主要因素，但是相较于前两个时期已经渐趋淡化，而“中国意识”与“台湾意识”的斗争已经交织在意识形态对抗之中。

这一时期台湾当局提出新的侨务政策理念，宣扬“三民主义统一中国”，推行“实质外交”，制定对美工作的新政策，即“新旧一体，侨学兼顾，尊敬前辈，提携后进”，注重对新移民的工作和争取。美国华人社会的亲国民党势力通过各种手段继续维护台湾当局的“正统”地位，并且仍然秉持反“台独”的立场。由于美国华人社会新移民意识形态观念淡化，支持两岸统一的社团组织不断涌现，“台独”势力不断增强，以及受到江南事件的影响，国民党在美国华侨华人中的地位迅速降低，台湾当局对美国华人社会的影响呈现衰退态势。

第四章 "统独之争"成为主线 台湾当局分化华人社会（1989—2002）

从1989年到2004年这一时期，台湾当局政治形势出现了巨大的变化，以2000年为分界点，前期是李登辉控制下的国民党执政时期，后期是陈水扁为首的民进党执政时期。这一时期的台湾当局最鲜明的特点就是从"独台"发展到"台独"，从"渐进式台独"发展到"法理台独"。虽然这一时期先后是国民党和民进党执政，但台湾当局对大陆政策的本质（即要搞分裂）没有什么变化，特别是对美国华人社会而言，李登辉已经演变成为台湾岛内顽固坚持"台独"的代表人物。

台湾岛内政治的深刻变化折射在美国华人社会，就是美国华人社会中的国共意识形态之争转变为"统独之争"。这一时期随着华人经济力量的不断增强，美国华人参政达到新的高潮，美国华侨华人对中美关系和两岸关系更为关注，美国华人社会的分化变得更加复杂，支持中华人民共和国的华侨华人已经成为华人社会的主流，他们渴望祖国早日统一，反对"台独"。而过去支持国民党的华侨华人由于国民党失去了政权，再加上国民党的分裂，衍生出了支持"一个中国"的群体，这个群体在认同当中陷入迷茫状态，但他们也是反对"台独"的主要力量，现在习惯被称为华人社会的“泛蓝”力量。华人社会中的“泛蓝”力量认同“中华民国”，同台湾岛内的“泛蓝”力量一样，他们坚持一个中国原则，反对陈水扁当局，反对李登辉为代表的“台独”路线。从李登辉“两国论”开始到陈水扁“一边一国论”的政策演进过程中，台湾当局的对美侨务政策重心逐步转向台湾籍华侨华人，[①] 对大陆及其他地区移民到美国及反对“台独”的华侨华人则采取消极态度，甚至实施歧视性政策。台湾当局的政策导致了美国华人社会，特别是传统支持台湾当局的华侨华人，出现了新的分化。

第一节　美国华侨华人经济政治地位的新发展

一、美国华侨华人经济地位稳步提升

随着全球化和信息时代的到来，传统经济受到挑战，高新科技经济迅速崛起，使美国华人社会的经济结构出现了显著的改变。如前文所述，车衣业、餐饮业是美国华人社会两大传统经济支柱。可是，这两个经济支柱在 1999 年受到了前所未有的挑战和冲击。由于成衣商将大批衣源转移到劳工价格低廉的国外生产，再加上劳工部门对华人衣厂执法严厉，动辄抓人罚款，因此，本来已经被称为“夕阳工业”的车衣业更是雪上加霜，单在 1999 年仅纽约一地，就有上百家华人衣厂被迫关门倒闭。车衣业的不景气直接影响到餐馆业、旅游业、珠宝业乃至银行等行业。不过，美国华

① 台湾人移民美国的历史并不长，始自 1949 年。根据台湾当局“侨委会”统计，半个多世纪以来，台湾移居美国的第一代华人约有 391000 人，到 2000 年估计为 344000 人，其间父母为台湾移民而自己在美国当地出生者有 185000 人。目前，在美国台湾籍华侨华人共有 529000 人。参见吴金平：《试析当代美国的台湾籍华人》，《东南亚研究》，2005 年第 3 期。此外，“在美台胞”在本文指从台湾移民美国的所有华侨华人，入籍美国者和未入籍者均包括在内。

侨华人对此却并不感到悲观。这是华人传统经济转型期的标志，预示着华人社会的经济结构将有更大的发展空间。[①] 衣厂减少了，工人收入减少了，但是，更具生命力的高新科技经济，则逐渐成为年轻有为一代华人的首选。

举世著名的加州硅谷是美国高新科技经济的大本营，那里有7000多家公司，总产值高达5000亿美元，其中由华人和印度人工程师主持的公司就有2755家，[②] 由此可见，华人在那里扮演着重要的角色。谈起高科技产业，人们自然想起杨致远创立的“雅虎”。“雅虎”在1995年创立，1996年4月上市时，每股只有13美元，公司营业额也只达100万美元；到2000年，“雅虎”的股价已飙升到400美元上下，公司总值高达1030多亿美元。杨致远个人拥有的资产将近80亿美元。[③] 华人孙大卫和杜纪川1988年在南加州芳泉谷创立的金斯顿公司，致力于记忆晶片的生产。1998年，该公司的营业额已经高达15亿美元，1999年公司给员工发出的红利就达2000万美元。由华人袁子春1989年创办经营的科技企业“金斯达国际公司”，1999年以92亿美元并购了“电视指南公司”，袁子春在2000年《资本家》公布的美国400名大富豪中排名168，个人拥有资产价值达13亿美元。陈丕宏领导的宏道科技，1999年上市时每股只有9.6美元，可是到了2000年，股价已上涨到153美元。[④] 李斌等人于1999年5月共同创建的“股道网站”，11月23日才正式开通，不到一个月，公司市值已达到3000万美元。龚挺南投资区区数十万美元和其他创业伙伴一起，仅一年多时间，便把“热声通讯公司”发展成为市值超过6000万美元的潜力公司。[⑤] 曹平霞在弗吉尼亚创立的Intecs电脑软体公司，营业额

① 乔飞：《美国华人的新发展》，(新加坡)《联合早报》，2000年3月1日，第3版。
② 陈鸿瑜：《海外华人社区发展》，(台北)海外华人研究学会1998年版，第221页。
③ (美)《世界日报》，2000年4月29日，第3版。
④ (美)《国际时报》，2000年2月5日，第3版。
⑤ 李小兵、孙绮、李晓晓：《美国华人：从历史到现实》，四川人民出版社2003年版，第209页。

也已超过1000万美元。至于堪称华人科技公司龙头老大的王嘉廉和他1976年创立的组合国际电脑公司，目前已拥有14000名员工，年产值高达53亿美元，王嘉廉个人的财产更是超过10亿美元。[①]

在美国的华侨华人当中，正出现了所谓"第四代华人"，他们有学识有教养，在职业、社会地位和企业经营方面取得的成就，已远远超过老一代的华人，特别是在高科技的领域里，不少新华人已崭露头角，自行创业，打响品牌，跻身于亿万富翁的行列。20世纪80年代，美国科学家群体中外国人占20%，现在这个数据已提高到30%，华人比例亦水涨船高。[②] 硅谷的成就也许只是华人的一个缩影，一个起点。随着越来越多的知识华人涌入美国，并在科技、经济等领域崭露头角，其影响力势必越来越大。

与老一代华侨华人相比，这一代华侨华人的高知识层次，也使其经济地位随之上升。1990年的美国人口普查数据表明，就华侨华人而言，具有大学本科以上学位25岁以上的移民中来自中国大陆的有31%、台湾地区62%、香港地区46%，而全美国的平均水平则为21%。[③]

附表3：1970—1990间美国华人与美国白人家庭的平均年收入（单位：元）[④]

家庭收入 / 种族	1970年	1980年	1990年	2000年
华人	106000	22560	41316	58300
白人	9600	20800	37152	51224

总之，以华裔为最大比重的亚裔美国人家庭平均收入远高于非洲裔、

① （新加坡）《联合早报》，2000年3月1日，第5版。

② 《美国华人精英的作用》，（美）《星岛日报》，2000年2月7日，第1版。

③ Tsung Chi, *East Asian Americans and Political Participation: a Reference Handbook* (Santa Barbara, Calif.: ABC—CLIO, 2005), pp. 98—103.

④ 转引自李爱慧：《透视当代美国华人的社会经济地位》，《东南亚研究》，2005年第4期。

美国印第安人和拉丁美洲裔等其他少数族裔，相等或略高于欧洲裔移民及生在美国的白人。[①] 年青一代华人的成功事迹说明第四代华人所蕴藏着的巨大经济能量，这是过去任何一代华人所不能比拟的。他们的成功，对于繁荣美国经济，提升华人的形象，都有着十分重要的意义。华侨华人地位的改变带来的结果是：第一，居住形态和职业方面改变以本族群为主要生活圈子和联系纽带的状况，土生华人和知识型新移民的居住和工作大都走出了唐人街；第二，在收入水平方面包括华裔在内的亚裔高于白人和其他族裔，为华人地位的提升奠定了经济基础；第三，华裔和亚裔的教育程度最高，专业工作者比例高，比其他族裔更为引人注目，而教育是美国社会向上发展的重要手段；第四，参政意识与公民意识逐渐提高。

二、美国华侨华人政治地位迅速提高

从空间分布来看，华侨华人已不再聚集于西海岸和东北海岸几个大城市中的封闭华人社区里，相反，他们广泛散居于市区、市郊及一些以前没有华人涉足的多种族裔居住区里，特别值得注意的是，当今中国移民不在市区落脚，他们大多散居在新兴的“世界村”。这些“世界村”的特点是多国居民共居一地而无任何一国居民占大多数，它代表了一种与以往民族聚集完全相反的趋势，且仍在繁荣和增长中。在这里，华人移民虽不占多数，却往往有较高的教育和收入水平，他们积极地创造着本民族经济。华人人数的增加，经济地位的提高使其参政议政的积极性提高，政治意识加强。

这一时期美国华人政治地位的提升与“80/20 促进会”的活动密不可分，“80/20 促进会”也成为美国华人社会参与美国政治的一个缩影。与

① 李小兵、孙绮、李晓晓：《美国华人：从历史到现实》，四川人民出版社 2003 年版，第 212 页。

"百人会"（Committee of 100）成立的目标和宗旨不同，"80/20 促进会"（80/20 Initiative）是一个以华人主导的动员和引导亚裔选举、促进亚裔参政从而提升亚裔政治权利的政治动员组织，其直接目标是在美国 2000 年总统大选中整合亚裔选票，支持关心亚裔权利的总统候选人。[①] 成立之初由华人社区的几位精英人士发起，1998 年 9 月正式成立时则联合了如菲律宾、日本、印度、韩国等亚裔团体加入。该组织中的骨干，即执行委员共有 18 人，其中华裔是：方瑞贤、房兆棠、何毓琦、柯守魁、林敬忠、邓兆祥（百人会主席）、田长霖、王隆华、吴仙标，可以看出华裔的比例占了一半。[②]

1998 年，由于媒体的炒作而使华人"政治献金案"的丑闻达到最高峰，[③] 几乎是近些年亚裔在美国政坛上形象最低迷的时期，亚裔的声望因为少数几个人的丑闻而急剧下降，使许多有从政愿望的华人对今后亚裔、特别是华人在美国社会的前途感到悲观。为扭转这些不良现象，华人社会的精英阶层觉得是站起来组织一股力量的时候。另外，1999 年发生的所谓"李文和间谍案"等一系列种族歧视事件更使广大华人感到，在白人至上的美国社会，华人虽然受教育程度高，却普遍受到"玻璃天花板"的限制，无法在高级管理层及政治上享有平权待遇。要改变这种情况，亚裔别无选择，只有将原来只团结华裔的策略，扩大到把全美亚裔 65%注册选民中的 80%拧成一股绳，来影响总统大选的结果，从而维护和增进亚裔

① 庄国土：《从移民到选民：1965 年以来美国华人社会的发展变化》，《世界历史》，2004 年第 2 期。

② （美）《世界日报》，2001 年 11 月 26 日，第 1 版。

③ 1998 年 2 月 12 日，美国《华盛顿邮报》在其头版独家报道，美国联邦司法部在调查不当政治捐款活动时发现新证据，显示中国大陆的代理人在 1996 年美国大选之前，曾试图把来自国外的捐款送给民主党全国委员会。2 月 13 日全美各大报，包括《纽约时报》、《华尔街日报》、《洛杉矶时报》、《波士顿环球报》、《芝加哥论坛报》在内都以极大的篇幅跟进报道，这就是所谓的"中国门"事件或"政治献金案"。参见阮次山：《冷和——中美世纪之惑》，世界知识出版社 2004 年版，第 246－248 页。

的权益。[①]"80/20 促进会"是为扭转华裔形象，争取平权和说服、动员、集中华裔乃至亚裔选民 80％的选票力量来影响总统大选结果而成立的。"80"就是表示集中 80％的选票投给同一个总统候选人，以此显示亚裔的集团政治力量，并要求所支持的候选人需签署该促进会制定的政治宣言，以便在该候选人当选后可以实现其承诺，让合格的亚裔出任内阁要员及其他政府要职，并重视亚裔的声音。至于"20"则表示属于可能会流失的 20％的选票。[②]

前加州柏克莱大学校长田长霖也指出，过去的纪录显示，亚裔的选票非常分散，在大选时对民主、共和两党总统候选人的投票率，或是 60％对 40％，或是 50％对 50％，这种情况使亚裔的选票变得可有可无。反观美国黑人有 90％投民主党；而美国南部基督教保守派亦有 90％的人投共和党，这种集合的力量，使他们变成总统候选人必须拉拢的一群，而候选人对他们的承诺也因而更可信。因此，亚裔要打破目前的困境，成为总统候选人眼中不能忽视的一群，必须团结起来，集中 80％的选票投给同一个总统候选人，从而显示亚裔的力量，扭转过去票源"五五之分"的局面。[③] 尽管"80/20 促进会"的动机与策略受到争议，在大选中的作用亦很难解读，但是他们集中选票展示亚裔集体力量的参政策略和勇气已愈来愈得到亚裔社区的认同和赞许。姑且不论其策略是否奏效，从这一组织的成立即可看出，华裔社区对美国选举政治的认识已经超越盲目及无所作为的阶段，参政意识正趋于成熟与理性化。

此外，许多华人也参加到美国政府中，如骆家辉连任华盛顿州州长、吴振伟连任俄勒冈州国会众议员、赵小兰被布什政府任命为联邦政府劳工

---

① Marissa Lingen, *Chinese Immigration* (Philadelpha: Mason Crest Publisher, 2004), pp. 256－257.

② 《亚裔踊跃参政，2200 人跻身仕途》，(美)《世界日报》，2000 年 8 月 21 日，第 1 版。

③ 丁南曙：《华裔学者：亚裔大幅度融入美国主流政治体系》，(美)《世界日报》，1999 年 12 月 21 日，第 2 版。

部长，还有许多华裔通过竞选担任了州务卿、州议员、市长、市议员、法官和检察官等公职。从中可看到华裔对美国政治的参与愈来愈积极，影响愈来愈大。[①] 这些成绩的取得与美国社会中各华裔参政组织的努力是分不开的，同时也与美国华裔的经济、社会地位以及参政意识的提高是密不可分的。

第二节　美国华侨华人对中国大陆的支持

进入上世纪 90 年代，亲大陆的美国华侨华人发展成为华人社会的主流力量。他们在美国华人社会中，在支持祖国方面做了许多工作。

一、积极促进中美关系的发展

1989 年春夏之交，中国发生“六四”政治风波，美国国内掀起了一股丑化、妖魔化中国的浪潮，美国华侨华人也受到冲击，很多人对中国大陆的认识发生了变化，消极和负面认识在华人社会中滋生，亲中国大陆的阵营开始出现阶段性分裂。美国政府不顾国际关系的基本准则，不经中国政府同意向大陆留美学生提供“绿卡”，这就是所谓的“六四绿卡”，大陆留学生滞留不归呈普遍之势。1992 年布什总统签署《1992 年中国学生保护法》，据此获得永久居留权的大陆留学生多达 5 万人，他们成为美国华人社会一个特殊的群体——“六四”滞留未归留学生。[②] 老一代美国华人虽然不认同中国政府的行为，但是他们经历过旧中国腐败落后、遭受欺凌

---

① 熊志勇：《美国华裔与美国对华政策》，《哈尔滨工业大学学报》（社会科学版），2001 年第 2 期。

② Gary Y. Okihiro, *Margins and Mainstreams: Asians in American History and Culture* (Seattle: University of Washinton Press, 1994), pp. 199—200.

的时代，抱持强烈的民族主义立场，因此他们肯定中国政府的改革开放的成就，继续对中国大陆表示支持。大多数华侨华人对中国局势的发展采取保留和观望态度。在同情学生的气氛下，亲国民党势力也趁势展开活动，企图将声援“学生运动”的各种组织的目标由支持所谓的民主、人权转为反共，否定中华人民共和国。

在这种情况下，一些华人政治精英挺身而出，积极行动，全力促进中美关系的升温，并用自己的实际行动改变华人社会中对中国大陆的负面认识。

1989 年北京“六四”风波之后 20 天，正是西方反华势力对中国大有“黑云压城城欲摧”之势的时候，美国首位华裔市长（喜瑞都市市长）、中美电视台董事长黄锦波成为第一个来华访问的外国人，并且受到李鹏总理的亲切接见。①同年，陈香梅筹组了由台湾工商界人士参加的中国大陆投资考察访问团。该访问团由美国国际合作基金会出面，陈香梅任团长，朱伯舜、郝福满为副团长。这是海峡两岸开始交流以来，第一个正式、公开的赴中国大陆经贸考察团。成员中以台湾旅游、交通、纺织、机械等企业界人士为主体，还邀请几位美国、香港企业界人士参加。该团对北京、上海、厦门、福州、广州五大城市进行了考察访问。在北京期间，受到了最高礼遇，被安排在钓鱼台国宾馆的总统楼，并受到江泽民总书记和李鹏总理的接见；在上海、福建和广东分别会晤了当时任上海市市长朱镕基、福建省省长王兆国、广东省省长叶选平，并就加强两岸经贸交流交换了意见。② 这次访问开辟了台商赴大陆考察的先河。4 个月后，台湾就正式宣

---

① 黄锦波祖籍广东省台山市，出生在香港，父亲是美国退伍军人。中学就读于香港皇仁学院，孙中山先生曾是该校第一届毕业生。中学毕业后黄锦波来到美国，1971 年获得医学博士学位，正式挂牌行医。怀着“平等博爱”的信念，凭着热情待人处世，黄锦波做了很多公益事业。黄锦波认为华人必须进人主流社会，才能提高社会地位，也才能为促进中美友好发挥更大的作用。他的努力得到回报，他的善举赢得了当地民众的信任。1978 年在白人为主的喜瑞都市，他竟然以高票当选市议员。1982 年他连任该市两届市长，三届副市长。参见《美国首位华裔市长黄锦波的中国情结》，《侨务工作研究》，2004 年第 1 期。

② 任贵祥、赵红英：《华侨华人与国共关系》，武汉出版社 1999 年版，第 335 页。

布了开放对大陆的商务考察活动。1990年陈香梅再度组团访问中国大陆时，海峡两岸的经贸交流得到了进一步的发展。1989年12月陈香梅在香港接受采访时，她指出，大陆人力等资源丰富，不少国家的商人都去投资，中国有古语云：肥水不流外人田，我觉得何不让中国人自己去分一杯羹？实际上两岸已经有很大的商贸来往，相信不久的将来会更明朗化，这对两岸中国人都是有益无害的。[①] 当有记者问到她本人在促进海峡两岸和平统一大业中充当什么角色时，她说，我在海峡两岸都受到礼遇，既然大家都信任，我当然乐意尽个人的微力，做些对社会、对民族有裨益的事。[②] 在中美关系陷入低潮时，美国华人精英挺身而出，开辟中美交流的民间渠道，为中美关系的升温做出重要贡献。

美国华侨华人认为中美关系发展才能达到华侨华人的最大利益，所以采取各种方式团结支持中国大陆力量推动中美关系发展。1998年初，美国华裔贸易界、商业界、科技界的著名人士组成“美中促进总会”，其宗旨是鼓励海外经贸科技界人士发挥优势，为中美经贸、科技交流与合作做贡献。此后，该会每年都频繁地举行活动，为中国加入“世界贸易组织”做出了积极贡献。[③]

1998年克林顿总统访华前夕，美国社会出现反华势力，企图阻止克林顿成行。以田长霖为代表的“百人会”一起在北加州召开紧急会议，会后向传媒公布了一项题为《求同存异——对华政策的制胜之途》白皮书，强调美国民主党和共和党只有协调一致地发展中美关系，超越两国文化差异，以双重文化的角度审视中美关系，增进交流与对话，不搞对抗，方能确保两国乃至亚太地区，以及全世界的和平与繁荣。[④] “百人会”的努力

---

① Peter Kwong & Dušanka Miščević, *Chinese America: the Untold Story of America's Oldest New Community* (New York: New Press: Distributed by W. W. Norton, 2005), pp. 56－61.

② （台北）《联合报》，1989年12月21日，第3版。

③ 郭玉聪：《美国华侨在中美关系中的重要作用》，《世界历史》，2004年第3期。

④ 庄礼伟：《百人会在美中关系及华裔权益问题上所起的作用》，《东南亚研究》，2003年第5期。

在美国社会各界产生了强烈的反响。

2000 年，为使美国国会顺利通过对华永久正常贸易法案，美国华侨华人展开了全方位的行动。南加州 100 多个华人团体在 5 月 16 日联合发起在加州南部美国华人中征集万人签名的活动。活动呼吁美国国会议员在 5 月下旬投票表决中赞成给予中国永久性正常贸易关系待遇。美国加州南部华人领袖之一、美中工商协会会长程远在举行新闻发布会上表示，组织者希望通过这次史无前例的万人签名活动明确告诉国会议员，凡是投票赞成给予中国永久性正常贸易关系待遇的议员，美国华人选民在当年 11 月大选中支持他们连任；对那些不赞成该议案的议员，美国华人选民将投反对票。① 当地华人还给所在选区议员写信、发电子邮件来表达这一意见。发起签名活动的华侨华人团体还公布了致美国国会参众两院议员的公开信。信中说，美中两国之间存在着广泛的共同利益，稳定友好的美中关系不仅符合两国人民的长远利益，更是维护世界和平的重要保障。公开信说，美国华人深深关注美国是否给予中国永久性正常贸易关系待遇一事，因为它直接影响到他们的业务和将来。他们期盼美国议员作出明智选择。② 同年 5 月 24 日，美国国会众议院通过中国永久正常贸易法案。这项决定很大程度上得益于克林顿总统的全力推动，但是美国华人的支持同样起到了不可忽视的作用。2001 年 3 月，美国售台武器“宙斯盾”问题引起美国华侨华人的关注。纽约华人社团联合总会以及美东各界人士 200 多人集会，反对美国对台军售。认为美国对台军售实质上是帮助台湾抗衡大陆，助长“台独”气焰，延缓和影响中国和平统一进程。参与这次集会的是近年来迅速成长的华人社团，如纽约华人社团联合总会、福建同乡会、中国和平统一促进会、温州工商总会、林则徐基金会等。他们在政治与经济各方面与中国大陆联系频繁，是中国大陆两岸政策的积极回应者和

① （美）《世界日报》，2000 年 5 月 17 日，第 1 版。
② （美）《世界日报》，2000 年 5 月 22 日，第 1 版。

中国统一的促进者。

二、同破坏中美关系的势力斗争

台湾问题是中美关系的核心问题，美国国内反华势力和台湾当局一直在利用台湾问题破坏中美关系的正常发展，美国华侨华人同这股势力展开了坚决斗争。2001 年，美国政府先后允许李登辉来美活动并批准陈水扁“过境”美国。美国华盛顿地区的广大华侨华人对美国政府破坏中美关系的行为表示严重关注，坚决反对李登辉和陈水扁以任何身份和名义来美活动。他们指出李登辉和陈水扁不管以什么身份来美，他们都是破坏两岸关系、分裂祖国的罪魁祸首，是千方百计损害中美关系、破坏亚洲乃至世界和平与稳定的“麻烦制造者”。华盛顿地区部分华侨华人社团联合就李登辉访美一事发表声明说，台湾问题一直是中美关系的关键。长期以来，李登辉在国际上从事制造“两个中国”、“一中一台”等一系列分裂祖国的活动，给中美关系造成了很大损害。声明说，李登辉的一系列活动“使两岸关系至今仍陷入僵局”。现在他虽已下台，但与台湾岛内的“台独”势力从一开始就保持着密不可分的关系，仍利用各种场合从事分裂中国的活动。“这次无论他以什么身份和名义来美活动，都含有明显的政治目的，其后果必然会影响中美关系，这是我们最不愿意看到的。”声明说，广大华侨华人盼望中美关系健康、稳定地发展，因为这有利于中美两国和两国人民的利益，有利于世界的和平与发展。“我们坚决反对李登辉利用访问康奈尔大学，从事分裂中国、破坏中美两国正常关系发展的活动。”美京中国和平统一促进会会长黄企之表示，李登辉不仅是“破坏海峡两岸关系的罪人”，而且是“扰乱美国对华政策，恶化中美关系，危害世界和平的公敌”。如今李登辉又以数百万美元的“捐款”为引诱，换取来美国康奈尔大学活动，力图继续破坏两岸关系和中美关系。对此我们必须保持高度警惕，坚决予以批判。① 美国华侨华人普遍认为，中美两国都是世界大国，双方在经济上有很强的互补性，在政治、安全方面也息息相关，利害相伴。两国必须登高望远，着眼中美关系的大局，着眼维护世界和平与发展的全局。

三、亲大陆华人游说团的发展

亲台湾游说团在台湾当局对美关系中发挥了至关重要的作用，而且长期以来台湾游说团也在美国华人社会占据主导地位。但是，随着中国大陆的国际政治地位不断提升，华人社会要求两岸统一的呼声越来越高，美国华人中精英阶层也开始注重为中美关系的改善游说美国政界，并陆续成立了亲大陆的游说团体，比如"华裔百人会"、"1990 学社"、"中国旅美社会科学教授学会"等，这其中最具影响和最具代表性的则是"华裔百人会"。美国华裔百人委员会，简称"百人会"，人数并不限于百人，而是以"百人"来意味着"人多智慧高，团结就是力量"。百人会入会要求很严，不仅要求会员是美籍华人，而且要具备 3 个 W：Wisdom（聪明才智，在本专业有建树）、Work（对美中关系有所贡献）、Wealth（财力雄厚），入会一般不由本人申请，而是由会员推荐。② 1990 年 5 月在纽约成立，当时只有 30 多员成员，到 1991 年 6 月时，有来自美国 18 个州的 89 名会员，现在其会员总数为 135 人。参加该组织的成员都是在美国各行各业中有杰出成就和具有影响力的人士，其包括吴仙标、陈香梅、王碚、赵美心、陈李婉若、胡绍基、王嘉廉、杨雪兰、吴健雄、贝聿铭、马友友、田长霖、

① （美）《侨报》，2001 年 4 月 21 日，第 1 版。

② Him Mark Lai, *Becoming Chinese American: a History of Communities and Institutions* (Walnut Creek, CA: Rowman & Littlefield, 2004), pp. 202—204.

熊介、何大一、靳羽西等。[①] 它是一个超地域、超行业、超政治的团体，也是一个非营利组织，经费来自会员的会费、美国国内自愿捐款和美国公司给予的百人会年会赞助费。百人会是一个非政治性团体，它不与任何党派结盟，它关注的是国家的政策。百人会会员在学术、商业、法律、政府部门、科学和艺术等领域里积极活跃，这种作用能影响人们用双重文化的角度看待美国和中国的关系。百人会的宗旨有三个：使旅美华人能在美国立足生根做贡献；增进中美邦交；改善两岸关系。增进中美交流、促进中美关系的良性发展是百人会工作的重中之重。

中美关系和华侨华人权益，是百人会的两大任务。推进建设性的中美关系是百人会的使命之一，在这方面百人会极力宣传其“求同存异”的观点。百人会会员们都具有双重文化背景，了解中国和美国的文化和机制，百人会汇集了他们丰富的经验、渊博的知识，所以对处理美中关系问题能够提出有价值的政策建议。它组织的活动主要有：一是组织研讨中美关系：每年召开一次中美关系研讨会，邀请中美专家学者出席，并将研讨的成果写成文字，向美国总统和国会提出改善中美关系的建议；二是积极开展游说，促进中美合作：在江泽民主席访美、克林顿总统访华以及国会开会之际，百人会都积极进行游说，呼吁加强同中国的联系，发展与中国的伙伴关系，特别呼吁美国政府给予中国以永久正常的贸易地位；三是推动中美文化交流：百人会还努力促进中美两国人民文化上的交流，以求通过文化渠道缩短中美两国人民之间距离。

百人会发展至今已经在美国主流社会树立良好的声望，对中美关系的发展起着积极推动作用，成为新世纪以来通过民间途径加强中美关系的典范，丰富了中国大陆通过利益集团影响美国政治的管道和措施。

---

① Him Mark Lai, *Becoming Chinese American: a History of Communities and Institutions* (Walnut Creek, CA: Rowman & Littlefield, 2004), p. 205.

四、美国华侨华人的反“独”促统运动

进入90年代中后期，李登辉在国际上一再制造“两个中国”、“一中一台”的活动，而且愈演愈烈。某些国际反华势力不愿看到中国统一与强盛，以种种方式支持岛内的分裂势力，他们相互利用，互相勾结，妄图阻挠两岸关系的发展和中国的统一，导致两岸关系出现了多年来从未有过的紧张局势。美国华侨华人一直是海外华人世界反“独”促统的中坚力量。1995年1月31日，江泽民主席发表《为促进祖国统一大业的完成而继续奋斗》，提出统一祖国八项主张。美国华侨华人深受鼓舞，他们以个人或社团形式同台湾当局在美国进行的“台独”活动展开了声势浩大的斗争。

（一）发起和组织各种反“台独”游行集会

自李登辉执政以来，“台独”势力日益活跃，导致两岸关系恶化，严重影响了台湾的社会稳定和经济发展。同全球海外华侨华人一样，美国华侨华人迅速对此做出强烈反应。他们纷纷举行集会，发表“反对‘台独’、促进祖国和平统一”的严正声明，成立各种规模的非政府组织，派出请愿团向台湾当局、中华人民共和国政府、美国政府以及其他华人移居地的政府陈述海外华人的民意，希望为中华民族的和平统一大业创造良好的国际氛围。

1995年李登辉访美，为了表达反对和抗议的心声，美国东部地区各界华侨华人、中国留学生、旅美学者、在美台胞于3月17日在纽约举行示威集会，充分表明在美国的华侨华人反对“台独”、拥护祖国统一的坚定信念和饱满的爱国热情。[①] 1995年6月5日，纽约73个华侨华人社团联名致信克林顿，抗议允许李登辉访美。[②] 1996年3月22日，原国民党

---

① 《人民日报》，1996年3月18日，第6版。

② （美）《中报》，1995年6月5日，第1版。

高级将领、纽约“中国和平统一促进会”总顾问沈策在纽约举行美国东部地区各界华侨华人支持一个中国政策、反对“台独”记者招待会。在会上，沈策高度赞扬中国人民解放军在东海和南海进行的海空联合实弹演习，并告诫美国政府插手台湾问题将带来严重的后果。沈策说，中国人民解放军3月中旬在东海和南海举行的联合作战实弹演习，“非常成功，显示中国政府完全有保卫领土完整的能力”。沈策强调说：美国政府最近采取了很错误的冒险行动，派军舰到台湾海面游弋，妄图介入台湾问题，这是很危险的。他呼吁台湾人民不要让美国把台湾变成“不沉的航空母舰”，要选择和平统一的道路。[①]

1997年7月13日，旧金山208个华侨华人团体的5070名代表同时在11家大酒楼出席了“庆祝香港结束殖民统治洗雪中华民族百年耻辱”的盛大宴会。[②] 往常这种场面只会出现在台湾当局不惜一切代价组织的活动集会中，而这次华侨华人自发性的大规模集会充分展现了美国华侨华人最大聚集地旧金山华侨华人支持中国大陆的力量，也说明美国华人社会中的亲大陆力量已经占有优势地位。

2000年8月6日，美国大纽约地区华人反“独”促统造势大会在纽约唐人街孙逸仙中学礼堂举行。当地数百名华侨华人响应全球华人反“独”促统联盟和纽约华人社团的号召，前来与会。大会历时4个多小时，期间华人合唱团三次登台，先后演唱了《中华民族颂》、《龙的传人》和《我是中国人》等歌曲。全球华人反“独”促统联盟总会会长程君复在会上致辞说，海外华人时刻希望中国早日实现完全统一。反对“台湾独立”、促进和平统一，是全世界华人义不容辞的历史使命，任何分裂中国的阴谋都不会得逞。他号召全球华夏子孙团结起来维护中国统一，并呼吁台湾当局放弃“台独”立场，在一个中国的原则下，通过和平谈判实现中国的完

① 《人民日报》，1996年3月25日，第6版。

② （美）《世界日报》，1997年7月14日，第1版。

全统一。[①] 纽约地区华人社团联合总会会长梁冠军在发言中呼吁两岸人民团结起来，为和平统一创造条件。为这次大会积极进行筹备工作的美东福建同乡会主席郑德禄和其他多位华人社团负责人也上台发表讲话，指出中国的统一问题不能久拖不决，台湾问题是中国内政，不容外国势力插手。

2000年10月8日，“全球华人反独促统同盟”在纽约集会。同盟主席程君复说，海外华人不能决定两岸的统一问题，但可以起促进作用：1. 同盟大会将选出50多人的请愿团到台湾向陈水扁请愿，要求他承认一个中国原则；再到北京请愿，要求中国大陆解放台湾问题要尊重民意、和平统一。2. 请愿团也应该参见美国总统，要求美国坚持“一个中国”的立场，停止对台军售。

2000年10月21日，美国北加州中国和平统一促进会在佛斯特市成立。北加州中国和平统一促进会有三项主张：坚持一个中国原则，共同迈向和平统一；两岸对等和平共处，主权领土共有共享；台湾不独立，大陆不动武。[②] 2000年11月25日，第二届“全球华侨华人反独促统大会”在美国首都华盛顿召开，来自海峡两岸及世界各地的华侨华人代表600多人参加了大会。[③] 大会的宗旨为：全球华侨华人团结起来，“反独促统、振兴中华”，坚决反对“台独”势力，争取早日实现祖国和平统一大业。可以看出，美国华侨华人能在如此短的时间内举行了如此多的重要集会并成立了重要的反“独”促统组织，表明大多数美国华侨华人对反“独”促统信心之坚，祈求国际社会尊重中国人民的民族感情用意之切。

2001年5月19日，美东地区华侨华人近600人走上纽约曼哈顿街头，举行了反“独”促统的盛大游行。这是自中华人民共和国1949年成立以来，海外对中国政治持左中右不同观点的华人，为了中国的前途及中华民族的命运，首次团结一致走上街头，公开表达希望中国早日实现和平

① (美)《侨报》，2000年8月7日，第1版。
② 单纯：《台湾问题与海外华人反独促统》，《世界民族》，2001年第4期。
③ (美)《世界日报》，2000年11月25日，第1版。

统一的强烈愿望。[①] 24 日，由数十家华人社团组成的休斯敦华人反“独”促统联合行动委员会传真给美国众议院共和党党鞭汤姆·狄雷，抗议狄雷议员公开会见陈水扁。共有 100 多位当地华人在联名信上签字。[②] 26 日，休斯敦 30 多个华人社团，包括来自中国大陆，来自台湾及东南亚的华人代表举行“反对台湾独立，促进中国统一”集会，并发表声明抗议陈水扁以“过境”为名推动“台独外交”。[③] 6 月 20 日，反“台独”的美国越柬寮华人开始发起了抗议李登辉 24 日访美的行动，有近百位越柬寮侨领在《越华报》、《越柬寮报》、《远东时报》及《中时报》上轮流登载共同署名的声明，该声明的标题为“李登辉先生，饶了台湾人民吧！”[④]

2002 年 2 月 19 日，来自两岸的侨团 50 多年来第一次联手举办除夕大联欢，证实了血浓于水的亲情永在。由北加州中国和平统一促进会、海外兴中会、东北同乡会等湾区 40 余个两岸侨团发起的除夕大联欢，有 600 多位侨胞出席。晚会节目精彩纷呈，普通话、闽南话、粤语交替使用。中国驻旧金山总领事王云翔在致辞时说，来自中国大陆、台湾和香港的海峡两岸三地侨胞在一起举办晚会是一个创举，应该继续发扬下去。8 月 12 日，全美中国和平统一促进会联盟大会在芝加哥举行，与会者约 400 人。他们来自中国大陆、台湾地区和北美、中南美洲、亚洲、欧洲，以及在美国的 20 多个中国和平统一促进会团体。李惠英被推举为全美中国和平统一促进会联合会名誉会长。[⑤] 为了使大联盟会议名副其实，具有

① （美）《世界日报》，2001 年 5 月 19 日，第 1 版。

② （美）《世界日报》，2001 年 5 月 24 日，第 1 版。

③ （美）《世界日报》，2001 年 5 月 26 日，第 1 版。

④ （美）《世界日报》，2001 年 6 月 20 日，第 1 版。

⑤ 李惠英数十年如一日，为台湾海峡两岸的统一做了许多实实在在的工作。她认为，“统一”是个大目标，但首先需要做的是交流与沟通，创造良好的对话环境。1979 年，李惠英发起成立了“中国问题研究社”。1985 年成立“海峡两岸交流会”。1991 年成立“海峡两岸关系研讨会”。这些团体重在沟通交流，不接受有背景的捐款和津贴，活动经费都由李惠英负责筹集，以保障更公平客观地表达追求和平统一的赤诚之心。李惠英的理念及运作体制，有很大的包容性，赢得了多数人的认可。

广泛的代表性和联盟性，促进会把以前从未参与过和平统一促进会团体活动，但在海外华人中很有影响和号召力的传统侨社领袖，请到了大会上来。全美中华公所、中华会馆联谊会秘书长黄金泉，安良工商会全美总理伍健生，洪门致公堂全美总理陈耀扬等著名侨界领袖也参加了此次大会。这次会议开得有声有色，《世界日报》和《侨报》纷纷予以报道。李惠英在会上再次重申了自己一贯的见解，即要“联合起来，做好与美国社会的沟通与交流，尤其要重视做主流社会的工作，争取更多的同情与支持”。[①]

2002年，陈水扁提出“一边一国论”后，美国华侨华人以及各种“和统会”、“促统会”都对此言论提出严厉谴责，并发起游行示威活动，呼吁全体美国华侨华人认清陈水扁言论的危险性，同民进党当局展开坚决斗争并划清界限。一些难以割舍同台湾当局关系的传统侨社在“一边一国论”提出后，立即展开了新一轮“除照、换旗”的行动，即撤除陈水扁照片，将青天白日旗更换为美国国旗。

（二）成立各种组织和举办研讨会

1995年6月李登辉访美后，两岸关系十分紧张，两岸之间的会谈也相继停止。美国华侨华人中的有识之士利用他们的特殊地位和影响，成立各种组织并且举办研讨会促进两岸和解，这其中最具代表性的人物是李惠英。李惠英系著名爱国侨领、海峡两岸关系研究会会长，她积极向“海协会”和“海基会”献策，建议双方尽快成立一个两会“复会预备委员会”，为恢复会议制造机会，为促进两岸的合作与交流疏通渠道。为促进两岸和平统一的早日实现，她不辞辛苦奔波于中国大陆、台湾、香港及美国等地。1995年9月，她以会长的名义参加了台北“中国文化统一促进会”主办的“两岸文化交流研讨会”，随后又赴大陆参加全国台联举办的“台湾光复五十周年与台湾未来”的学术研讨会。[②] 李惠英频繁会见各界人

① （美）《世界日报》，2002年8月14日，第1版。
② 《人民日报》，1995年9月28日，第6版。

士，在他们中间起着穿针引线的作用。

无论是中美关系还是两岸关系，美国华侨华人能够发挥常态性作用的领域是各种学术研讨会。通过学术研究，美国华侨华人学者能够以中立者的立场深入、客观地探讨两岸和平统一之路，中美关系和台湾问题是美国华人学者关注和研究的重点方向。华人著名学者张文基教授（洛杉矶华夏政略研究会）、汪子精（美洲中华战略学会）、汪忠长（洛杉矶易经学会会长）、李哲夫（华盛顿天主教大学社会学系主任）、余东周（政论家）、林国炯（政论家）等人长期致力于中美关系和台湾问题的研究，对两岸关系的发展从学理方面进行了深入研究。这些华人学者的共同理念是，强烈谴责美国阻挠中国实现国家统一和利用台湾问题遏制中国的险恶用心，指出中国实现统一是大势所趋，任何外国势力都无法阻挡。张文基教授撰文提出，长期以来，美国历届政府在对华政策上都保持一个总的原则，那就是竭力阻碍中国的发展和强大，为此它们就要阻挠中国实现统一，因为它们担心中国统一后会变得更强大。[①] 汪子清在对布什政府对华政策深入分析的基础上明确指出，美国出于自身战略利益考虑，利用台湾问题牵制中国。布什总统上台后，在对华政策方面变过去的“接触”政策为“围堵”政策，企图包围和遏制中国，用心叵测。[②] 汪忠长也指出，布什上台后的所作所为表明，他急于展现美国强权，中国人民对此是无法接受的。[③] 2001 年 4 月 28 日，以李哲夫为代表的美国华人学者与“中国统一促进会”发表联合呼吁书，强烈谴责美国政府向台湾出售武器。联合呼吁书说，在美国政府决定向台湾出售大量先进武器之后，美国总统布什又声称，美国将以一切必要的力量“协助台湾自卫”。美国的这种做法违背了它自己在中美三个联合公报中所作的承诺，助长了“台独”势力的嚣张气焰，加剧了台海地区的紧张局势。呼吁书说，台湾问题是中国的内政，美

---

① （美）《世界日报》，2001 年 3 月 7 日，第 1 版。
② （美）《世界日报》，2001 年 3 月 16 日，第 1 版。
③ （美）《世界日报》，2001 年 4 月 8 日，第 1 版。

国政府应恪守中美三个联合公报的原则，真正执行一个中国的政策，立即撤消向台湾出售先进武器的决定。[①] 李哲夫认为，邓小平提出的“一国两制”在台湾被曲解。他说，只有接受一个中国的原则，维护中国的领土和主权完整，中华民族才会有自己的尊严。毕业于台湾大学的政论家余东周和前联合国裁军委员会高级专员林国炯指出，“台独”分子企图借助外国势力搞事实上的“台湾独立”，只会将两岸人民拖进战争深渊。[②]

此外，美国华人学者充分利用联合国千年首脑会议在纽约召开的机会，致函各国领导人，呼吁美国停止向台湾出售武器，以利于中国的和平统一。台湾海峡两岸和平统一促进会、中华文化交流与合作促进会、香港中华协进会和全球华侨华人推动中国和平统一大会也加入到连署行列。[③] 这场以美国华人学者为主导的行动显示了美国华人社会支持两岸统一的强大力量，为今后展开的反“独”促统运动打下了良好的基础。

（三）中文报纸对反“独”促统的宣传

中文报纸是美国华人社会的主要舆论工具，[④] 长期以来中文报纸存在亲大陆和亲台湾的政治倾向，但是在面对“台独”问题上，诸如《世界日报》、《侨报》、《国际时报》、《星岛日报》等发行量和影响较大的中文报纸，都采取了“反独促统”的立场。1999 年李登辉抛出“两国论”后，美国的中文报纸不论政治态度如何，都纷纷发表社论或评论，严厉抨击李登辉的“两国论”。《侨报》以《制止李登辉之流玩火焚台》为题发表社论说，“两国论”再一次在世人面前证明李登辉一心一意搞“台独”，他是没

① 《人民日报》，2001 年 5 月 1 日，第 6 版。

② 谷雨：《江泽民主席的美国之行》，(美)《世界日报》，2001 年 5 月 1 日，第 2 版。

③ 《人民日报》，2000 年 8 月 8 日，第 1 版。

④ 在过去的 10 年中，美国中文媒体的数目和发行量增长迅速，日报每天总印量已经超过 25 万份。《世界日报》和《星岛日报》的发行量如果与美国的主流英文报纸放在一起排名，大约可以排在 20 位上下。参见《美国华文报纸供不应求 发行量可比英文报》，《世界新闻报》，2004 年 3 月 19 日，第 2 版。

有信义可言的，为了分裂目的是不择手段的。[①]《世界日报》社论的题目是《“两国论”缺乏大格局国际政治洞识》，社论认为，李登辉的新主张与国际政治的大格局根本不符，是对台湾二千二百万人民不负责任的态度。社论还说，美国一直希望两岸展开对话，并对汪道涵访台持积极态度。如果这一切反因李登辉的言论而生变，台湾就更难抹去在美国人心目中“麻烦制造者”的形象。[②]《星岛日报》在题为《“两国论”影响两岸前景》的文章中指出，在两岸政治对话可能性增高的情况下，李登辉祭出“两国论”，使两岸关系的前景可能更坏，这也是台湾当局积蓄已久的。[③]

在美国华人社会影响最大的中文报纸《世界日报》，在政党轮替之前，长期支持国民党当局，而且一直站在所谓“反共”、“反独”的第一线。但是，民进党执政后，《世界日报》的政治立场开始转变。2000 年 9 月江泽民主席访问联合国期间在纽约发表的公开演讲，受到美国主流媒体的高度称赞。《世界日报》对此也发表长篇报道，首次对中国大陆领导人进行正面和客观评论。该报对江泽民主席纽约之行给予高度评价，认为江泽民主席讲话态度从容，表明中国领导人很“成熟”，称赞江泽民塑造了一位思想开放、注重实效、受过良好教育和了解西方的中国领导人形象。该报引用几位出席此次演讲的美国主流学者的评论，然后指出中国国家主席给美国听众留下了深刻印象，尤其突出的是，他能明智而巧妙地处理重大和敏感的问题。[④] 与此形成鲜明对照的是，《世界日报》在发表肯定江泽民的报道时，仅对纽约同时出现的反对抗议活动给了极其有限的评论。《世界日报》立场逐渐趋于中立的现象说明，《世界日报》已经开始与台湾民进党当局和支持民进党当局的势力作出区隔。

从 2000 年之后，《世界日报》、《侨报》、《星岛日报》、《国际时报》等

---

① 《制止李登辉之流玩火焚台》，(美)《侨报》，1999 年 7 月 16 日，第 1 版。
② 《“两国论”缺乏大格局国际政治洞识》，(美)《世界日报》，1999 年 7 月 17 日，第 1 版。
③ 《“两国论”影响两岸前景》，(美)《星岛日报》，1999 年 7 月 17 日，第 1 版。
④ 谷雨：《江泽民主席的美国之行》，(美)《世界日报》，2001 年 5 月 1 日，第 2 版。

中文报纸不断刊登华人学者推动两岸和解合作的文章，这些评论和报道秉持一个中国的立场，促进两岸关系发展，坚持反对“台独”思想在美国华人社会的扩散。2000年10月，《世界日报》刊登了哈佛大学费正清东亚研究中心顾新博士的评论。① 评论认为，如果台湾有创造另一个“奇迹”的雄心壮志，就必须把中国大陆视为它的“发展机遇”。大陆将成为决定台湾命运的重要因素。台湾应该认真地重新估价大陆，从世界经济贸易发展的角度来建立与大陆的关系。2001年3月，《国际时报》刊登了诺贝尔奖获得者美籍华人李远哲的公开演说，在这篇演说中，李远哲认为，台湾海峡两岸的中国人都希望自由、和平和繁荣，他们没有理由互相攻击，帮助中国大陆和台湾当局建立积极的关系是所有华人的一项重要使命。②2001年12月，《侨报》发表社论指出，已经处在危险的夹缝中的台湾必须下决心处理好政治、经济、社会和“外交”的危机。民进党政府必须放弃独立幻想，并重构传统的“一个中国”的概念，承认台湾海峡两岸人民都是中国人。社论认为，这一举措决不意味着台湾处于劣势，而仅意味着台湾岛上的中国人有能力、有智慧与大陆的中国人合作。陈水扁应该走出独立的阴影，在“一个中国”的前提下敞开与大陆谈判的大门。③ 2002年11月，《星岛日报》发表题为《美传统侨团支持和平统一反对台独》的社论，文章指出，美国传统侨社希望两岸领导人，以宽宏的气度，以民为重，坦诚平等对待，发挥政治智能，创造双赢条件，以逐步达成和平统一大业。而在和平统一中国的事业中，传统侨社一定能作出自己应有的贡献。④ 由此可以看出，美国华人社会，特别是亲国民党中文报纸，对台湾问题的看法出现了新的变化，他们认为台湾问题应该摆脱美国因素，而与中国大陆的合作对台湾的未来至关重要，华人都不愿看到中国大陆和台湾

---

① 顾新：《台湾如何创造奇迹》，(美)《世界日报》，2000年9月21日，第2版。

② (美)《世界日报》，2000年11月24日，第3版。

③ 《侨胞响应爱台湾反台独》，(美)《侨报》，2001年12月23日，第1版。

④ 《美传统侨社支持和平统一反对台独》，(美)《星岛日报》，2002年11月2日，第1版。

之间出现军事对峙的局面。

在美国华人社会中，中文报纸的主流支持大陆与台湾和平统一，坚决反对“台独”思想在美国华人社会的扩散。[①] 大部分中文报纸通过社论和论坛的方式，表达美国华侨华人期盼两岸统一的心愿，并希望中国大陆和台湾当局打破“坚冰”，进行协商。如果说冷战期间，美国华侨华人存在担心中国攻打台湾的忧虑，那么现在他们普遍达成一种共识，一旦台湾当局放弃“台独”主张，大陆就不会攻打台湾。[②] 美国华人社会纷纷批评台湾当局试图脱离大陆的种种企图。2001 年 10 月 1 日，美国许多华人社团的领袖参加了在全美各地华埠举行的庆祝中华人民共和国成立的晚会。因为再过 9 天就是台湾当局的“双十”节，《世界日报》邀请读者就此举是否恰当发表意见。在发表意见的 11 位读者中，大多数人承认他们过去曾经支持过台湾当局，但其中 9 人认为，大陆和台湾的争端应该成为历史，美国华侨华人不应该再支持一个政府而反对另一个政府。[③] 这些公开发表的观点反映了过去几十年里发生的巨大变化。如前文所述，部分美国华侨华人过去一直属于坚定的反共阵营，现在却已经开始与大陆经商。各行各业的美国华侨华人参观游览中国大陆后，对原有的中国观也开始重新调整。在 2000 年的悉尼奥运会开幕式上，韩国和朝鲜运动员在同一面旗帜下一起步入会场的情景，深深触动了美国华侨华人内心的中国情结。《世界日报》发表题为《不要让金大中专美于前》的社论，此篇社论深深触动了美国华侨华人的心弦，产生了轰动性影响。[④] 大多数中文报纸呼吁中国大陆和台湾当局领导人，要求海峡两岸决策人充分发挥他们的才智，为实现统一做出最佳的选择。

---

① 《旅美华人关注两岸政坛》，（美）《侨报》，2000 年 10 月 11 日，第 1 版。

② 451 Peter H. Koehn & Xiao－huang Yin, *The Expanding Roles of Chinese Americans in U. S.－China Relations* (New York: M. E. Sharpe, Inc, 2002), p. 169.

③ （美）《世界日报》，2001 年 10 月 8 日，第 3 版。

④ 《不要让金大中专美于前》，（美）《世界日报》，2000 年 10 月 14 日，第 1 版。

第三节 台湾当局的“台独”路线与侨务政策

一、“台独”路线的演变过程

1988 年 1 月，台湾当局领导人蒋经国病逝，“副总统”李登辉粉墨登场。在国民党这个“百年老店”内，派系关系复杂，李登辉当上国民党代理主席后，利用内部派系矛盾，采取各个击破的方针，先让李焕取代俞国华任“行政院长”后，让“参谋总长”郝柏村接替李焕担任“行政院长”，这样既释出了郝柏村的军权，又挤掉了李焕；之后又把郝柏村赶下了台。同时，他加紧对党内非主流派的打压，使对其不满的一部分人另组政党，又通过多次改组“行政院”，将自己的亲信逐步安插到“部长”等重要职位，独揽了党政军大权。到 1989 年李登辉已经基本上排挤了国民党的非主流派，控制了国民党，从而也掌握住了政权。

李登辉在上台后的第一次记者会上说：“中华民国的国策就是只有一个中国的政策，而没有两个中国的政策。”他表示：“自己虽然是台湾人，但也是中国人。台湾无论在历史、文化及客观条件下，都没有独立的理由与可能。台湾的前途在大陆。”基本上沿续了国民党的政策。① 但随着个人权力的逐渐巩固，李登辉开始背离国民党的政策，逐步从一个中国原则的立场上倒退。概括起来可分为三个阶段：

第一阶段：提出“中华民国在台湾”和“阶段性两个中国”，在统一问题上搞“分裂分治”，在国际上推动台湾“重返联合国”。1990 年，他

---

① 陈宏：《海峡风云》，中国妇女出版社 2000 年版，第 129 页。

首先提出用“一个中国，两个对等政治实体”为两岸关系定位。[①] 1993年，他在会见高雄市民进党籍“立委”时称：“我主张中华民国在台湾，始终没讲过一个中国”。[②] 当年底首次在国际上推动台湾“参与联合国”活动，“经济部长”江丙坤还在西雅图亚太经合组织领导人会议上发表声明说：“台湾的政策是‘主张分裂主权的两个国家并存’，采取‘以一个中国为指向的阶段性两个中国’的政策。”[③] 由此可以看出，李登辉对两岸关系的定位和主张已在发生实质性的转变。

第二阶段：公开强化分裂意识，在国际上从事“一中一台”、“两个中国”活动。李登辉1994年与日本作家司马辽太郎作了一次“剖白心迹”的谈话。他公开称：“生为台湾人的悲哀”，把中国从日本侵略者手中收回台湾说成是台湾被“外来政权”所统治，中共对两岸统一的呼唤是“奇怪的梦呓”。他称“自己22岁前是日本人”，表示要像《圣经·出埃及记》中摩西那样带领“台湾人走出中国的阴影”，“创造台湾的新时代。”[④] 他还直截了当地讲要“与中国分离，独立建国”。后来他又多次声称：“中华民国在台湾是一个民主的独立主权国家”。[⑤] 与此同时，李登辉鼓吹和推行“务实外交”，企图将台湾问题国际化。他带头跑到中美洲一些国家和南非去自吹自擂，收买一些人支持台湾“重返联合国”，攻击和谩骂中国共产党，肆无忌惮地在海外散布分裂祖国的言论。1995年花巨款收买美国政府和政客支持他到美国访问，并在美国康奈尔大学大放厥词：“要尽全力向不可能的事物挑战”，即打破“传统国际法和国际社会的正式运作。”[⑥] 李登辉访美严重破坏了自1993年“汪辜会谈”以来两岸交流在各领域出现的良好势头，给两岸关系投下巨大的阴影。

---

① （台北）《联合报》，1990年8月6日，第2版。

② 陈宏编著：《解读台湾问题》，新世界出版社2004年版，第189页。

③ 陈宏：《海峡风云》，中国妇女出版社2000年版，第132页。

④ 《台港澳新闻选》，新华出版社1999年版，第88页。

⑤ 同上，第89页。

⑥ 陈宏：《海峡风云》，中国妇女出版社2000年版，第134页。

第三阶段：公开抛出“七块论”、“两国论”，彻底暴露分裂国家的“台独”本质。1999年，李登辉在他的新书《台湾的主张》中写道：最理想的状况是中国大陆摆脱大中华主义的束缚，让文化与发展程度各不相同的地区享有充分的自主权，如台湾、西藏、新疆、蒙古、东北等，大约分成7个区域，相互竞争，追求安定，亚洲或许更安定。[①] 港台舆论指责他“公开鼓吹肢解中国”。时隔不久，李登辉在接受德国一家电视台记者采访时更加露骨地说：大陆与台湾的关系“是国与国的关系，至少是特殊的国与国的关系”，[②] 并不顾一切地将其“两国论”塞进国民党十五届二中全会通过的一项决议中，成为国民党的党策，企图伺机将其法律化。

在李登辉逐步暴露其“台独”立场的过程中，有一个重要的背景，那就是美国对台政策的调整。在此期间，可以说美国扮演了不光彩的角色。美国国会屡屡在台湾问题上挑起事端，参议院通过了“关于台湾前途的政策”修正案，插手台湾问题；美国会亲台势力对克林顿政府延长对华最惠国待遇极为不满，以种种手法给白宫和国务院施压，试图通过立法提高《与台湾关系法》的地位；美亲台议员支持台湾加入国际组织的活动更加肆无忌惮；美国一些反华势力受苏联东欧剧变的刺激，居然公然支持“台湾独立”，竭力阻挠中国统一。在国会要求提升美台关系的呼声中，克林顿政府竟然于1994年提出检讨对台政策，于9月7日宣布了“调整对台政策”的框架，明确美国将与台湾当局进行更高一级的接触；将允许台湾高层过境美国；支持台湾加入不限以国家为基本会员单位的国际组织等，[③] 显示了美国政府对华政策严重倒退。

更为严重的是，美国众议院形成第63号“众议院共同决议案”，鼓动台湾加入联合国，并列举了台湾应加入联合国的所谓14条理由；参、众

---

① 陈宏：《海峡风云》，中国妇女出版社2000年版，第140页。

② 《人民日报》，1999年7月12日，第4版。

③ 陈一新：《断交后的中美关系》，（台北）五南图书出版有限公司1995年版，第284－285页。

两院分别表决通过了邀请李登辉访美的决议。在国会两院的压力下，美国白宫和国务院破例同意李登辉于1995年6月访美，纵容其从事“两个中国”、“一中一台”活动。[①] 这些干涉中国内政的严重举动，使中美关系降至两国关系正常化以来的最低点。

中美关系恶化之下，美国又把手伸进台湾海峡。1996年，中国政府为了遏制“台独”分裂国家的企图，先后在东海和台湾海峡附近进行导弹试射训练和陆海空军事演习，对当时的台湾领导人竞选产生了强大震撼。而美国居然向台湾附近海域派遣“独立号”和“尼米兹”号两组航空母舰战斗群。克林顿在宣布这项行动时称“确保中国在台湾海峡进行的大规模军事演习不会失控”，[②] 同时强调美国继续向台湾提供先进武器以提升台湾的“防御能力”，加强对台湾的“安全保护”。美国白宫发言人及有关官员还称，对中国导弹发射训练“严重关注”，指责“导弹发射的行动是草率和冒险的挑衅行动”，如果中国人想通过武力解决他们同台湾之间的争端，那将产生“严重后果”。[③] 美国这样做，就是要为其代理人李登辉胜选保驾护航。果然，李登辉一宣布当选，美国就在西方国家中率先作出积极反应，并在李登辉就职之日宣布将向台湾提供“战区导弹防御系统”。[④] 李登辉以为有美国支持就有了靠山，就可以无所顾忌了，以至于在分裂祖国的道路上越走越远。

2000年3月18日，台湾第10任“总统”选举揭晓。主张“台独”的民进党候选人陈水扁和吕秀莲以微弱多数胜选，获497万张票，得票率为39.3%。[⑤] 由此，“百年老店”的国民党丧失了执政地位，仅成立15年的民进党却登上了台湾执政舞台。民进党选举获胜的主要原因有两个，一

---

① 陈宏：《海峡风云》，中国妇女出版社2000年版，第140页。

② 陈一新：《断交后的中美关系》，（台北）五南图书出版有限公司1995年版，第290—292页。

③ 唐正瑞：《中美棋局中的台湾问题》，上海人民出版社2000年版，第432—433页。

④ 陶文钊：《中美关系史（1949—1972）》（下卷），上海人民出版社2004年版，第254页。

⑤ （台北）《联合报》，2000年3月19日，第4版。

是李登辉对国民党的分裂，二是美国背后的支持。[①]

主张“台独”的民进党成为台湾执政党后，岛内“统独”斗争更加尖锐复杂，两岸关系再次面临严峻考验。一贯高举和平旗帜的中国政府仍尽最大努力维护“和平统一、一国两制”方针，对陈水扁当局采取了“听其言，观其行”的政策，不仅为两岸关系未来的互动留下了巨大的空间，而且一直在积极推动解决台湾问题和争取两岸直接“三通”。2000年8月，钱其琛在会见台湾联合报系访问团时指出：“我们主张的一个中国原则是：世界上只有一个中国，大陆和台湾同属于一个中国，中国的主权和领土完整不容分割。”[②] 这一重要表述被郑重写入中国政府工作报告，并由九届人大五次会议通过。2001年，国务院原副总理钱其琛又提出：“只要把‘三通’看作为一个国家内部的事务，就可以用民间对民间、行业对行业、公司对公司协商的方式，尽快通起来。”[③] 在中国政府和两岸人民的努力下，两岸经济、文化等民间交流蓬勃发展，两岸关系在曲折中艰难地向前推进。

2001年，美国布什政府上台执政。美国对华政策的重大调整，对中

---

① 由于台湾选举涉及到政党交替及台湾海峡局势的稳定与否，更关系到美国在亚太地区的战略利益，因此美国不断注视选情，积极介入，施加压力。在“兴票案”后陈水扁民意上升时，美国亚太事务助理国务卿罗思公开说：“不管谁在台湾的选举中当选，美国都会接受，并与新当选的政府打交道，对选举后的美台关系毫不担忧。”在中国政府2月1日发表《一个中国与台湾问题》白皮书后，美国政府反应迅速。从白宫、国务院到国防部都口径一致地指责中国，重申遵照《与台湾关系法》履行对台安全防务义务，宣布向台湾出售2亿多美元的武器。在台湾选举临近前，克林顿两次公开讲话称：“美国将继续反对接受使用武力作为解决台湾问题的手段，也将继续明确表示北京和台湾之间的问题必须和平解决，并且获得台湾人民的同意。”在当时台湾竞选三足鼎立的情况下，美国反复强调其对台军事义务、售台武器，而不提坚持一个中国原则和反对“台独”，客观上给陈水扁的支持者吃了一颗定心丸。参见杨洁勉：《世界格局中的台湾问题变化和挑战》，上海人民出版社2002年版，第98页；王卫星：《美台启动准军事同盟》，《世界知识》，2002年第13期。

② 《人民日报》，2000年8月25日，第1版。

③ 《人民日报》，2001年1月22日，第1版。

美关系尤其是两岸关系造成严重的冲击和影响。[①] 美国对华、对台政策的调整，使台湾分裂势力产生了一个错误的“幻觉”，以为有美国撑腰就可以为所欲为搞“台独”了。陈水扁上台不久即利用执政地位和资源，不断在政治、经济、“对外”关系、文化教育、军事、社会生活等各个领域推行“渐进式台独”，去除带有“中国”和“统一”象征的政治符号和标志；纵容“台独”分子搞所谓的“正名”活动；推行“文化台独”，割裂“台湾文化”与中华文化的内在联系；在国际上频密制造“两个中国”活动。2002年8月，陈水扁彻底撕下伪装，公开提出两岸“一边一国论”，彻底违背他上台时所谓的“四不一没有”承诺，即“保证任期内，不会宣布独立，不会更改国号，不会推动两国论入宪，不会推动改变现状的统独公投，也没有废除国统纲领与国统会的问题”。[②] 这一举动了引起海峡两岸同胞和海外华侨华人的强烈愤慨，从而使台湾海峡业已不稳定的局势骤增变数。

---

① 美国在台海政策的调整上主要突出四点：一是在武力防卫台湾问题上，以所谓的“战略清晰”政策取代美国历代政府奉行的“战略模糊”政策，不再提克林顿政府的对台“三不”政策（即不支持台湾独立，或两个中国，或一中一台），却公开宣称“尽一切可能协防台湾”；二是大幅提升与台湾的“官方”关系，不仅提高台湾政要访问美国的层次，放宽对陈水扁过境美国期间活动的限制，而且还提升了美国官员访问台湾的频率和级别，同时进一步加强了对台湾加入国际组织的支持。三是加强美台军事交流，美台军事关系公开化、密切化、高层化。2001年，美台之间的军事交流多达90多项，美国先后派出9个评估团赴台湾。2002年，美国先后邀请台湾“国防部长”汤曜明和副部长康宁祥访问美国，讨论台海军事形势。美国防部副部长沃尔福威茨与汤曜明进行了100分钟的会晤。2002年9月30日，布什签署的《2003年财政外交关系授权法案》中，还含有多项加强美台关系的条款，包括台湾应享有“等同于非北约主要盟国”的待遇；美国每年至少要与台湾军方举行一次军售会议等。四是提高台湾在美国亚太战略格局中的地位，增强台湾与大陆抗衡的军事装备。美国政府向台湾出售的先进武器明显升级。自2000年3月陈水扁上台至2002年5月，美国售台武器总价值102.72亿美元，武器性能也由过去的防御型转为进攻型，包括4艘“基德”级驱逐舰、8艘柴油动力潜艇等，参见关文：《冷战后美国对台政策变化轨迹》，《台湾周刊》，2002年第24期；王卫星：《美台启动准军事同盟》，《世界知识》，2002年第13期。

② （台北）《联合报》，2000年3月21日。

二、政党轮替前的侨务政策

在李登辉执政前期，由于他主要精力在于巩固其统治基础，同党内反李力量斗争，因此并没有对蒋经国时期的侨务政策进行调整，依然宣扬“三民主义统一中国”和华侨华人是“务实外交”的后盾等基本原则。1993年，章孝严（已改名为蒋孝严）接任曾广顺担任“侨委会”委员长工作以后，台湾侨务政策主要包括以推动海外台商与台湾经济合作、以侨务推动“外交”和以文化维系侨心三个组成部分，其目的是为增强台湾经济实力、扩大“外交”活动空间服务。章孝严出任“侨务委员会”委员长以来，台湾当局开始强调“务实侨务”，提出“对不以推翻‘中华民国’为宗旨的海外华人和侨团，不论省籍、新旧，都是台湾‘侨委会’主动联系、服务和沟通的对象”，企图让侨务工作成为台湾“外交”的第二管道。通过建立海外侨团（民）联系网络，“运用侨界力量来推动（台湾）加入联合国”，“结合海内外侨务志工资源”为其开展“务实外交”服务。[①] 从根本上说，“务实侨务”是为了增强台湾当局在两岸关系中的实力地位。章孝严还在1993年2月24日“立法院”关于侨务政策施政中明确提出，“目前的两岸分治只是历史的片段，中华民族永久的尊严与福祉应建立在自由、民主和均富的基础上，中华民国将维续致力落实主权在民的理念，拓展国际空间，并缩小两岸差距，确保台海的安定与繁荣。”他更强调，“‘华侨是革命之母’，在中华民国发展的各个关键时刻，侨胞都做出了历史性的贡献。侨胞是中华民国的重要资产，政府服务侨胞的立场和政策不会改变。”[②] 虽然台湾国民党当局提出了“务实侨务”的口号，但实质上仍然是对蒋经国时期侨务政策的继续和深化。

---

① 李盈慧：《华侨政策与海外民族主义》，（台北）“国史馆”1999年版，第212页。

② （台北）《中国时报》，1993年3月25日，第3版。

1993年，“侨委会”委托专业机构进行了“如何加强侨务委员会侨务功能之民意调查研究”，试图从台湾地区民众的角度，考察“侨委会”在岛内及海外服务工作的成效，并且希望从民众评估中，调整未来工作方向及工作方式。调查结果显示台湾地区49.6%的民众自己或亲属正在或曾在海外生活过，即接近半数人口有海外关系。[①] 这项调查显示海外华人资源不但对台湾当局的“外交”具有重要意义，而且对两岸关系和岛内政治生态的发展变化也产生相当大的影响。后来接任的“侨委会”委员长焦仁和指出，侨务工作是最廉价的“外交”，是促进国际间经贸合作的工作，服务海外侨民的工作，是争千秋而非争一时的工作。他指出：“海外中国人对我们来说，是一项非常大的资源。海外华裔人才，对台湾教育、政经以及两岸关系都有重大影响。”[②]

在政党轮替前台湾当局的侨务工作主要有三个方面：

第一，重视海外台商的作用。90年代，台湾当局提出将台湾建成“亚太营运中心”的目标，其立足点就是通过整合华人经济网络，尤其是通过海外台商的带动作用，推动海外华商积极参与“亚太营运中心”计划。1993年以来，为了削弱台商赴大陆投资热潮，台湾当局提出“南向政策”，鼓励台商去大陆以外地区投资。

第二，侨务工作为“务实外交”的主要内容。根据1999年台湾当局“行政院院长”提出的施政方针，台湾侨务工作的重点，就是组合海外华人力量，支持政府的对外关系。[③] 台湾“务实外交”的主要工作对象正是以海外台胞为主，兼及部分海外亲台侨社所联系的海外侨胞，而且尤为重视遍布全球的台商所起的政治作用。台湾当局对美国华侨华人，特别是在美台胞的工作予以高度重视，不光是直接指挥台商和台湾籍团体为台湾当

① 夏诚华：《民国以来的侨务与侨教政治研究（1912—2004）》，（台北）玄奘大学海外华人研究中心2005年版，第310页。

② 同上，第323—325页。

③ 陈鸿瑜：《中华民国之侨务政策》，（台北）海外华人研究学会2000年版，第205页。

局的政治利益工作，而且尽可能影响美国华人主流社会亲台意识。

第三，加强侨教的推动。台湾当局“侨委会”设有海外侨教经费，每年有近8000万新台币的数额。[①]“侨委会”规定向台湾申请奖教资金和教材编写经费者，在政治上要认同“中华民国”，并必须使用“侨委会”提供的中文教材。同时，在其提供的中文教材或海外侨校申请补助的教材中，必须使用繁体字和台湾注音符号。台湾当局在美国开办了14个“中华文化中心”和“华侨文教服务中心”，挂青天白日旗，主持者由台湾委派，对每个中心的投资约70万至200万美元不等，主要目的是加强台湾作为政治实体的形象。这些中心直接联系或间接控制近700所中文学校和900多个社团，使之成为台湾政治主张的讲坛。[②] 同时，台湾当局也非常重视美国中文媒体的作用，筹建由《世界日报》、《世界书局》和《北美卫视》组成的立体媒体宣传机构，从视觉、听觉、图像、文字等方面，宣传台湾当局的侨务政策与政治理念。

由此可以看出，台湾当局的侨务政策在李登辉执政初期是继承了以往侨务政策的基本指导思想，具体执行措施也延续了过去的侨务纲要。但是，必须指出的是，在李登辉巩固统治后，虽然没有对侨务政策进行修改，但侨务政策的内容与李登辉任内执行的“台独”路线形成巨大的反差，因此在具体执行过程中出现了各种问题。李登辉一直对民进党采取纵容的态度，甚至暗中勾结和资助民进党，因此民进党的影响不断扩大。中国国民党内部尖锐分裂，削弱了国民党的海外活动效率，导致了海外社区中“旧卫士”的声望和影响的下降以及海外国民党干部的缺乏和分裂。台湾当局的侨务政策陷入困境，一方面是要抚慰海外那些忽然感到被政府和国民党所抛弃的“忠诚卫士”，另一方面要接触原来的敌人、支持“台独”的海外台湾人社区。这使政党轮替前台湾当局的侨务政策书面上是对过去

---

① 陈鸿瑜：《中华民国之侨务政策》，(台北）海外华人研究学会2000年版，第206页。

② 夏诚华：《民国以来的侨务与侨教政治研究（1912—2004)》，(台北）玄奘大学海外华人研究中心2005年版，第328页。

侨务政策的延续，实质是对过去侨务政策的否定。

三、民进党执政后的侨务政策

2000年3月，在李登辉裂解国民党的情况下，民进党在大选中获胜。陈水扁上台后，拒不承认一个中国原则，顽固坚持“法理台独”路线，其对侨务工作的立场也是一再发生变化，国民党海外党部也退出了民进党当局侨务政策的运作。面对华侨华人“反独促统”的浪潮和岛内政治角力的需要，陈水扁当局逐步意识到侨务政策的重要性，在延续旧有侨务政策的基础上实施“去中国化”修正，亦将侨务视为“第二轨道外交”和与祖国大陆争夺海外华侨华人的重要工具。

（一）“侨委会”存废的争议

前文分析，台湾国民党当局的“侨务委员会”具有悠久的历史，通过“侨委会”的桥梁作用，国民党势力充分发挥其在海外侨界的影响力，各种党务组织深植海外传统侨社，国民党在相当一部分华侨华人中具有较高的支持度。由于“侨委会”致力于弘扬中华传统文化，并且具有浓厚的国民党色彩，坚持“台独”路线的民进党则提出废除“侨委会”的主张。民进党认为，侨务应以服务台侨为主，“侨务委员会”应该裁并于“外交部”，看不出有什么需要单独存在的必要性。① 2000年台湾领导人选举期间，陈水扁提出的所谓“外交政策白皮书”中特别提到要裁撤“侨委会”，“我们主张：废除侨委会，成立专业机构来整合全球台湾人社团和组织力量，效法犹太人动员劝说之模式，共同营造台湾的外交空间。”② 虽然是出于选举造势的需要，但是仍反映陈水扁企图全面颠覆国民党时期侨务政策的意图。

---

① 乔辉：《台湾为什么要裁撤侨委会》，（台北）《联合报》，1999年11月10日，第4版。

② 张启雄主编：《近二十年来的海外华人》，（台北）海外华人研究会2003年版，第65页。

但是，在民进党执政后，陈水扁当局对“侨委会”的态度开始出现转变。2000年在欢迎侨胞参加陈水扁的“就职典礼”中，陈水扁不仅肯定海外华侨的贡献，并公开称“华侨不仅是革命之母，也是台湾民主改革之父”。① 陈水扁上台后，迅速安排亲信张富美出任“侨委会”委员长。张富美定居美国长达30多年，是岛外“台独”言论的鼓吹者之一。张富美在上任之初，曾特别在“宏观新视界特别报道——张富美谈侨务”节目中强调：“我不会是侨委会的终结者。”在该次专访时她也提到：“侨委会不但不会被裁撤，相反的，未来将更积极推展侨务工作，充分发挥侨委会的功能，并使侨务工作与外交工作相辅相成，让侨务成为外交的第二轨道(TRACK II)。”张富美对于所谓“侨委会并入外交部”问题，也表示：“由于侨务工作能发挥实质外交功能，侨委会成立近七十年，与侨胞具有深厚的历史感情，以及面对中共积极拉拢侨胞，我方不能轻易放弃等考量下，我将以温和的态度据理力争，说明侨委会单独存在的重要性，所以我将在政府再造委员会中，反应侨委会的重要性及看法，并据理力争，我会尽力保卫侨委会这块招牌。”②

陈水扁当局短期内对“侨委会”的态度出现如此重大的调整，主要出于三个方面的现实考量。首先，现阶段台湾当局的“外交”攻势不断遭受重大挫败。李登辉执政后期，台湾当局所谓的“金援外交”、“度假外交”、“过境外交”等手段都遭受了国际社会乃至岛内人民的唾弃，这些手段都被台湾人民称为“凯子外交”。在这种情势下，侨务工作的重要性日益凸显出来。裁撤“侨委会”将令海外侨社产生民进党不重视侨务的感觉。因此，陈水扁当局意识到，必须给予侨务工作应有的重视，裁撤行为只能使其在海外华人社会中陷入更加被动的境地。其次，与台湾当局联系的海外侨社的性质出现变化。在岛内政党轮替前，很多海外“黑名单”人士和

① 张启雄主编：《近二十年来的海外华人》，(台北)海外华人研究会2003年版，第67页。
② 牛震：《第三中华：海外华人的历史·现在·未来》，(台北)台湾磨坊文化事业有限公司2002年版，第12页。

“台独”分子，或与国民党当局看法不同的社团，一般不与国民党当局打交道，但自从民进党执政之后，他们已经开始积极与民进党当局往来。民进党认为这是扩大力量和影响的大好机会，由此也希望借助这股“暗流”逐渐融合传统支持国民党的侨界力量，削弱支持国民党的群众基础，协助民进党当局推动“第二轨道外交”，提升台湾在国际社会中的“能见度”。最后，利用“侨委会”服务于民进党海外“金主”。固然海外华侨华人同国民党的发展有着密切的联系，但是在台湾政坛政治生态的发展中，一些海外华侨华人也成为民进党的主要“金主”。国民党执政时期，一批反国民党的人士或“台独”分子流亡海外，不少人在海外发展，事业有成，特别是在商界发展的海外独派人士，长期支持民进党与“台独”活动，成为民进党经济来源的重要管道之一。民进党执政后，这些海外“台独”企业逐渐浮出台面，不少企业负责人开始进入民进党主导的台湾权力体系。[①] 陈水扁希望未来的“侨委会”能够服务于这些海外“金主”，为他们在台湾政坛创造更大的发展空间。

（二）关于“侨民三等论”的争议与平息

2000 年 5 月 20 日民进党执政后，张富美在获得“侨委会”委员长的提名后就公开宣称把侨民分为三等：第一等是“台侨”，即持所谓“中华民国”护照、从台湾走出去的“新台湾人”；第二等是曾在台湾读过书的“侨生”；第三等是“老侨”，即 1949 年以前移居海外的华人及亲属等。她说：“海外侨民要区别对待，将优先照顾‘新台湾人’，有多余的力量时，才轮到第二类及第三类侨民。”[②] 本来，海外华侨华人从血缘上说都是中国人，而张富美刻意抛出“侨民三等论”，有意识地缩小海外华侨华人的定义，主要谈论“海外台湾人”，实质是阐明来自中国大陆地区的华侨华

---

① 王建民：《民进党政商关系研究》，九州出版社 2004 年版，第 101 页。

② 《陈水扁要放弃海外华人 将海外侨民分为“三等”》，http://news.tom.com/1002/3293/2004429－871132.html。

人已经不再是台湾当局侨务政策争取和服务的对象，台湾当局将来的工作重点只限于所谓的"海外台湾人"，这是侨务政策中的"去中国化"，明显是在为"台独"铺路。"侨民三等论"犹如一颗震撼弹，立刻招致海外传统亲台侨社的强烈反弹。以"侨民三等论"为转折点，相当一部分传统侨社彻底认清了民进党"台独"立场。

台湾岛内民众和学者也对"侨民三等论"提出质疑和批判。众所周知，大部分移居海外的台湾人基本上都是国民党阵营的支持者，从选举政治层面上看，"侨民三等论"实质上是对国民党、亲民党和新党势力的打击和削弱，自然引起"泛蓝"支持群众的坚决反对。台湾"中央研究院"研究员朱浤源从海外华人结构的角度提出了对"侨民三等论"的质疑。他指出，除了将19世纪后半期移居海外的华人称为"老侨"之外，"新侨"则可分为五个主要的类别：老侨子女（土生华人）、台侨、新来难民（东南亚地区）、中国大陆侨民、港澳及东南亚新侨。事实上，有关"华人"、"中国人"、"台湾人"等名词并非法律用语，通常是个人在血缘、文化、种族、地理、乡谊等不同因素考量下，表明对个人背景认同的一种说法，台湾当局对此也从未明确界定其意涵。就"侨委会"服务侨胞的角色与功能而言，凡是认同"中华民国"、热爱台湾的侨胞，不分族群地域，都应是"侨务委员会"服务的对象。台湾当局的侨务政策应继续落实侨社联系服务工作，争取侨民的向心力，而绝不是提出服务的优先等级，严格区分"华侨"和"台侨"。①

面对岛内外的抗议浪潮，陈水扁对这种后果感到措手不及，深刻认识到区隔"华侨"和"台侨"在他上任之初是根本行不通的，于是迅速调整策略和手段以消除和平息"侨民三等论"所造成的巨大影响。张富美在2001年5月31日的"立法院"专题报告中，曾经表示，"倾听侨胞的声音，以最关怀的心来化解侨社间的冲突，让侨务工作成为当局和侨民的桥

① 张启雄主编：《近二十年来的海外华人》，台湾海外华人研究会2003年版，第81页。

梁，除了为侨民解决问题之外，也将进一步发挥‘国民外交’的功能，让侨务成为‘外交’工作的‘第二轨道’，为‘国家’争取最大的整体利益。对于热爱台湾、认同‘中华民国’的侨胞，若因富美在就任前的谈话而引生疑虑，个人深感不安，也愿为此再度表达歉意。”①

为了掩饰民进党当局制订政策的草率和无能，张富美还找了一个“经费短缺”的借口。张的观点是，根据台湾目前的统计资料，华侨约有3500多万。在这些人当中，有很多是好几代已定居海外的华裔。以目前的侨务资源（一年只有十几亿新台币），无法为这么多的华侨华人提供齐头式的平等服务。当局必须因时因地、按照轻重缓急作衡量，然后制定出一套最有效运用资源的策略。张同时宣称，当局将会尽最大努力寻找一个合理的平衡点，即在对新侨提供服务时，不要使传统的老侨产生误会，造成疏离。② 张富美除了在各种公开场合向海外侨胞们作了澄清与解释之外，陈水扁更曾多次公开表示侨务政策不会改变，海外华侨应该可以放心，未来“侨委会”服务侨民的态度不会改变。此后，张富美开始密集出访泰北、乌拉圭与玻利维亚等海外华人社区，以表达其服务侨民的决心，也使关于“侨民三等论”的争议暂时趋向平息。尽管陈水扁当局一再否定“侨民三等论”的荒谬，但其对华侨华人的这种指导思想并没有改变，一如陈水扁诡辩多变的性格，民进党当局在政策运作层面上仍然按照“侨民三等论”的思想实施侨务。

（三）陈水扁侨务政策的基本主张和政策

陈水扁当局在侨务政策方面企图割裂同中华文化联系的图谋失败后，开始寻求走一条所谓“柔性”侨务的路线，实质是“隐性台独”路线。陈水扁当局鼓吹，“侨委会”可以凭借文化传扬的方法，使各地的侨民串联

① 牛震：《第三中华：海外华人的历史·现在·未来》，台湾磨坊文化事业有限公司2002年版，第23页。

② 张启雄主编：《近二十年来的海外华人》，台湾海外华人研究会2003年版，第82页。

起来。但是所谓文化的传扬，不仅包括传统的中华文化，还应该包括台湾的“本土文化”，唯有台湾文化的融合加入，传统的中华文化才能更有时代意义及生命力。陈水扁当局宣称，台湾文化事实上融汇了很多外来文化的特质，台湾的文化应该更容易与国际及华侨社会接轨。[①] 可以看出，陈水扁当局侨务政策的核心是“本土化”，最终达到“去中国化”目的。2003 年 10 月，在陈水扁的授意下，台湾“外交部”提出统一机关的英文名称，删除“中国”字样。“侨委会”的英文译名原来采用的是 Overseas Chinese Affairs Commission，台湾当局将 Chinese（中国人）改变成 Compatriot（同胞）。[②] 这就是一个典型的例证。

陈水扁当局的“侨委会”以所谓“认同台湾，走向世界”为施政主轴，加强联系全世界认同“中华民国”的侨胞，让其能有机会回馈及关怀台湾，使海外侨胞能与岛内民众产生互动与了解，以建立“命运共同体”的共识。陈水扁当局认为，当前侨务工作的具体目标是，透过“侨委会”或者侨务工作的运作，为海外营构“一个和谐健康的华侨社会”，今后侨务工作的基本方针，则是促进了解，增进友谊，而不是制造对立。[③] 围绕侨务政策的基本主张，陈水扁当局制订了一系列的重要施政计划方向。

1. 应对海外华人“反独促统”运动

从李登辉宣布“两国论”以来，海外华人社会“反独促统”运动风起云涌，声势浩大。陈水扁当局认为，海外“反独促统”运动是中国大陆的统战作法，旨在分化台湾当局侨界力量的态势非常明显。因此，为避免侨界人士受到“分化鼓动”，“总统府”与“行政院”已分别要求“侨委会”与“外交部”拟定具体因应办法，加强所谓的“爱民主，要和平”的反制

① Peter H. Koehn and Xiao－huang Yin, *The Expanding Roles of Chinese Americans in U.S.－China Relations* (New York: M. E. Sharpe, Inc, 2002), pp. 79－82.

② 《陈水扁要放弃海外华人 将海外侨民分为“三等”》，http://news.tom.com/1002/3293/2004429－871132.html。

③ 牛震：《第三中华：海外华人的历史·现在·未来》，（台北）台湾磨坊文化事业有限公司 2002 年版，第 98 页。

诉求，透过海外侨社加强游说工作。此外，台湾当局还以中国大陆借机干涉台湾的选举活动为由，搁置了“赋予华侨海外投票权，进行通讯投票”的倡议。[①]

2. 推动“务实外交”，期使“侨委会”发挥更大功能

长期以来，台湾侨务工作重点就是组合海外华人力量，支持政府的“对外关系”。台湾“务实外交”的主要工作对象是以海外台胞为主，以及部分海外亲台华侨社团所联系的海外侨胞。[②] 陈水扁当局的“侨委会”仍将加强服务侨胞推动“务实外交”的工作，以发挥更大功能。陈水扁当局认为，运用侨界力量来推动加入联合国，是未来台湾扩大国际生存空间的重要策略。此外，推动侨界的“草根”运动，以柔性的行动来促进“务实外交”工作，也是“侨委会”未来的工作方向。“侨委会”将仿照犹太人在美国的游说团体，希望透过侨胞在侨居国的影响力，向当地民意代表表达台湾申请加入联合国的强烈意愿。张富美公开表示，当局目前在“外交”处境上十分困难，“侨委会”在此时能扮演较积极的角色，能够成为推动“外交”工作的先锋。[③]

3. 加强与各地侨社的联系与沟通

民进党执政后，经济凋敝，政治腐化，人民“痛苦指数”不断上升，台湾一向引以自豪的“经济奇迹”早已成为民众逝去的记忆，“贸易逆差”也从书本概念成为严峻的现实。善于文宣的民进党为了掩盖经济上的失败，转而大力宣传所谓的“政治奇迹”，突显政治成就得力于海内外同胞共同参与及努力的结果，以期获得海外侨胞的赞誉与肯定。[④] 陈水扁、吕秀莲等人频繁奔赴海外走访侨团侨社，希望与传统侨社化解分歧。目前海

① 徐德清等：《世纪之交的反思——中国旅美学人谈中美关系》，香港八方企业公司 2001 年版，第 76 页。

② 庄国土：《华侨华人与中国的关系》，广东高等教育出版社 2001 年版，第 492 页。

③ 董世芳：《我们的侨务》，（台北）海外文库出版社 2001 年版，第 301 页。

④ 李鹏：《台湾当局“全民外交”策略评析》，《台湾研究》，2001 年第 2 期。

外传统侨社普遍存在着传承的问题，“侨委会”力争配合侨社发展，有效结合人才智库，联系海外新生代优秀精英人才，鼓励积极参与并融入主流社会，协助拓展“第二轨道外交”。在物质层面上，“侨委会”目前正在推行的“华侨贷款信用保证基金”协助有困难的侨胞改善生活，增加他们的谋生便利。[①]

4. 落实海外侨社志工制度，建立侨团（情）电子数据库系统

为了具体呈现侨胞与台湾当局的双向互动，陈水扁当局积极落实“海外侨务志工制度”及强化华侨文教中心的功能。“侨委会”已开始着手建立侨团（情）电子数据库系统，以提供决策分析参考。[②] 这包括了建立各地区侨社动态及侨情等数据库，结合资讯系统分析功能，以提升侨务结合资讯运用的价值。建立电子数据库的主要目的是真正掌握海外华侨的数量和为台湾的移民做好基础建设。

5. 举办“全球侨务会议”以制定侨务政策

陈水扁当局还持续办理全球各地区侨务工作研讨会，邀请侨社新生代回台湾参访，使他们加深对岛内政经发展现况的了解与认同。1952 年、1990 年、2001 年台湾当局举行过三届“全球侨务会议”，“全球侨务会议”是“全体侨务委员会议”的扩大。每当进入重要阶段，台湾当局通过召开“全球侨务会议”以达到凝聚侨心的功能，制订未来具体可行的侨务方针，提升侨务工作之竞争力。在第三届“全球侨务会议”上，陈水扁到会并发表演说，诠释了新时期海外华侨的定位和在未来两岸关系中的作用。

6. 推展侨民教育加强台湾认同

台湾当局一向强调“没有侨教就没有侨务”，通过侨教维系海外华人的认同，进而引导华侨华人发展对台湾的向心力。[③] 为提升海外侨校教师

---

① 董世芳：《我们的侨务》，（台北）海外文库出版社 2001 年版，第 303 页。

② 张启雄主编：《近二十年来的海外华人》，台湾海外华人研究会 2003 年版，第 47－52 页。

③ 庄国土：《华侨华人与中国的关系》，广东高等教育出版社 2001 年版，第 493 页。

素质与教师专业技能，增进教学效果，“侨委会”已委请岛内教育机构办理“海外华文教师回国研习班”活动，安排来自亚非、中南美洲等国之侨校教师到台湾学习；并且选派岛内专业讲师及“海外侨教志工团”志工分赴泰国、菲律宾等地区巡回教学。“侨委会”今后将继续委请岛内外相关教育团体，切实针对侨界需求，设计不同的主题课程，分别在岛内和海外办理师资培训工作，提高教学品质，以尽快解决侨界对提升师资的需求，辅助中文学校发展。[①]

7. 规划振兴华教专案、协助侨界办理艺文活动

“侨委会”每年都会支援海外侨社在全球华侨聚集的城市，办理“海华文艺季”与“海华体育季”等相关活动，并选派民俗文化教师赴海外巡回教学，以增进侨界联谊，强化侨社团活力，丰富侨胞生活内涵。“侨委会”今后将朝向多元化、精致化规划办理，突出所谓的“台湾精神”，并涵盖各族群与各年龄层，竭力做到扩大参与、促进团结，以争取认同。“侨委会”还充分利用现代传媒技术，开展网络教学，制作多媒体影音教材，加强向侨界进行“本土化”宣传。[②]

陈水扁当局执政以来，侨务政策历经了“裁撤侨委会”、“侨民三等论”、“务实调整”等阶段，当前基本上延续旧有的侨务政策，同时加以“去中国化”的修正。鉴于台湾岛内政治生态，特别是在“立法院”，民进党面对“朝小野大”的局面，而且随着泛蓝势力的重新整合，陈水扁越来越来需要海外华侨华人的支持，因此未来陈水扁侨务政策不会有大的改变，只能是承认现状，缓进图变。

① 董世芳：《我们的侨务》，（台北）海外文库出版社 2001 年版，第 310 页。
② 同上，第 311 页。

第四节 台湾当局对美国华人社会的分化

一、亲“台独”势力的发展和影响

民进党在岛内执政后，华人社会内部的分裂从国共意识形态之争已经完全转化为“统独之争”，民进党内部有许多知识界人士，认为“去中国化”就要去除中国文化的影响，这种思想也对在美台胞产生了恶劣影响。

李登辉时期的路线对支持“台独”的在美台胞产生了很大的影响，首先表现为“北美台湾商会”和“李登辉之友会”的成立。前文已经介绍，“北美台商会”是一个支持李登辉“台独”理念的组织，主要是由美国台商组成，该会一直以强大财力为李登辉当局的分裂国家的图谋活动开路。1995年李登辉访美，台商会在这里面起了重大作用。李登辉访美前，以台胞为主的美国侨界多次召开大型集会，为李访美助威，扩大其国际影响。李登辉访美后，在美台胞又成立了“李登辉之友会”，目前在美国有数十个分部。在民进党支持怂恿下，2000年12月3日，北美地区26个台湾人组织决定召开世界台湾人大会，认为未来工作的重点是：要求政府以“台湾”“新国家”的名义申请加入联合国，落实“一中一台”主张。世界台湾同乡会会长、世界台湾人大会召集人郭重国表示，要凸显台湾的“主权”，未来每五年在全球有台湾人的地方举办台湾人传统周活动。①

美国华人社会中的“台独”组织也不断涌现，支持“台独”的主要华人社团有：台湾同乡会及其各地分会、台湾会馆、全侨民主和平联盟、民进党美国党部、台湾商业协会、“台湾加入联合国行动委员会”、海外台湾

① （台北）《联合报》，2000年12月10日，第4版。

人笔会、北美洲台湾人医师会、北美台湾人教授协会、北美台湾工程师协会、北美洲台湾妇女会、台湾人公共事务协会、北美客家公共事务协会、台湾客家会、金鹰学院、王康陆纪念基金会、阿扁之友会、卫乡台湾文化社、台湾研究所、台湾海外网、台湾文化促进会等。

除了这些组织，还有一些支持“台独”的华裔政治人物，他们多为台湾籍的学术和政治精英，其中最具指标性的人物是国会议员吴振伟（David Wu），他是目前美国唯一的一位华裔国会议员。出生在台湾的吴振伟，1998 年以民主党身份当选为众议院议员，号称是“第一位美国华人国会议员”，曾是美国华人社会的一大骄傲，但是自他当选议员后就在国会内宣扬“台独”理念，全力支持李登辉和民进党当局，民进党当局也把吴振伟当做保卫台湾利益的重要支柱。90 年代以来，美国对台政策出现了重大调整，对“台独”势力采取纵容态度，吴振伟在国会内也积极推动同台湾有关的议案，因而享有“台独议员”之称。2001 年，陈水扁“过境”美国，享受几乎“国家元首”待遇，有二十多位美国国会议员会见陈水扁，为其捧场，目的是为了提振“台独”势力在岛内的声势，吴振伟也在其中。① 此外，他对中美关系的改善和发展也一直持反对立场，吴振伟成为美国国会中阻碍中美关系正常发展的代表性人物之一。

1993 年李登辉当局开放党禁，撤除“黑名单”，并开始推动以“台湾”名义加入联合国。李登辉的一系列举动也使美国的以“台湾人公共事务协会”为首的台湾游说团大受鼓舞，他们的活动变得比 80 年代更加频繁，手段更加先进和有组织性，该组织推进“台独”的意图也更加明确。台湾当局受到以色列“美国以色列公共事务委员会”（AIPAC）的启发，一直重视利用在美台胞和其社团组织开展游说活动，以影响美国对台政策，比如“台湾人公共事务协会”、“台湾国际联盟”、“全美台湾同胞联谊

① 都人：《从吴振伟事件谈美国华人的尴尬处境》，（新加坡）《联合早报》2001 年 6 月 8 日，第 4 版。

会”、“台湾加入联合国行动委员会”、国民党党营事业美国分支机构以及其他一些在美国的台湾人利益集团等。从李登辉时期，“台湾人公共事务协会”就与台湾当局接触密切，2000年后迅速成为台湾当局“台独”理念的急先锋和领头部队，它的主要负责人，如蔡同荣、陈唐山、吴明基等，目前都在陈水扁政府或是担任重要职位或是出任“国策顾问”。“台湾人公共事务协会”提出的目标就是争取台湾加入联合国、提升台湾的“国际地位”和强化台湾的“国家安全”。“台湾人公共事务协会”认为它应该担当起台湾在美国的“草根外交”的责任。“台湾人公共事务协会”的成员绝大多数是已入美国籍或入其他国籍的台籍高级知识分子，因此该组织主要是通过为海外台湾人提供服务而宣导“台独”思想，发展“台独”势力。[①] 前文介绍，该组织活动重心在美国，主要是游说美国参众议员、行政官员、学者和民众，向美国的政策制定者、媒体、学者和普通民众提供有关台湾的情况介绍。并通过联络在美台胞和文宣、学术研讨等渠道，推展“台独”理念。1995年李登辉访美，1999年美国国会内所讨论的“台湾安全加强法”都有“台湾人公共事务协会”进行游说的因素。

“台湾人公共事务协会”不仅密切关注美国所有有关台湾的立法，而且还推动一些“有利”于台湾的议案，并使其得以在美国国会顺利通过。自20世纪90年代以来，“台湾人公共事务协会”与台湾当局接触密切，民进党执政后，该协会更是成为陈水扁当局“台独理念”的积极推动者，陈水扁许多重要的“台独”言论都是在“台湾人公共事务协会”的年会上发表的。“台湾人公共事务协会”已经发展成为民进党在美国推进“台独”活动的重要力量。

① 孙哲主编：《美国国会与台湾问题》，复旦大学出版社2005年版，第276—277页。

附表 4：1996—1998 年台湾人公共事务协会在美国会推动的议案①

时间	议案
1996 年 3 月 19 日	众议院以 369 票对 14 票通过第 148 号决议案，谴责中国进行导弹实验和军事演习。
1996 年 9 月 24 日	众议院以全票通过第 212 号决议案，支持台湾加入联合国。
1997 年 11 月 6 日	众议院以 301 票对 116 票通过第 286 号决议案，敦促美国国防部长研究建立包括台湾在内的战区导弹防御系统。
1998 年 10 月 7 日	众议院全票通过第 334 号决议案，支持台湾加入世界卫生组织。

二、传统侨社对台湾当局的态度转变

李登辉上台后逐步暴露其“台独”的面目，引起了传统侨社的反对和不满。民进党上台后，陈水扁当局抛出了“侨民三等论”，“去中国化论”和“一边一国论”等具有浓厚“台独”色彩的谬论，更是激起了传统侨社的抗议和抵制，他们同民进党当局展开了坚决斗争。这样一来，传统侨社同台湾现政府的关系就从支持、认同变为疏远和倒戈相向。与此同时，对新中国则从疏远转向支持和认同，关系日益密切。他们除谴责台湾当局的“侨民三等论”，“要台侨，不要华侨”的侨务政策外，还用具体行动表明他们的政治转向。

第一次同亲大陆侨团来往和合作。20 世纪 90 年代以来，来自中国大陆的移民增多，而且中国改革开放后与中国大陆交往的机会增加，所以一

① 参见（美）孔秉德、尹晓煌主编：《美籍华人与中美关系》，新华出版社 2004 年版，第 144—145 页。

些社团的政治倾向也逐渐走向中立。[1] 以往亲大陆和亲台湾的侨社出席正式宴会一向泾渭分明，互不承认和理睬。但是2002年中国的传统节日春节上，情况发生了微妙的变化。传统侨社安良工商总会及协股公会两场春宴上，华人社团联合总会主席梁冠军及福建侨团侨领成为罕见的座上客。大年初一纽约中华公所例行的春节酒会上，华人社团联合总会会长梁冠华也出现在酒会上。[2] 华人社团联合总会支持中国大陆的鲜明态度，与支持"中华民国"的纽约中华公所立场分歧，平常鲜少机会接触，这是纽约中华公所第一次同亲大陆社团交往。

第一次挂中华人民共和国国旗。长期支持"中华民国"的传统侨团，在2000年台湾"总统大选"政党轮替后，与国民党关系深厚的传统侨社，对以"台独"为诉求的民进党存疑，再加上"侨委会"委员长张富美上任前的"侨民三等论"，虽然事后再三消"独"，也难以消去老侨被贬为"三等侨民"的愤怒。2002年2月18日有70年历史、长期支持国民党的"大鹏育英总社"改挂五星红旗，董事长刁锐文认为民进党浓厚的"台独"色彩，让侨民对"台独意识高涨"的执政党很害怕，也促成一直悬而未决的会员，支持改挂五星红旗的决议。[3] 2002年5月以来，旧金山传统侨社南海福荫堂、人和总会馆等9个团体以及纽约大鹏育英总社、至孝笃亲公所等社团纷纷升起了五星红旗，在美国华社引起强烈反响和震动。旧金山人和总会馆主席文堂在升旗仪式上说，升起五星红旗不是一般人所讲的想出风头，而是表示民族性的团结，揭穿"一边一国论"、"两岸两国论"的"台独"妄念。参加该会升旗仪式的中华总会馆主席团总董朱灼枢在贺词中指出："看到人和总会馆在中华总会馆中第一个升起五星红旗，感到非常高兴。中国现在经济建设取得巨大成就，国际地位不断提高，海外中国

---

① Iris Chang, *The Chinese in America: a Narrative History* (New York: the Penguin Group, 2003), p. 220－226.

② 《传统侨社反对台独》，(美)《世界日报》，2002年2月19日，第1版。

③ 《华社应向台独说不》，(美)《侨报》，2002年2月18日，第1版。

人都为此感到骄傲。人和总会馆悬挂中国国旗是十分明智的行为。”“台湾陈水扁一意孤行搞‘台独’，是所有中国人都反对的。人和总会馆升五星红旗即是对台湾政府的所作所为的最好响应。希望中国统一早日实现。”[①]另一方面，台驻旧金山经济文化办事处处长李世明则说，升五星红旗“有损侨社和谐及两岸关系，造成负面影响”。[②] 台湾当局无可奈何和失落之情表露无遗。

第一次访问中国大陆和家乡。2000 年以来，传统侨社领导人打破半个世纪以来的禁忌，纷纷组团到中国大陆各地和家乡参观访问。2002 年 11 月，旧金山中华总会馆更以会馆名义组团到大陆访问，侨界人士认为，此举为“破冰之旅”，是会馆半个世纪后的集体“认祖归根”。[③] 访问团在北京之行中，得到中国前副总理钱其琛和其他高层官员亲自接见。阳和总会馆主席莫国鎏、三邑总会馆主席吴国宝与合和总会馆主席邓灼照，对于这次破天荒的中国之行，均异口同声表示“破冰”成功。[④] 一些传统侨社派代表参加了 2002 年 12 月在广东举办的世界第二届广东同乡联谊大会。有些侨社代表参加了在家乡举办的恳亲大会。他们在中国受到热情接待和欢迎，亲眼目睹了大陆的巨大变化，改变了过去的一些错误认识和偏见，增进了同祖（籍）国的感情。

第一次在会所接待中国官员或参加中国使领馆的活动。2000 年，旧金山中华总会馆和纽约中华公所领导人接待了国务院侨办以及其他中国官方代表团，应邀参加了中国使领馆举办的国庆招待会，越来越多的传统侨社靠拢新中国。例如，旧金山湾区有侨团 900 多个，真正活跃的 300 多个，其中和中国总领事馆经常保持联系的已有 200 多个。[⑤] 与此同时，传

① （美）《世界日报》，2002 年 5 月 27 日，第 1 版。

② 《侨胞响应爱台湾反台独》，（美）《侨报》，2002 年 5 月 28 日，第 3 版。

③ （美）《世界日报》，2002 年 11 月 20 日，第 1 版。

④ 同上。

⑤ （美）《世界日报》，2002 年 10 月 9 日，第 2 版。

统侨社拒绝参加台湾当局在当地举办的所谓“国庆”酒会，有些社团拒绝承办“双十”节酒会。

第一次拒绝台湾有关官员的宴请或到访。2002年8月、9月间，台湾“行政院院长”游锡堃及陈水扁夫人吴淑珍“过境”美国访问。当他们邀请传统侨社参加宴会时，遭到纽约和洛杉矶传统侨社的拒绝。9月21日吴淑珍在纽约的侨宴，没有一位传统侨社代表出席。台湾《联合报》指出：“这是数十年来纽约侨界接待中华民国高层领导人及夫人不曾有过的现象。侨界有人警示：‘这是传统侨界与民进党政府关系的分水岭。’”①针对吴分裂侨社、攻击大陆的言论，传统侨社还在报纸上整版发表《为吴淑珍狂妄无知论调告侨胞书》，警告她倘若再信口开河，只能说是厚颜无耻，自取其辱。2002年5月，台“侨委会”副委员长陈荣杰到美国访问。南加州圣地亚哥越柬老华人团体有9个，有接待功能的会所有7个，只有3个表示愿意接待他。6月，中国驻洛杉矶副总领事李一平到访，7个团体都敞开大门热情接待。② 此外，纽约和芝加哥传统侨社也拒绝接待台“侨委会”副委员长廖胜雄的到访邀求，令他们深感尴尬。

第一次辞去“侨委会”委员职务。台湾当局为拉拢华侨华人，有委任一些传统侨社领导人为“侨委会”委员的传统。这虽然只是一种虚职，但被视为一种荣誉，因而过去传统侨社领袖都欣然接受。现在已有人一些主动辞职，理由是不愿与“台独”人士为伍。③

上述几个“第一次”都是过去从未有过的。它是传统侨社转变同台湾当局关系的重要标志，对“反独促统”具有重大现实意义。

为了对抗反“台独”浪潮，民进党在台湾策划筹组了“全侨民主和平

① 白正伟：《吴淑珍的尴尬》，[台北]《联合报》，2002年9月22日，第2版。
② 黄金泉：《台独言论让侨心失望》，(美)《星岛日报》，2002年6月29日，第1版。
③ (美)《世界日报》，2002年5月6日，第1版。

联盟”（简称“全盟”），开展反对“反独促统”活动。[①] 正由于“全盟”是推动“台独”的组织，它自然遭到了华侨华人的反对和抵制。[②]

综上所述，我们可以看到，近年来美国传统侨社对两岸关系的政治转向突出表明了美国华侨华人的人心走向，归根结底是民进党的“台独”路线所造成的。大部分传统侨社由亲台湾转向亲大陆，或者由于历史原因难以中断同国民党联系，而积极支持和推动国民党夺回岛内执政权。传统侨社同台湾民进党当局分道扬镳乃是历史发展的必然。民进党的所作所为使它在海外社团越来越孤立，它所兜售的“一边一国论”也越来越没有市场。广大华侨华人日益认识到，中国的希望在大陆，两岸的和平统一希望在大陆。

三、在美台胞的内部分化

目前在美国的来自台湾地区的华侨华人，有很多是以台湾为政治认同，以中国为文化认同的人。他们认为自己的祖先是来自中国，与中国有血缘关系，也不讳言台湾文化源自中华文化，充分表现了一般人对文化中国的依恋。前文论述了，在美台胞是民进党当局争取和依赖的对象，但是陈水扁当局为了获得选举胜利，不断在岛内挑动族群纠纷和“统独之争”，

---

① 民进党于2002年1月在台湾策划筹组了“全侨民主和平联盟”，然后在一些国家成立分会。11月9日在华盛顿举行第一次全球大会。理事长巫和怡说：“中华民国与全球侨胞只有一个共同的敌人，那就是中共。”它的联合声明鼓吹“中华民国（台湾）是一个主权独立的国家”。台“侨委会”正副委员长承认，“全盟”是为反对“反独促统”活动而成立的。参见（美）《世界日报》，2002年11月5日，第1版。

② 以旧金山中华总会馆为首的传统侨社坚决抵制“全盟”在美国各地的成立大会。它们指出，“全盟”空谈和平民主，只字不提两岸统一和“一个中国”。筹组大会没有邀请传统侨社代表参加，与会的所谓华侨华人代表都是由台湾驻外机构指定，其中以台籍华人代表占多数，不能代表全球华侨华人。很明显，它是为“台独”作掩护的“促独反统”组织。旧金山阳和总会馆主席莫国鎏指出，民进党企图以“全盟”来取代传统侨社的地位。当台湾需要鼓吹“独立”时，“全盟”就会出来公开支持“台独”，台湾就可宣布全世界侨社支持台湾“独立”，所以传统侨社现在就必须与其划清界限。参见（美）《世界日报》，2002年11月6日，第1版。

在美台胞的国家认同也受到岛内政治因素等影响，在国家认同方面出现了混乱和迷茫，再加上台湾当局执行具有“台独”色彩的侨务政策，在美台胞因政治态度的不同也出现了新的分化。

2002年2月，针对国家认同和两岸统一问题，《世界日报》对洛杉矶在美台胞进行了一次抽样民意调查，调查显示，26－35岁年龄层与46－55岁年龄层在国家认同上有相当程度的差异。关于中国认同及希望两岸统一的比例从46－55年龄段以后呈递减趋势。到了26－35年龄段中国人认同递减，台湾人认同递增，支持两岸统一的比例降到最低，赞成“台湾独立”的比例达到最高，这一年龄段支持“急独”的比例占20%，是各年龄段中“急独”比例最高的。[①]

从国家认同对象看，26－35年龄段和46－55年龄段的认同对象都以美国占比例最高，台湾次之，但涉及到敏感性问题时，国家认同对象的优先顺序依次是台湾、美国、中国，而且26－35年龄段认同台湾的比例高于46－55年龄段。由此来看，26－35年龄段具有高度的“台独”意识，但是与其他年龄段相比，26－35年龄段甚至也是“既是中国人也是台湾人”和“既是台湾人也是中国人”双重认同比例最高的。至于46－55年龄段自认是台湾人比例最少，自认是中国人比例最高。[②] 这些统计数据虽然并不完全反映在美台胞的真实情况，但也可以看出在美台胞在国家认同和“统独”立场上已经分化为不同的群体。岛内的“蓝绿之争”折射到美国华人社会的在美台胞中，展现出更为复杂的政治光谱，在美台胞的政治态度可以依出身背景、职业和信仰分为五种类型：

第一类，早期移民美国的“台独”基本教义派，或称“深绿派”。海外“台独”基本教义派包括早期留学生和“黑名单”人士，前文对此已有过论述。虽然民进党已经执政，但海外“台独”基本教义派的政治信仰是

① 《对洛杉矶台侨国家认同的调查》，(美)《世界日报》，2002年2月19日，第2版。
② 同上。

所谓的台湾“完全独立”、建立真正的“台湾国”。他们认为虽然民进党是支持“台独”的政党，但民进党当局并没有实现“台湾独立”，陈水扁还是“中华民国总统”，所以海外“台独”基本教义派很少与台湾当局驻美机构接触，并与民进党当局驻外机构保持相当距离。在美台胞中海外“台独”基本教义派人数很少，人数比例为5%，主要是两蒋时期逃离台湾的知识分子、大学教授和企业家。[①]

第二类，早期移民美国的“深蓝派”。深蓝派包括早期官宦子弟、退休军官以及受台湾国民党当局教育出身的在美台胞。在美台胞中“深蓝派”的人数比例大约为5%左右，他们大多是外省籍人士，[②] 国民党执政时期的既得利益者，因此是国民党的坚定支持者，由于他们同岛内国民党、亲民党和新党坚定支持者的政治理念相同，因而被称为美国华人社会的“深蓝”，他们坚决反对独立，认同“中华民国”，以自己为“中国人”感到骄傲，盼望国民党能够在岛内再次执政。

第三类，台湾经济起飞时期移民美国的台胞。这批人都是教育程度较高、经济环境较好的中上阶层，属于在美台胞的主体部分，人数占60%左右。[③] 20世纪80年代是台湾政权和社会发生重大变化的年代。当时台湾当局开放了党禁、报禁，经济快速成长，个人所得大幅提升，台湾人民外移能力也相应大增。另一方面，国内快速的社会变迁也带来了政治不安定、治安败坏、学生课业压力过重以及生活环境恶化等隐忧，再加上台海两岸并不平静，因此台湾出现了一波接一波的移民潮。一般而言，外省籍人士大多支持统一，“台湾意识”不如本省籍人士强烈；而本省籍人士，支持独立的比较多。但本省籍台胞因教育环境、家庭及社会背景差异，“统独”意识也相当分歧，不表态者比较多，有的则是“绿中带蓝”或“蓝中带绿”，或“浅绿”或“浅蓝”，因此这个群体的主流认识是希望台

① 《对洛杉矶台侨国家认同的调查》，(美)《世界日报》，2002年2月19日，第2版。
② 同上。
③ 同上。

湾地区维持现状，既不支持“急统”，也不支持“急独”。

第四类为台商，美国台商占在美台胞人数的10%以上。[①] 美国台商组织有“台湾商会”与“台商会”，“台商会”会员因在大陆有商业利益，一般是中国意识较强，“台湾意识”较弱，属于“泛蓝”阵营；而“台湾商会”则较具本土意识，支持“台湾独立”，长期在资金上支持民进党和“台湾团结联盟”，属于“泛绿”阵营。

第五类，完全对“统独”问题冷漠的在美台胞，这个群体的人数比例是20%左右。[②] 这个群体认为既然移民来到了美国，就应该积极融入当地社会，享受并认同美国的一切，为美国牺牲奉献，以做一个美国人为荣，美国就是他们的家。台湾岛内和两岸关系的政治纷扰、“统独”意识、国家认同的争论及蓝绿对决都已经不是他们关心的对象。这类人主要包括成长于美国的第二、三代台籍子女。他们也是属于前文所论述的土生华裔，是认同最为分歧的一个群体。他们可能认同台湾，也可能认同中国，但现在绝大部分的土生华裔认为自己是美国人，而且既不是台湾人，也不是中国人。这部分人在平常的生活中完全不受政治认同的影响，只有在涉及政治立场调查时（比如民意调查），才会出现政治态度的迷惑。他们既认同美国，又认同台湾或中国；更有些人认同台湾，也认同中国，这群人里有很多人认为台湾是中国的一部分，台湾认同在他们心中属于地方认同。

可以看出，由于李登辉和民进党的操弄，台湾岛内的“统独之争”和族群矛盾延伸到了美国华人社会。一些美国华侨华人，特别是在美台胞，对台湾的“统独之争”、党派冲突、族群矛盾也同样关心，甚至经常配合台湾岛内的“演出”，在美国上演游行、示威、打架、焚烧“国旗”等“被外人看笑话”的行为，影响到美国主流社会对在美台胞的看法，认为

---

① 《对洛杉矶台侨国家认同的调查》，(美)《世界日报》，2002年2月19日，第2版。

② 同上。

他们把“战场”带到美国制造纷扰，而使一些在美台胞成为“不受欢迎人物”。在美台胞中的很多有识之士呼吁，不管执政党、在野党、独派、统派，请不要再把“战火”燃烧到海外。他们希望是能够真正落地生根，真正融入当地社会，享受当地生活，深入当地文化，可以关心台湾的一切，但是不愿“干涉”台湾岛内的事务。不少常年支持“中华民国”的在美台胞，因为“中华民国”被“借壳霸占”，近年渐渐疏离亲台湾侨社的活动。他们认为，现在“中华民国”存亡威胁不是来自中国大陆，而是民进党当局，他们对“中华民国”的前途感到畏惧和迷茫。

本章小结

从 1989 年到 2002 年，台湾地区政治形势出现了巨大变化，经历了李登辉和陈水扁所谓“本土政权”执政时期，无论是李登辉还是陈水扁，都在执行一条“台独”路线。台湾岛内的深刻变化反映到美国华人社会，就是华人社会中的国共意识形态之争转变为“统独之争”。

这一时期随着华人经济力量的不断增强，美国华人参政议政达到高潮，支持中华人民共和国的华侨华人已经成为华人社会的主流。在李登辉和陈水扁执政时期，台湾当局开始把工作重点主要放到海外台湾人身上，人为地缩小海外华侨华人的定义，“侨民三等论”充分反映出台湾当局对广大华侨华人采取歧视政策，而将争取的对象集中在来自台湾地区的华侨华人。过去支持国民党的华侨华人和传统侨社在国民党失去政权和内部分裂后，在政治认同方面陷入迷茫状态，传统侨社同台湾当局的关系变得紧张、疏远甚至反目，他们依然是华人社会反对“台独”的主要力量。美国的台胞和台湾人社团也并非全部支持“台独”，在美台胞在台湾当局“台独”政策的影响下出现了新的分化，分化为坚持一个中国原则的泛蓝阵营、支持“台独”的泛绿阵营以及没有“统独”意识的中间阵营。对比中国大陆，台湾当局对华人社会的影响已经降到历史上最低限度。美国华侨华人积极促进中美关系的发展，反“独”促统发展成为美国华人社会的共同认知和自觉行动。

第五章　研究发现和政策建议

第一节　台湾当局对美国华侨华人的政策演进脉络

通过前文分析，我们可以看出 50 多年来台湾当局对美国华侨华人的策略演变的脉络。

在两蒋时期，“与大陆争夺侨心”、抵制“台独”是国民党侨务政策的两大任务。1949 年国民党败退台湾后，视大陆为其生存发展的“最大威胁”，其军事、大陆政策、“对外关系”都以对抗大陆为主要出发点。因此这个时期台湾当局的侨务政策是，以反共宣传、甚至特务手段来与大陆争夺侨心，以辅助其达到“反共复国”的目的。台湾当局的侨务政策在一个中国原则下注重对美国华人社会的控制，并取得了一定的成效。

李登辉上台后，在岛内开始搞“去中国化”、“本土化”，在海外则着手整合亲台华侨华人，侨务工作的重心从过去以大陆籍老侨为主，转到台籍侨社方面来。1999 年李登辉发表“两国论”后，美国华人社会自发组织和创办反“台独”、反分裂的活动和社团，台湾当局的对美侨务工作受到重创。民进党执政后，为配合其“台独”路线的需要，对侨务政策进行了大改造。首先是用“台独”意识形态界定、划分华侨、侨社。“侨委会”委员长张富美提出“侨民三等论”的观点，并据此排出“侨委会”提供服务的优先顺序；其次是利用“侨委会”搞“台独外交”。台湾当局注意到侨团影响所在国政策的能力，于是加强了“侨委会”的功能与角色。在“对外关系”上，让“侨务”直接承当起“第二外交轨道”的角色。在李登辉和陈水扁时期，台湾当局放弃一个中国原则，执行“台独”路线指导下的对美侨务策略，只注重对支持“台独”的华侨华人和侨社的争取和拉拢，在华人社会反“独”促统的大环境下，台湾当局陷入被动境地，对美国华人社会的影响逐步衰退。

通过对台湾当局50多年的对美侨务政策分析，研究其内在的运行机制和变化过程，考察美国华人社会与台湾当局政策的互动关系，我们可以总结出台湾当局对美国华侨华人政策的发展特点。

第一，台湾当局侨务政策强调连续性。国民党退居台湾后，为了稳住和强化统治地位，制定了大量法律，侨务“立法”工作得到了加强。50多年来，台湾当局制定的侨务法律法规内容，涉及到侨务机构建置，保护侨益，引进海外资金、技术设备与人才，华文教育等方面，使侨务政策实施走向规范化，有较强的连续性。

第二，台湾当局侨务政策目标明确。从侨务政策的发展看，由50—60年代“反攻大陆”、“反共救国”的单纯政治诉求，转向现阶段以联系和服务侨团、侨社，拓展侨教和侨校、辅导台商和华商为主轴，以实现保侨、护侨为主的侨务工作目标。

第三，台湾当局侨务政策突出务实性。自90年代以来，台湾当局开始强调“务实侨务”，提出对不以推翻“中华民国”为宗旨的海外华人和侨团，不论省籍、新旧，都是台湾“侨委会”主动联系、服务和沟通的对象，其意图就是让侨务工作成为台湾“外交”的第二渠道。为此，台湾当局逐步改变对移民的“不鼓励、不禁止”政策，而是将侨民看作“国”力的有效延伸。台湾当局为了更好地统合海外社团力量，顾及台侨与传统侨胞之间的平衡，台“侨委会”强调海外侨胞地位一律平等，都会得到“侨委会”一视同仁的服务，这一策略直到陈水扁上台后才发生改变。

第四，台湾当局侨务政策富有欺骗性。为了提高侨务工作的针对性，台湾当局对侨务政策作了相应的调整，由原先的领导与被领导关系转向合作伙伴关系，由单向服务转为双向互动关系，由代表参与转向功能性互动，由争取侨心转向培养共同价值观，并把协助侨民的生存和发展、促进华社的团结和谐、积极拓展“国民外交”作为当前侨务工作的着眼点；通过提升科技水平，建立侨情资料库管理系统，鼓励建立区域性和世界性的侨团组织，扩充侨团服务据点，拓展侨教中心和培训侨社志工，鼓励侨社举办各种社会公益活动等，输出和推广所谓的“台湾经验”，积极“参与国际组织和活动”，“重返国际社会”，以此提升台湾的“国际地位”，改善其不利的国际处境。以上这些政策特点具有一定的隐蔽性和欺骗性，也容易为当地政府和华侨华人接受，对此值得我们的高度警惕。

通过对台湾当局侨务政策的发展特点的分析，我们可以对民进党当局未来对美国华侨华人的策略走向有一个概貌性了解。

首先，台湾当局对美国华侨华人的策略取向由单一性转向多元化，由单纯政治目标转向政治、经济、文化和“外交”相结合。台湾当局把侨务和“外交”看成是相辅相成的“一体两面”，侨务工作成了台湾“建立‘国家’安全海外新机制”，拓展“国际生存空间”的努力方向。迄今为止，台湾当局在1952年、1991年和2001年召开了三次规模庞大的“全球侨务工作会议”，其中在2001年召开的“结合海内外力量，以自由民主建构国家安全新机制”会议上，重点研讨新世纪的侨务政策，包括开创侨务新局面、全面振兴海外华文教育、推动成立全球华商资讯中心，强化海外文宣机制等，透过侨务渠道为其推行“务实外交”服务。为了凝结侨心，台湾当局将侨务工作目标转向照顾好海外华人，维护海外华人权益；积极拓展移民政策，鼓励岛内人口外移，避免侨社出现断层现象，使侨务工作更具务实性和时效化。美国华人社会是台湾当局实现其“务实外交”

的重要场所，台湾当局未来的工作重点还是会放在在美台胞上。美国政界、媒体某些人对台湾的同情态度，很大程度上是台湾留美学人与在美台胞工作的结果。几十年来的留学美国者，不但有大批台籍精英留居美国，而且少数回台者也相继成为台湾当局各级骨干官员，他们互为表里，在台湾和美国为台湾的政治利益奔波。据1999年驻洛杉矶的台北经济文化办事处负责人指出，台湾高层公职人员中约有90%曾在美国接受大学、研究所和博士班教育，如李登辉是康奈尔大学农业博士，连战是芝加哥大学政治学博士，马英九是哈佛大学博士，“总统府秘书长”陈唐山曾经长期在美国工作。尤其是诺贝尔化学奖获得者李远哲出任台湾“中央研究院”院长，对美国华人知识界、科技界影响极大，加剧了他们的亲台倾向。[1]近几年台湾移民美国的人口数量迅速增加，但台湾当局又通过“华侨身份证明书核发办法”条例，将适用对象定位在“侨居外国的国民”，不包括持有大陆、香港、澳门身份居民，[2] 搞人为的省籍界限，带有明显的政治图谋。在此基础上，台湾当局将致力于修正民进党上台初的侨务方针，积极拉拢传统侨社，以认同“中华民国”为名，暗中推行“法理台独”理念。此外，台湾当局还会利用在美台胞政治资源进行各种游说活动，具体措施侧重以“过境外交”来加强所谓的美台关系。

其次，以服务经济建设为主。2000年底，台湾“侨委会”在完成“全球华人经济力现况”研究报告后，就着手成立全球华商资讯中心，建立海外华人资讯服务网络。实施了培植侨社经贸人才；强化华人贷款保证基金和台商事业贷款信用保证，协助台商融资；收集整理华侨投资资料，举办侨资事业经营系列研讨活动，鼓励侨商回岛投资；培养侨商进口能力，协助侨商购销台货，增强台湾外贸力量；加强海外侨商联系，整合、辅导海外台湾商会；建构建立全球华商资讯网，推动华人经济学术研究，

---

① 李明欢：《当代海外华人社团研究》，厦门大学出版社1995年版，第143页。

② 参见台湾当局“华侨身份证明书核发办法”。

收集华商经贸资料等一系列辅导华商政策。为此，台湾“侨委会”调低了政治考量因素，促进侨务政策向功能性转化。目前拟以教育、文化和经济为重点，全方位拓展海外侨务工作。“侨委会”将服务对象延伸到联系和辅导海外社团、协助侨教侨校发展，扩展海外华文教育及宣传中华文化；培养侨社经贸人才，促进华人的资金、人才、技术、市场和信息等资源整合；建立华侨回台投资机制，鼓励海外侨胞回岛服务等。前文提到，美国华人社会中的各种“台湾商会”基本上都是亲绿团体，台湾当局对这股力量的整合和利用是未来其对美华侨华人的工作重点方向之一。相比传统侨社，台湾商会虽然在经济上同大陆有密切联系，但是在两次大选中都是采取支持民进党的政治态度。现在，台湾岛内经济下滑，岛内企业纷纷要求开放“三通”或选择出走海外，民进党当局在这种情况下会更加倚重美国台湾商会对台湾经济的支持。

最后，更加注重海外华文教育。台湾十分重视华文教育对传承中华文化的贡献，从硬件设施、师资力量和网络科技入手，通过回岛研习、海外巡回教学等形式，提升华文教育的层次。目前，台湾海外侨校达到3800多所。为此，台湾“侨委会”开设了全球华文网络教育中心，并将半数以上经费用于华文教育。现阶段台湾当局的海外侨民教育政策主要是推广侨民教育，拓展社教活动，强化函授教育及空中教学，加强侨生辅导及联系工作，宣扬台湾“经验”，使台湾华文教育走向国际化。为了加强台湾“母语”教育，使教改延伸到海外，台湾编制了“认识台湾”系列教材，协助华裔子弟认识和学习台湾文化；积极辅导海外侨生来台就学，增加来台就读人数和享受奖助学金的名额，提高侨生保险费补助比例，落实在学侨生的照顾政策，积极争取侨生留台工作权。据台湾“侨委会”有关资料统计，海外侨生回台升学人数由1998年9357人增至1999年10566人和2000年11033人，累计人数超过15万人。此外，台湾“侨委会”开播了宏观卫视频道，以介绍全球华人与华社动态为主，设有华人地球村网站，跨海制作“四海侨心”连续剧，大力宣扬海外侨胞艰苦奋斗以及如何在异地生根、争取权益等历程。台湾当局对美国华人社会中的青年工作非常重视，美国华人社会的华裔青年，特别是祖籍是台湾地区的青年，对中国大陆比较陌生，但是又向往中华文化，台湾当局利用海外侨教企图对这一青年群体宣扬台湾“本土意识”和“主体意识”，表面上打着传播中华文化的旗帜，实际上竭力争取华裔青年认同“台独”理念，达到“去中国化”的目的。

附表 5：大陆与台湾当局侨教（机构）比较表

	大陆方面	台湾方面
媒体	CCTV－4、中央电视台海外部、新华社、中新社（免费提供）	宏观电视、宏观周报（电子报）、中央社（免费提供）
非正式机构	和统会、致公党、中华全国归国华侨联合会、中国海外交流协会	全侨民主联盟、华侨文教中心
师资培训	中文师资培训班、举办相关学术研讨会、赠送中文学校图书教材	华文师资培训班、举办相关学术研讨会、赠送华文学校教材
国内侨教基地	教学基地：复旦大学、昆明华侨补校、北京语言大学、北京师范大学、北京大学、暨南大学	侨大进修班、暨南大学、相关师范院校研究中心

第二节　关于大陆对待美国华侨华人的基本原则建议

本书写作的出发点和落脚点都是，通过对美国华侨华人和台湾当局策略的深入研究，分析和理解美国华侨华人的地位和作用，并为我们今后对美国华侨华人的态度和策略提供新的视角。笔者认为，在中国的和平发展进程中，我们必须对美国华侨华人给出更准确的定位，对美国华侨华人的力量运用确定基本原则。

一、对美国华侨华人一视同仁

民进党当局上台以来，顽固推行“台独”路线，致使美国亲国民党的传统侨社逐渐脱离同台湾当局的联系。民进党当局对海外华侨华人实施等级划分、区别对待，工作重点放在从台湾到美国的新移民群体上，这也导致台湾民进党当局目前只能控制和影响支持“台独”的泛绿侨社，而绝大部分支持“中华民国”、反“台独”的传统侨社还是寄希望于未来国民党重新执政，做到“蓝天再现”。在这种情况下，中国大陆应该在原有支持度的基础上，进一步扩大工作和服务范围，对所有美国华侨华人，无论是来自大陆，还是来自台湾，或者是东南亚国家，都要一视同仁，不应当先入为主地对某一类华侨华人群体区别对待。前文已经分析，即使支持“台独”的华侨华人，在他们的国家认同选项中，“台独”也并不是唯一的选项，他们中相当一部分人还是将对美国的认同放在第一位，而“台独”则是第二位。因此，他们更多地倾向于两岸和中美关系维持现状，而并不是积极热衷于“急独”。因此，我们对在美台胞不应以颜色来区分，应该积极透过各种途径同他们沟通，向他们展现中国大陆取得的伟大成就，全面维护在美台胞的各项权益，鼓励他们回国参观和投资，以大陆为平台开创新的事业。

另外，美国华侨华人还存在一个特殊的群体，“六四”滞留未归的留学生。虽然中国留学生滞留美国不归的情况在“六四”以前就出现了，但无论如何“六四”事件是中国出现大规模留学生滞留不归现象的转折点。据 1988 年美国出版的《留美中国学生——政策、问题、数据》一书提供的资料，从 1979 年至 1987 年中国留美的 6 万多学生中，已有约 3 万人学成归国，滞留不归者为 6238 人，其中自费生占绝大多数，共 5973 人，公费生只占265人。[1] 1989年的"六四"事件为中国留学生提供了一条通过获取"六四绿卡"定居国外的坦途，中国留美学生的滞留不归也因此而呈普遍之势。美国虽于1992年才由总统签署《1992年中国学生保护法》，但据此获得永久居留权的中国留学生多达5万余人。这些滞留人员的共同特点是：1. 多数人具有国内外双重高等教育背景，年纪轻，学历高，具有专业知识技能，外文程度好。据中国驻美国休斯敦领事馆对1000名留学生做抽样调查的结果显示，1950年代以后出生的占90%，从国内高校、科研单位出去的占91%，有本科以上学历的占97.3%，74%的人是到美国攻读博士或做博士后研究的。[2] 已毕业的留学人员主要分布在大学、科研机构、教育和卫生部门以及各企业的实验室、研发部、发展部等，以其所拥有的专业知识技能从事教学、科研、技术开发和管理工作。2. 具备中西方社会的双重阅历，视野开阔，思维活跃，对中国国情和西方社会的长处与缺陷有着较为清醒的认识和理性思考。改革开放20年的这一代留学生可以说是中国特殊时期的产物，他们经历了从"文革"到改革开放的巨变。许多人在出国前已经在学校、科研机构、各级政府部门、工厂乃至农村等基层单位工作过，到美国后又进入了西方社会激烈竞争的工作岗位和社会舞台。这种双重的社会阅历以及他们在中西方所受的教育训练，使他们处于中西两种文化，两种世界相互碰撞的交界点上，他们熟悉中国国情，又了解西方市场经济与法制社会的实际运作，因而他们往往能站在更高的方位，从多个思维向度来思考问题，从而跳出传统文化笼罩下的狭隘观点和意识来揭示中西方社会的优劣成败。3. 受惠于中国的改革开放，虽然身在国外，但始终关注着中国大陆的经济发展与社会进步。留美学生作为中国改革开放政策的直接受益者或者说是既得利益者，他们拥护改革开放的热情是很高的。虽然由于种种原因，他们在近期内并无回国定居的

① 程希：《当代中国留学生研究》，香港社会科学出版社有限公司2003年版，第89页。
② 《华声报》，2003年8月26日。

打算，但是许多人都特别希望能把自身的发展同中国的合作交流结合起来。留学生在美国成立的各种社团组织也多以帮助推进中国现代化进程和祖国统一为己任。4. 远离唐人街，自成一体，并且比老一代华人移民和其他华人新移民群更积极地追求跻身于当地主流社会。由于职业层次和思想观念的因素，他们与闽粤级的传统聚集地唐人街几乎没有什么联系。他们成立的一些学术性、专业性、联谊性社会团体组织也与当地老侨团甚少往来。由于学有所成后留居地是他们的自愿选择，因而跻身当地主流社会也就成为他们的积极追求。为此，他们以自身所长组成了许多专业学会，并进而发展成为跨专业和行业的各种学术机构与团体，如中国旅美科技协会及其各地分会，以利于他们在当地更好地生存和发展。

我们应该着眼于中华民族的长远利益，针对不同对象做耐心细致的工作，争取最广泛的民族动员和民族团结。对此，周恩来总理当年对新中国有种种不满人士的态度是：第一，多做解释，不能怪他们落后；第二，我们有错误，要自己批评纠正；第三，他们不改变，我们等待。总之，只要他们爱祖国，我们就和他们团结起来，团结在爱国主义的旗帜下，团结在中华民族的旗帜下。[①] 因此，除了极少数顽固坚持颠覆中国政权的所谓“民运分子”外，我们应该最大范围地团结和关心这些“六四”滞留未归的留学生，只有这种广泛的民族团结的凝聚，才有中国的强大，而中国的强大反过来又促成了海外华人社会的民心所向。

二、切实关心美国华侨华人各方面的发展

民进党执政后，台湾当局把工作重点主要放到海外台湾人身上。他们认为，传统亲台华侨华人的中华民族情感相对浓烈，而且年龄较大思想早

① 中共中央统战部研究室编著：《新中国统一战线五十年大事年表》，华文出版社 2000 年版，第 157—158 页。

已定型，很难再有什么大的改变。台湾当局放弃对广大华侨华人的利益关照，只顾及与台湾社会有联系的一小部分人的利益。面对台湾当局侨务政策的新转向，我们应当加大团结广大美国华侨华人的力度，特别是应当切实关心华侨华人各方面的发展。

华侨是中国政府关心和爱国统一战线工作的对象，华人是外国公民，不能成为统一战线工作的对象，但是也不能把华人完全等同于外国人。因为他们中很多人还保持着中国的文化、语言和习惯，保持着对中国的民族感情。即使他们取得了外国国籍，也未必能完全享受该国国民的待遇。我们应当对美国华侨华人的发展和权益给予足够的关怀，让美国华人能够感受到同祖国的联系，感受到身为华人的骄傲。对于美国社会出现的针对华人的歧视现象，中国政府应该以适当的方式，在“不干涉别国内政”的前提下，主动介入、关心和过问当地的华人问题，以此表明对于所发生的牵涉中国人民民族感情的华人问题仍然有着作为政府的严正而得当的态度。中国在华侨华人问题上没有任何私利，华侨成为华人后，成为居住国内部问题之一的时候，出于民族感情和道义责任以及对于普遍人权尊重的国际惯例，中国政府通过正式的官方途径向当事国表达应有的立场和态度，依然是积极的、有为的行为。在涉及有关华人权益，事关民族感情的时候，中国政府在国家关系的前提下，透过外交渠道，对诸如侵犯人权的行为予以谴责和关注，实际上也是表达人道的立场和正义的声音。中国大陆理应成为美国华侨华人在居住地生活和发展的强大后盾。

在切实关心美国华侨华人发展方面，我们应当做到以人为本，把对华侨华人的切身利益作为一切侨务工作的出发点和落脚点，不断满足华侨华人多方面的需求和促进华侨华人利益的全面发展。在对待美国华侨华人时，我们应当不是只重整体不重个体，也不是排斥和否定华人精英的个人利益，而是整体利益与个体利益，长远利益与眼前利益，根本利益与具体利益的辩证统一，是三者的结合、协调和统筹。关心美国华侨华人利益首先要维护他们的整体、长远和根本利益，同时，又必须重视和关注个人利益和眼前具体利益。整体、长远和根本利益的实现，是华侨华人个人利益实现的前提和条件，而个人利益的发展又有利于整体利益的维护和实现。美国华侨华人的根本利益是生存权益和发展权益，细化起来，诸如，生存权益、生活权益、发展权益、安居乐业权益、社会发展成果共享权益……涉及社会的政治、经济、文化等多个领域的权益。因此，我们应当在考虑国家关系的前提下，透过外交、经济、文化渠道，对损害华侨华人利益的行为给以谴责和关注，同时为华人经济的发展提供广阔的大陆市场，为华侨华人的生活发展提供更多的创业和就业机会，为华侨华人推进中美关系提供发挥的舞台。

三、吸引美国华侨华人参加祖国建设

在美国，由于资本主义经济高度发达，民族种族政策相对宽松，海外华裔中高新技术人才和社会精英大多集中于此。同时，由于美国华人社会构成以第一代新移民为主，决定了他们与中国有感情上的交流和共鸣，特别是来自中国大陆的精英移民，他们中的一部分人文化素质高，在当地取得突出成就，为各方所认同，争取这一部分人的工作，有益于中国的现代化建设，有利于中国在海外的形象。就美国华侨华人而言，中国政府的策略取向应把重点落实在政治动员与文化、科技交流为主。工作的主要对象为海外新移民群体中的精英移民。而来自台湾和香港等地事业有成、经济富裕、社会地位较高的新移民和侨领，由于其在华人社会和美国上层社会各方面具有广泛的人脉而受人瞩目，历年来在美国有所建树的新移民大多属于台港新移民，他们的突出贡献代表着中华民族海外的成就。因而，以中华民族利益为依归，强化作为中国人的认同，有助于台港新移民团结在中华民族的旗帜下，共同致力于中国的富强和统一。

吸引华侨华人参与中国经济建设，是中央和地方各级侨务部门的重心之一。在引进美国华侨华人资金与人才的过程中，应当重视法律配套工

作，实现“智力回流”和“资金回流”。通过帮助引进项目和资金，提高信息服务和技术咨询，充分发挥美国华侨华人的潜力，为中国企业改造和招商等活动出谋划策，为中国企业进入国际市场牵线搭桥，为中国改革开放提出有益建议。对于中国大陆而言，美国华侨华人能够保持和扩大中美交往的民间渠道，对美国而言，这些既了解中国社会又能与美国主流社会同步沟通的群体，能够加深和扩大双方在贸易、科技和文化等方面的交流与合作。

自中国改革开放以来，出国的留学生近 27 万人，分布在 103 个国家和地区，其中国家公派留学人员 4 万多人，单位公派 8 万多人，自费留学近 14 万人。他们中已有约 9 万人学成回国，其中国家公派 3 万多人，单位公派近 5 万人，自费留学人员数千人。还有三分之二的人仍留学或旅居、定居国外，这是一笔不可忽视的宝贵财富和人才资源。[①] 本来，留学生中留美的居多，加之美国 1965 年公布了新的移民法以来亚裔成为美国成长最快的少数族裔，导致很多中国留学人才旅居美国，成了旅美学人。旅美学人实际也是美国华侨的重要组成部分，他（她）们在美国已获得博士、硕士或相关学位，在美国高等学府、研究机构、政府机关、大中企业公司任职，从事科技开发、教学研究、经营管理方面的专业人才。80 年代前后出国的旅美学人，现在已基本上在美站住了脚，正在发展，他们关心如何发挥自己的才能和专长，并为促进中美交流合作起桥梁作用。他们旅居海外，固然有生活条件、子女教育等因素，但主要还是认为回国工作一时难以称心。“玻璃天花板”阻碍了旅美学人在美国各部门的晋升，导致一部分人不甘心在美国公司一辈子屈居人下，而想另谋出路。美国的环境和中国大陆“下海潮”的影响，使部分旅美学人也对自己创业跃跃欲试，却因资金和经验不足而下不了决心。总而言之，回国工作暂不称心，在美打工又不甘心，“下海”却下不了决心，是一部分旅美学人的心态，

---

① 程希：《当代中国留学生研究》，香港社会科学出版社有限公司 2003 年版，第 102 页。

致使他们彷徨踌躇。

这一代海外学人是特殊历史时期的产物。他们大多数出国前接受过中国的高等教育，又经历了“文革”的磨炼，在工厂、农村等基层工作过，到西方深造获得学位后，又在西方工作数年。完整的中西方教育训练和双重的社会阅历，使他们比较了解中西文化，具备亦中亦西、“土洋结合”的价值观念；既了解中国的国情，有振兴中华的强烈愿望和使命感，又了解西方社会，触摸到世界发展的脉搏，能分辨什么才是真正适合中国国情的西方先进经验，对“洋为中用”具有更为成熟的看法。老华侨和台湾留学人才去国多年，历史的原因使他们对当今中国大陆国情了解不全；今后出来的留学生年龄较小，离校不久即出国的居多，缺乏社会经验；与他们相比，这一代海外学人显然“空前绝后”，具有不可取代、不可重复的独特优势。

从中国近代史来看，留学生对中国的政治、经济、军事、教育产生过巨大的影响，许多人成为各行各业的中坚。如果说“身居海外，心向祖国”，是过去到现在所有海外学人的真实写照，那么他们一直在寻求发展自身与报效祖国的最优结合点。新一代留学生是幸运儿，历史给了当代留学人才发挥才能的最佳时机；老一代留学人才基本上处在中美交恶的年代，心理上很难协调中西冲突的矛盾，个人出路也很难抉择，往往非留即归；而现在中国处在和平环境，中国来去自由的政策和中美彼此需要的总趋势，使得旅美学人有了第三种选择：非留非归，又留又归，立足于留，放眼于归。他们个人的发展与中国的变革、世界的繁荣方向一致，也有利于中美交流合作。所以，他们的民族使命感、社会责任感与自己的前途、利益不发生矛盾，在心理上也就不像前代学人一样找不到协调的契机。由于他们的文化素质较好，技术水平较高，对提高华人在美社会地位，推动华人参政，促进海内外华人团结，帮助中国建设，加强中美科技、经济、文化交流，能发挥不可忽视的作用。

中国的留学生政策由强调“回国服务”转为强调“为国服务”，确实调动了一大批海外学人的热情和积极性。海外学人的前身是公派和自费留学生，国家对之有各种留学生政策，由国家教委具体实施。时过境迁，他们中极大多数人早已不再是“留学生”，一些人旅居国外受聘任职多年，成了海外华侨；另一些人入了所在国国籍，成了海外华人。目前，中国政府通过驻外使领馆与教委、科技管理部门（科委、科协、科学院）、侨务部门（侨办、侨联、人大政协的侨委）、人事部、统战部、外事局等多个系统联系海外学人，但无一统管部门，各机构职责不清，造成混乱和低效。既然他们不再是“留学生”，建议议定有关海外学人的归口联系机构、相关政策和落实措施，为他们施展才干逐步提供更好的条件。

一些具有真知灼见的美国政治家已意识到这批中国旅美学人的优势和作用。如前联邦参议员比尔·布莱德雷就认为“亚裔美国人的伟大智慧，将会帮助我们走在世界前列”，“是我们将来在国际市场上取得成功的关键之一”，“亚洲是世界经济中成长最快的地区，我们的亚裔移民可以成为这个地区文化节奏的向导，帮助美国获得优势。”① 发展成长中的中国，在迎来历史上难得的机遇之际，对于这一代海外学人宜尽早启用，而且要积极地、主动地、放手大胆地使用，让他们为科教兴国和中外合作贡献力量。面临 21 世纪世界经济的大发展，中国制订了具有高度前瞻性、科学性和建设性的战略和相关政策，实施科教兴国。21 世纪各国的竞争，是科技与经济实力的竞争，说到底是人才的竞争。更有实效地将中国独具的海外人才优势发挥出来，融合到中国高速发展中去，是中华民族在未来全球竞争中立于不败之地的关键环节之一。

在目前的条件下，吸引更多的海外学人短期回国讲学和工作，是充分利用留学人才资源的重要途径，可使他们发挥更大的作用。第一，在学术交流方面，他们能够带回国际上最新的科研动态、研究成果、新技术、新

① 牛震：《第三中华：海外华人的历史·现在·未来》，（台北）台湾磨坊文化事业有限公司 2002 年版，第 19 页。

工艺、新产品等信息。第二，在科研合作方面，他们能够直接参与中国重点科研攻关项目，如863计划、火炬计划、攀登计划等等，帮助国家和有关部门筹建重点实验室，引进先进的实验方法、设备和技术，优良的软件系统以及高效的管理方法。第三，在人才培养方面，他们和中国国内学者联合培养研究生，共同编写教材，合作完成科研项目。第四，在技术攻关方面，他们能够帮助中国国内企业技术改造，产品换代，新产品开发，资金引进等等。事实上，海外学人短期回国讲学和进行科研项目已经对中国的学术研究和经济改革起了很大的作用。近年来，短期回国讲学、工作的海外学人越来越多，已被喻为“候鸟”，穿梭、飞翔于中国和居住国之间，颇多贡献。

四、争取美国华侨华人促进祖国统一

凡怀有民族感情的海外华人，无不把两岸统一视为天经地义的必然发展。但面对着岛上“台独”势力逐渐“坐大”，海外华侨华人终于发觉到，虽然他们对两岸统一一向很关心和支持，但是他们以前所提供的支持，大致仅限于言论上的静态活动，这显然是不够积极和全面的。因此，在今天，他们中便发出了一股积极投入“反独促统”的热情。在海外华侨华人当中，“反独促统”已经成为大多数人的共识和自觉行动。中国大陆必须把这一股日益壮大的“反独促统”的力量组织起来，促成全球“反独促统”力量的大联合，积极投入全球性的“反独促统”的运动，而美国华侨华人是我们争取的主要对象之一。

面对今日台海两岸形势，推动祖国统一大业，美国华侨华人在两个方面做出了突出贡献：首先，美国华侨华人身居海外多年，既有传统中国文化素养又有对美国的全方位了解，这些宝贵的经历，可以在中美各种交流中发挥建设性作用，例如促进美国政府和社会大众去了解今天的中国，介绍中国的历史文化，只有在全面了解中国历史文化和现状的基础上，美国

人民和领导决策层才能够制订出恰当的对华政策。此外，支持两岸统一的美国华侨华人大力宣传统一对美国的好处，因为中国历史事实一再说明：分裂的中国是不稳定的，如果占世界人口五分之一的中国发生动荡，不但亚太乃至世界的和平安定都将大受影响。其次，美国华侨华人运用自己的切身体验总结分析中西文化社会制度之优劣，进而向海峡两岸提供建言，从另一角度思考并协助推动中国和平统一大业。面对台湾同胞，美国华侨华人认为台湾同胞的悲情是整个中华民族苦难不可分割的一部分。这也更证明了全中华民族命运共同体的事实，同时进一步说明台湾若分裂出去，将会让海峡两岸的后代子孙更加悲哀，割断了中华文化和历史的传承，使他们真正沦为亚细亚的孤儿。

由于中美关系与两岸关系互为交织的现状，以及海外华侨华人“反独促统”的所在地是西方强权干涉两岸统一的一个重要场所，因而“反独促统”成为美国华侨华人创造有利于中国和平统一的主要国际环境和民间舆论场所。“反独促统”主要有两个对象：一是针对海外各华人社区中主张和支持“台独”的人士、团体和传媒等，促使其认清“台独”的危害性；二是针对海外华人居住国政府、国会、政界人士、社会人士、媒体和压力团体等，表明海外华人坚决支持一个中国的立场和态度。

在祖国统一方面，我们既要看到“台独”势力分裂海外华人社会的恶劣影响，也要相信华侨华人可以作为“两岸和平统一之母”，① 发挥其特有的角色作用。美国华侨华人在沟通大陆与台湾联系方面，在促进祖国统一大业方面，将是一股值得重视的民间资源和宝贵力量。而如何珍视这股资源，使其有利于民族一体却是一个值得深思的问题。在冷战后的今天，要准确地理解和把握美国华侨华人及其华人社会的现实。事实上，要了解美国华人社会不同派系、各个集团之间的政治分歧及其不同走向，找出相

① 《孙中山孙女：华侨是“两岸和平统一之母”》，东方网 2001 年 8 月 17 日，http://www.eastday.com/。

互之间的共通点，使其共同致力于国家统一，仍然是一个长期的任务。近年来，在中国驻美使领馆的协助下，美国各地的“中国和平统一促进会”纷纷成立。如果说中国政府对于海外华侨华人及其社团的动员，在改革开放初期主要在于引进人才和智力帮助中国发展经济和科技的话，那么如今的动员则在持续过往政策的同时，增加了新的内容，那便是团结一切对我友好的力量，从政治上孤立和打压“台独”分子，服务于祖国和平统一大业。当然，这种角色动员范围以欧美地区的华侨华人社团为主。海外华人社会（特别是美国华人社会）作为一股促进统一的力量，蕴含着巨大的能量。美国华侨华人在中美关系的角色定位应体现在，一方面与中国开放的大国形象相配合，是沟通中外的桥梁与和平友谊的使者；另一方面与中国和平崛起的大国形象相一致，是国家统一的力量和民族团结的典范。[①] 中国的今后侨务工作应当加强这方面的宣传力度，特别要用更大的智慧、更扎实的工作、更真挚的交流将港台新移民团结在中华民族的旗帜下，有效整合华侨华人资源，构筑互利和双赢的基础，共同致力于中华民族的伟大复兴。

五、发挥美国华侨华人作用推进中美关系

传统上对外交的关注集中在国家身上，但非国家行为体亦在国家间关系中发挥重要作用。冷战结束后，随着全球化的深入发展和信息时代的到来，特别是各式各样的非政府组织的大量涌现和区际交往的增加，国际关系被一种多行为体间的关系所取代。外交已不再是一国闭门造车的结果，而是全球大舞台上各种角色彼此制掣的产物，呈现出透明性和联动效应。[②] 个人和团体跨越国界的交流关系，往往先于国家之间的正式关系而

① 吴前进：《国家关系中的华侨华人和华族》，新华出版社 2003 年版，第 292 页。

② 唐小松：《中国外交研究的新超越——读王逸舟〈全球政治与中国外交〉》，中国政治学网 2004 年 6 月 3 日，http://www.cp.org.cn/。

存在，并在国家关系发展的同时取得进一步拓展。华人早在18世纪就开始向北美移民，到19世纪中国移民大量进入美国，中国人是第一个大批移民美国的亚裔集团。从19世纪至20世纪华侨华人对美国的历史进程和经济发展起了不可磨灭的推动作用。众所周知，华侨华人长期以来在美国的政治生活中处于被动地位，华侨华人对中美关系的影响力相较于其他族裔并不明显，一直扮演“旁观者”（bystander）角色。[①] 从第二次世界大战开始，这一情况发生了变化，中美关系中的“华人因素”开始突显，从严格意义上讲，美国华侨华人在中美关系的各个领域都是即时的参与者。

中美关系自1972年《上海公报》之后，历经曲折，时起时落。在这个过程中，众多的美国华侨华人扮演了重要的促进角色，这其中的代表人物有陈香梅、田长霖等。前文已经论述，1989年之后中美关系陷入低谷，身兼美国共和党多项职务的陈香梅女士为中美关系的改善进行了多方协商和解，1990年5月她率团访华，为扫除美国对华投资障碍做出了贡献。在中国大陆出生，台湾成长，美国留学和工作的田长霖教授在中美关系中的角色作用同样十分明显。由于田长霖在美国政治、学术领域享有崇高地位，与北京、台北和香港政界以及克林顿政府都有良好密切关系而经常在美国及两岸三地间走动，他承认：“自己是以一个华裔美国人的身份出面，不代表官方和任何一方。他的个人行动是为了美国的利益，为了海峡两岸的利益，希望使三方都能获益。”[②] 政治忠诚和文化情感并行不悖，在美华人充分认识到他们对于美国和中国的价值选择和行为趋向。

20世纪80年代后期，美国华人人口已经代替了日裔，取得美国亚裔人口的首位。1979年后，在美国的华人移民数获得了显著增长。华人移民除来自中国大陆、台、港之外，还有来自越南、老挝、柬埔寨的华裔难民以及大批东南亚和拉美地区的华人再移民，这批移民被称之为新移民。

---

① Peter H. Koehn and Xiao－huang Yin, *The Expanding Roles of Chinese Americans in U.S.－China Relations*（New York：M. E. Sharpe, Inc, 2002）, p8.

② （美）《侨报》1999年8月9日，第2版。

与东南亚地区华侨华人在国家关系中所承受的被动角色不同的是，美国华侨华人在不断实现自身价值，设法融入当地社会的同时，在国家关系的发展中主动地承担着历史角色，他们为居住国经济、科技和文化的发展，为中国现代化事业，奉献了独特的群体价值，特别是在冷战后期和中国改革开放期间。美国华侨华人在价值观念、科技进步和生活方式各方面给予祖籍国以极大的结构反馈，成为中国改革开放外部力量的直接推动者，尤其是华裔知识精英在文化交流、科技运用等方面做出了杰出的努力和全面的贡献。海外华侨华人与国家关系的内容，一方面被规定在国家关系互动的范畴之内，有其被动性；另一方面则有其主动性，作为居住国成员和团体，华侨华人在居住地和祖籍国之间穿梭往来，实践和推动着国家之间正常友好的交流合作，为国家关系的良好互动奠定民间基础。冷战结束后，随着全球化和信息技术的迅猛发展，在美国对华政策和中国对美政策的制定过程中，美国华人越来越多地扮演更加重要的角色。

六、加强中文学校的传播功能

长期以来，海外的中文学校以繁体字和注音符号为主体，以台湾编写的教材为蓝本。台湾方面在美国做宣传和公关工作，向来以侨务和侨教为两大基地和工具，互相配合，功效显著，而大陆方面只重侨务，而且是精英侨务。改革开放以来，中国大陆留学生开始大批留美和旅美，为美国侨界增加了一股重要的生力军，更是海外新侨的主力军。为了延续中华文化的薪火，传播中华文明的精髓，自 20 世纪 90 年代初以来，全美各地陆续出现了一批以教学简体字和拼音字母为主体的中文学校。为了整合这批新兴的中文学校，全美中文学校协会于 1994 年 11 月正式成立。当时首批成员学校只有 25 所，经过短短的三年时间，学校总数已逾百所，拥有近万名学生。中国人大华侨委员会副主任委员万绍芬在北京人民大会堂会见全美中文学校协会访华团时说：“你们在海外做了一件非常有意义的事情，它的深远意义怎么估计都不会过分。”[①]

作用于中美关系的改善，海外的中文学校存在许多独特的功能。中文学校在传播中国文化的过程中，具有许多“传教”的功能。来自中国大陆的华人很少在周末与许多美国人一样去教会做礼拜、敬上帝，而是去中文学校学中文。他们把中文学校当“教堂”、中文课本当“圣经”、中文老师当“教士”。在华人眼里，中国文化的精髓——儒学已经不是一种哲学，而是一种宗教，孔孟之道也被当做一种孔教来顶礼膜拜。宗教的一大功能是通过一种精神和情感的联系，集聚某个集团的向心力，而精神的凝聚力是追求政治利益、表达群体诉求的前提。

中文学校还有凝聚社区的功能。海外华人深受一个多世纪以来各种因素的影响，难以形成一个有力的整体，他们的利益深受中国的党派、地域、宗亲、阶段和民族所制约。与海外犹太人社区相比，华人在海外的最大弱点是难以凝聚团队的力量，内耗严重。但只有一种理念和诉求——中华文化，是他们唯一能够凝聚共识的基点，而中华文化的基础是中文教育。尽管中文教学仍有简体和繁体、拼音和注音之争，但两者皆是中国文字宝库的共同财富。

目前，许多海外的中文学校不仅是孩子们学习中文的空间，更重要的是它吸引了众多的家长利用孩子们学中文的良机，在中文学校开展文体活动、举行学术沙龙、交流生活信息，全方位地推展了当地社区华人的各种联系，逐渐形成和强化了华人在美国社区的政治、经济、文化和学术力量。文化的传播具有一种特殊的辐射力和渗透力，它是超党派、超阶段、超种族和超国界的，它不仅成为联结母国的坚强纽带，而且成为影响侨居国文化的重要动力。所以，海外中文学校其实正在成为华人活动中心，全方位、多层次地凝聚了海外华人的力量。

尽管自 19 世纪以来的西学东渐、五四运动、国共内战、“文化大革

① 郭俊次：《国家一定要统一 民族一定要振兴》，《侨务工作研究》，2005 年第 3 期。

命”、以及商品经济，对中国传统文化进行了史无前例的重重冲击，但具有数千年历史的中国文化和伦理道理，自始至终存在着极强的生命力，并已深深地沉淀在华人的血液之中，[①] 成为华人基因的一个组成部分。

另外，中文学校将成为培育华人参政的摇篮。在美国，华人只有参政，才能真正出人头地，因为美国是一个典型的代议制国家，任何诉求必须通过民意代表，才能受到重视。但是，80 年代离开中国的第一代移民要想全面介入美国的政界，困难重重，主要是他们的中国传统包袱太重，思想观念难以真正融入美国文化。像目前活跃于美国政坛的华人，如华盛顿州州长骆家辉、赵晓兰等，大多是第二代或第三代的中国移民，他们无论在语言和观念方面几乎全部被美国文化同化。

所以，海外华人参政的真正希望在移民的第二代。但第二代的参政，需要第一代的全力扶持，从小既要给他们创造参政的条件，又不能使这些第二代成为黄皮白心的“香蕉”。所以，中文学校的独特功能是统一了两个难以合一的现象，即使华人子弟不忘儒教传统，牢记中华之根，又使他们具有开放情怀，拥抱美国文化主流，投入美国政界。

目前，中文学校不仅传播中国文化，而且注重培养未来的华人政治家，努力把中文学校建成旅美华人的“黄埔军校”。他们计划定期组织有从政兴趣的青少年赴美国国会参观，旁听国会议员辩论，参加地方选举的助选工作，邀请选举专家介绍选举理论和实践，并组织夏令营回中国各地寻根，培养他们的中国情结。更重要的是鼓励他们报考社会科学方面的专业，因为绝大多数华人子弟皆重理工、轻人文，在美国，成年后成为政治家的，大多是学法律和其他社会科学出身的。

---

① 在今日的海外，六大孔孟之道已成为华人立身存命的成功之路。一是温良恭俭让的礼貌和礼仪；二是和合之道，即凡事先求和解、和平与和睦，再求合作、合成与合流；三是中庸和中道，追求妥协与互让；四是有教无类，崇尚教育和知识；五是推己及人，理解他人；六是天下为公，先天下之忧而忧，后天下之乐而乐。

第三节　关于大陆对美侨务工作扩大和提升的建议

掌握了对待美国华侨华人的基本原则后，我们可以对新时期的侨务政策加以有效的调整，笔者对我侨务工作的扩大和提供提出几点建议：

一是侨务政策要以建立最广泛的爱国统一战线为目标，切实为祖国的统一大业服务。当前台湾的侨务工作正处于重要的转型期，尤其是提出“等级论”的谬论后，造成海外华人社团的强烈反弹和抗争，使台湾侨务政策陷入被动，面临着很大的困难，不少亲台的社团面临着分裂、分化，这给我们开展海外侨务工作创造了条件，带来种种的便利。但我们也应充分意识到，亲台侨社和部分传统侨社对中国大陆还是缺乏了解，短时间内取得突破还是有一定的困难。因此我们更应具备耐心和信心，不计前嫌、一视同仁，重视发挥政策效应，进一步做好亲台社团的团结、争取和分化工作，发挥他们的积极性，使海外侨力资源最大限度地为我所用。在具体措施方面，我们应该加强同美国华人社会侨团侨社的联系工作，落实推广侨务“志愿工作者”制度，运用现代化网络技术，强化对传统侨社的服务功能。我们尤其应当认真做好在美台胞的工作，使得他们在中国和平统一前景与中华文化的认同上，能够形成一个比较清晰的认识。同时，我们应当加强在美台胞同中国大陆之间的政治经济文化联系，邀请他们以各种不同的方式前来大陆，由此可以深入地了解大陆社会的实际情况，进而提升他们对大陆社会的认可度，希望他们能够为遏制“台独”势力的增大，推动海峡两岸关系朝着良性互动的方向发展出一份力。在“反独促统”斗争中，不论新侨、老侨，还是台籍人士，只要拥护祖国统一，就是我们分化、团结和争取的对象，是我们组成最为广泛的爱国统一战线的基础，对促进“反独促统”斗争，早日实现祖国的统一大业等都有十分重要意义。

二是侨务工作是外交政策重要组成部分，要以服务全体侨胞为准绳，搞好宣传工作。侨务工作的对象是活生生的人，涉及面广，政策性、艺术性都很强，它与外交工作相辅相成，甚至有更大的弹性空间。有些政府不好出面或直接做的事，通过海外侨胞的穿针引线，可以起到事半功倍的效果。长期以来，以色列之所以能在阿拉伯世界的包围中求得生存和发展，与其充分发挥海外以色列后裔的作用有很大关系。他们出钱出力，在西方国家游说，在美国政府、国会寻找代理人，为母国说话、办事，使以色列能够在恶劣的生存环境中发展起来，他们的做法值得借鉴。美国华侨华人有数百万人，他们分布在美国各地，爱国爱乡，隐藏着巨大的政经资源，可以为我国的经济建设和社会发展贡献力量。

三是为海外侨胞生存和发展服务，是我们侨务工作的根本出发点。海外侨胞融入当地的主流社会，取得较好的生存和发展条件，需要经历薪火相传和不屑的奋斗。经济是基础，决定着海外华人未来的社会地位。海外华侨华人多数处于社会的中下阶层，生存和发展权都受到限制，急需我们力所能及的帮助，以体现祖国的关怀和温暖。随着中国大陆经济的健康发展，我们应当扩大对外开放，保护华侨华人在大陆的合法权益，特别是投资权益；此外，在大陆搭建华侨华人经济界、科技界人士合作平台，促进美国传统华侨华人资本和新一代华侨华人技术与智慧合作，优势互补，增强美国华侨华人经济实力，实现华人经济和中国经济大发展的双赢局面。中文教育基础性强，事关如何培养华裔下一代，直接面对的是广大的海外侨胞，影响面广，既看得见、摸得着，见效又快，是件功及千秋、馈及后代的大事，值得感情投资，要舍得花钱。因此，今后不论提供华文教科书、培养师资力量，还是搞侨情宣传，整合海外侨力资源，都得兼顾长远利益。近年来，台湾通过留台校友会，搞所谓的“光华之夜”，在华人聚居地建有不少图书馆等，既宣传台湾“经验”和文化，又笼络一批华人的心，这些做法值得警惕。

四是侨务政策要保持连续性，做到通盘考量，真正发挥应有的配套作用。近年来，台湾重新厘定侨务工作方向，也舍得花钱，并将政策重点转向以保侨护侨为主。事实上，随着客观环境变化，海外华侨华人的组织结构、人员构成和功能作用等都发生重大变化，随着新移民的崛起和作用日益突出，我们侨务政策应作相应调整，但调整应慎重，防止出现反弹现象。要重视侨务政策连续性和导向作用，取信于人，提高政策含金量，进一步获得海外侨胞的认同和积极支持；要认真研究对外交流的途径和方式，摸清新情况，解决新问题，做到重点突出，有的放矢；要积极开展侨情调研，适当放宽移民条件；要重视发挥媒体宣传作用，多反映海外侨胞的奋斗史，扩大宣传他们对当地经济和社会发展的贡献，加深当地人民的理解和支持，真正为华侨华人融入当地主流社会，参政议政，取得更好的生存和发展机会服务。

五是建立侨务委员会，提高侨务决策的科学性和权威性。随着侨务工作的不断社会化，侨办、侨联、台办、台联、统战和有关民主党派等涉侨部门，都积极参与侨务工作，取得不小的成效；但也带来多头管理、局限于迎来送往和容易流于形式等问题，难于发挥合力和一致对外的作用。因此，有必要组成统一的侨务委员会，明确其功能定位，各涉侨部门都参入其中，做到分工合理、各司其职，发挥侨务部门协同作战的优势，以实现侨务决策的科学化、民主化和权威性。要不断充实侨务干部队伍，优化涉侨人员构成和知识结构。要有长远的工作目标，切实增加侨务经费，不失时机地“走出去”开展工作，真正到侨情第一线，做好排忧解难和联络感情的工作，深交老朋友、广交新朋友，使侨务工作真正为我国的改革开放和现代化建设事业服务，为祖国的和平统一大业服务。

六是鼓励华侨华人献计献策。我们要鼓励广大的美国华侨华人特别是其中的知名人士，在坚持一个中国的基础上，为中国的和平统一出谋划策。由于目前台湾岛内民众对“一国两制”模式的接受程度较低，因而只要是在坚决反对“台湾独立”的前提下，那就什么问题都可以谈，什么问题都可以探讨。所以，对于部分美国华人学者正在研究中国大陆民主化与祖国统一之间的关系，正在分析各种模式统一中国的可能性，我们都应当予以足够的理解和尊重。

最后，笔者想借用著名美国华人学者杜维明“文化中国”概念作为结束。该概念虽然涉及新儒学这个学理范畴，但是一经提出后，在美国华人社会产生了深远的影响。在台湾问题依然分裂华人社会的情况下，“文化中国”加强了美国华侨华人对一个中国的认同。

杜维明认为，所谓“文化中国”可以分为三个“意义世界”。第一意义世界是以华人为主体的社会，包括大陆、台湾、香港、新加坡，这四个地区虽然在政治制度、社会组织上都有差异，但是有共同的语言、历史和世界观，彼此之间有着千丝万缕的联系。第二意义世界包括散布在世界各地的华人社群，他们身为移民，属于“离散族裔”，却保持着自己的“中国性”，对中国文化有认同感。第三意义世界包括很多从事于中国文化研究的学人、媒体的从业人员以及来华投资的企业家等等，资源实际上是很丰富的。我们现在看起来，中国的现代化，特别在经济领域，最大的投资者，多半是来自“文化中国”的第一和第二意义世界，比如台湾以至散布在世界各地的华裔，大概有三千六百万人，因为文化的认同，因为乡情，也因为很多人认为中国将来的发展能够提高全世界华人在各自社会中的地位这样一种考虑等等。中国的发展，是成为“文化中国”新的价值能够创造能够发挥的前提，就这一角度而言，从投资、旅游、文化交流以及其他各种信息交流来看，当然“文化中国”这一广大的地方对于中国的发展有很积极的作用。[①] 对“文化中国”概念的理解的研究，为我们在寻求文化方面凝聚力量和提升改进提供了理论支持。

如果我们能在政策和文化层面进行科学研究、合理规划后，面对台湾

---

① 羊凡：《儒家伦理与“文化中国”——杜维明教授答问录》，《学习与思考》，1995 年第 1 期。

当局的策略变化，我们就能作出妥善、理性的应对，能够在海外树立起祖国的伟大形象，加深全体美国华侨华人对一个中国的认同，凝聚全体爱国华侨华人力量，同全体中国人民一起实现祖国的统一与中华民族的伟大复兴。华侨华人是中华民族的重要资源宝库，美国华侨华人是这个资源宝库中的重要组成部分。这种资源的形成、发展有其内在的规律，资源的培育及其作用的发挥都需要遵循这种客观规律。作为一种分布广泛、实力雄厚、影响显著的战略资源，受到各种力量的争夺势所必然。资源争夺的重点是人才资源和资金资源。美国华侨华人所具有的人才、资金、技术及其遍及世界各地的关系网络优势决定了这种资源的战略地位。总之，我们应当从战略的高度充分认识新时期新阶段侨务工作的地位和作用，用战略思维的原则、方式去思考、规划侨务工作的现状和未来，增强紧迫感和使命感，解放思想，实事求是，与时俱进，把握大局，突出重点，科学行政，为中国的发展、世界的和平和侨胞事业的进步做出新的更大贡献。

参考文献

一、中文书目

（美）陈静瑜：《从叶落归根到落地生根——美国华侨华人社会史论文集》，（台北）稻乡出版社 2003 年版。

（美）陈依范：《美国华人发展史》，香港三联书店 1984 年版。

（美）孔秉德、尹晓煌主编：《美籍华人与中美关系》，（北京）新华出版社 2004 年版。

（美）麦礼谦：《从华侨到华人——二十世纪美国华人社会发展史》，三联书店（香港）有限公司 1992 年版。

（美）沈己尧：《海外排华百年史》，中国社会科学出版社 1980 年版。

（美）宋李瑞芳著，朱永涛译：《美国华人的历史和现状》，商务印书馆 1984 年版。

（美）王尚勤：《海外的中国人》，中国友谊出版公司 1985 年版。

《邓小平思想年谱（1975－1997）》，中央文献出版社 1998 年版。

《飞跃的一年：中华民国与华侨》，（台北）侨务委员会 1989 年版。

《各国华侨华人》，国务院侨务办公室秘书行政司资料室 1991 年版。

《海外党的组织与工作改进纲领》，（台北）中国国民党中央党部海外工作会编 1972 年版。

《海外华人社区发展：系列学术座谈会纪录》，（台北）台湾海外华人研究学会 1998 年版。

《华侨华人史研究集（二）》，海洋出版社 1989 年版。

《纽约台山宁阳会馆特刊》，（美）纽约台山宁阳会馆 1986 年版。

《侨务报》社编：《侨务政策文集》，人民出版社 1957 年版。

《侨务五十年》，（台北）侨务委员会 1982 年版。

《侨务政策文件资料汇编》，中央华侨事务委员会编 1955 年版。

《外交报告书——对外关系与对外行政》，（台北）“外交部外交报告书编辑委员会”1992 年版。

《中国国民党党史资料与研究》，（台北）“中华民国”史料研究中心编 1989 年版。

《中华民国建国七十年全球华侨重要活动汇志》，（台北）侨务委员会 1982 年版。

蔡德奇、江永良：《华侨华人的新发展》，厦门大学出版社 2001 年版。

陈碧笙：《世界华侨华人简史》，厦门大学出版社 1991 年版。

陈碧笙选编：《华侨华人问题论文集》，江西人民出版社 1989 年版。

陈国霖：《帮会与华人次文化》，商务印书馆 1992 年版。

陈宏编著：《解读台湾问题》，新世界出版社 2004 年版。

陈鸿瑜：《海外华人社区发展》，（台北）海外华人研究学会 1998 年版。

陈鸿瑜：《中华民国之侨务政策》，（台北）海外华人研究学会 2000 年版。

陈佳宏：《海外台独运动史——美国“台独”团体之发展与挑战（50 年代至 90 年代中）》，（台北）前卫出版社 1998 年版。

陈玲：《中国留学大潮纪实》，海潮出版社 1995 年版。

陈乔之：《华侨华人社会经济研究》，地平线出版社 1998 年版。

陈一新：《断交后的中美关系》，（台北）五南图书出版有限公司 1995 年版。

程千万：《唐人街外史》，（台北）星岛出版社 1980 年版。

戴超武：《美国移民政策与亚洲移民（1849－1966）》，中国社会科学出版社 1999 年版。

邓蜀生：《美国与移民：历史·现状·未来》，重庆出版社 1990 年版。

董世芳：《我们的侨务》，（台北）海外文库出版社 2001 年版。

方金英：《东南亚“华人问题”的形成与发展》，时事出版社 2001 年版。

方雄普、谢成佳主编：《华侨华人概况》，中国华侨出版社 1993 年版。

方雄普：《美国华裔名人剪影》，东方出版社 1987 年版。

高伟浓、石沧金：《中国的华侨华人研究（1979－2000）——对若干华侨华人研究期刊载文的摘评》，中国华侨出版社 2002 年版。

高伟浓：《国际移民环境下的中国新移民》，中国华侨出版社 2003 年版。

高信：《中华民国之华侨与侨务》，（台北）正中书局 1989 年版。

葛剑雄：《移民与中国》，中华书局，1992 年版。

郭焕圭：《台湾的将来：国际政治与台湾问题》，（台北）致良出版有限公司 2005 年版。

郭齐勇、郑文龙：《杜维明文集》（第 5 卷），武汉出版社 2002 年版。

国务院侨务办公室、中共中央文献研究室编：《邓小平论侨务》，中央文献出版社 2000 年版。

韩省之编：《海外杰出华人》，时事出版社 1987 年版。

郝时远主编：《海外华人研究论集》，中国社会科学出版社 1992 年版。

郝雨凡：《白宫决策：从杜鲁门到克林顿的对华政策内幕》，东方出版社 2002 年版。

黄嘉树：《台湾能独立吗——透视台独》，国际战研究基金会战略研究丛书 1994 年版。

姜南杨：《台湾政治转型与两岸关系》，武汉出版社 1999 年版。

蒋经国全集编辑委员会：《蒋经国先生全集》（第十一集），（台北）“行政院新闻局” 1991 年版。

邝治中著，杨立信译：《新唐人街》，中华书局 1989 年版。

李春辉、杨生茂：《美洲华侨华人史》，东方出版社 1990 年版。

李明欢：《当代海外华人社团研究》，厦门大学出版社 1995 年版。

李小兵、孙绮、李晓晓：《美国华人：从历史到现实》，四川人民出版社 2003 年版。

李盈慧：《华侨政策与海外民族主义》，（台北）“国史馆” 1999 年版。

李原、陈大璋：《海外华人及其居住地概况》，中国华侨出版社 1991 年版。

李云汉：《中国国民党史述》，（台北）台湾商务印书馆 1994 年版。

刘宏、黄竖立主编：《海外华人研究的大视野与新方向：王赓武教授论文选》，（新加坡）八方文化企业公司 2002 年版。

刘兆佳主编：《华人社会社会指标研究的发展》，中文大学香港亚太研究所 1992 年版。

刘兆佳主编：《华人社会社会指标研究新领域》，中文大学香港亚太研究所 1996 年版。

刘兆佳主编：《社会转型与文化变貌：华人社会的比较》，中文大学香港亚太研究所 2001 年版。

龙向阳：《世界体系中的华侨华人与国际关系——一种历史的分析与反思》，暨南大学博士论文，2003 年。

陆国俊：《美洲华侨史话》，天津教育出版社 1991 年版。

麦子编：《美国华人名人录》，广东科技出版社 1994 年版。

毛起雄、林晓东：《中国侨务政策概述》，中国华侨出版社 1993 年版。

毛起雄：《台湾当局侨务机构与立法》，《侨务工作研究》编辑部 1988 年版。

莫利亚：《美国华夏精英录》，镜报文化企业有限公司 1995 年版。

牛震：《第三中华：海外华人的历史·现在·未来》，台湾磨坊文化事业有限公司 2002 年版。

潘叔明：《“一国两制”与台湾问题》，人民出版社 2003 年版。

彭怀恩：《中华民国政府与政治》，（台北）风云论坛出版社 1997 年版。

彭盛龙：《侨务行政与实务》，（台北）考用出版社 1996 年版。

丘立本：《从世界看华人：华人研究新探》，南岛出版社 2000 年版。

邱秀文编：《芝加哥中华会馆历史纪实》，（美）芝加哥中华会馆 2000 年版。

任贵祥、赵红英：《华侨华人与国共关系》，武汉出版社 1999 年版。

阮次山：《冷和——中美世纪之惑》，世界知识出版社 2004 年版。

山东省政协文史资料委员会编：《留学生活》，山东人民出版社 1992 年版。

施诺：《2002 年中国出国留学白皮书》，新华出版社 2002 年版。

苏格：《美国对华政策与台湾问题》，世界知识出版社 1998 年版。

孙哲主编：《美国国会与台湾问题》，复旦大学出版社 2005 年版。

孙甄陶：《美国华侨史略》，（台北）台湾华侨协会文教事业委员会 1975 年版。

台湾研究基金会编：《华人世界的现代国家结构》，（台北）西周出版社 2003 年版。

陶文钊：《中美关系史（1949－1972）》（下卷），上海人民出版社 2004 年版。

陶文钊：《中美关系史（1949－1972）》（中卷），上海人民出版社 2004 年版。

汪树华：《美国华人政治参与研究》，（台北）财团法人海会文教基金会 2001 年版。

王赓武：《中国与海外华人》，（台北）台湾商务印书馆 1994 年版。

王建民：《民进党政商关系研究》，九州出版社 2004 年版。

王奇生：《中国留学生的历史轨迹》，湖北教育出版社 1992 年版。

王士谷：《海外华文新闻史研究》，新华出版社 1998 年版。

吴剑雄：《海外移民与华人社会》，（台北）允晨文化 1993 年版。

吴前进：《国家关系中的华侨华人和华族》，新华出版社 2003 年版。

吴前进：《美国华侨华人文化变迁论》，上海社会科学院出版社 1998 年版。

夏诚华：《民国以来的侨务与侨教政治研究（1912－2004）》，玄奘大学海外华人研究中心 2005 年版。

徐斌编：《华侨华人研究中文书目》，厦门大学出版社 2003 年版。

徐德清等：《世纪之交的反思——中国旅美学人谈中美关系》，香港八方企业公司 2001 年版。

许婉玲：《国人移植海外之因素及当前移民政策之探讨》，（台北）私立中国文化大学民族与华侨研究所 1982 年版。

颜国裕《我国侨务政策之研究：民国六十年以后之发展分析》，（台北）龙文出版社股份有限公司 1991 年版。

颜彦棻：《当前华侨处境与海外党务方针》，（台北）中国国民党中央委员会 1962 年版。

晏余生：《美国华裔帮派的发展及其衍生之社会问题》，（淡水）私立淡水大学美国研究所 1994 年版。

杨保筠主编：《华侨华人百科全书：人物卷》，中国华侨出版社 2001 年版。

杨富森：《我在美国三十年》，三联书店 1985 年版。

杨国枢：《华人五大性格向度及其与美国华人五大性格向度的关系》，

（台北）中研院民族学研究所 1992 年版。

杨建成：《华侨参政权之研究——中华民国侨居国外国民对祖国政治参与实例之统计分析》，（台北）文史哲出版社 1992 年版。

杨建成：《中国国民党海外党务工作的理论与实践（1924－1991）》，（台北）海外华人研究出版社 1995 年版。

杨万秀主编：《海外华侨华人概况》，广东人民出版社 1989 年版。

于仁秋：《救国自救：纽约华侨衣馆联合会简史：1930－1950》，三联书店 1992 年版。

詹长浩：《携手走过的岁月：中华民国侨务发展历程》，（台北）侨务委员会 1990 年版。

詹长皓：《开拓与发扬：中华民国与华侨中华民国》，（台北）侨务委员会 1988 年版。

张存武：《海外华族研究论集》，（台北）华侨协会总会 1992 年版。

张国纲：《我国侨务行政及侨务政策之演进》，香港私立珠海大学历史研究所 1985 年版。

张其昀：《先总统蒋公全集》（第一卷），（台北）中华文化大学 1984 年版。

张启雄主编：《近二十年来的海外华人》，（台北）台湾海外华人研究会 2003 年版。

张希哲编著：《中华民国的侨生教育》，（台北）正中书局 1991 年版。

张兴汉、刘兴标：《世界华侨华人概况（欧洲、美洲卷）》，暨南大学出版社 1996 年版。

郑彦棻：《十年来的海外侨胞》，（台北）海外出版社 1960 年版。

中共中央台湾工作办公室、国务院台湾事务办公室编：《中国台湾问题》，九洲图书出版社 1998 年版。

中共中央统战部研究室编著：《新中国统一战线五十年大事年表（1949－1999）》，华文出版社 2000 年版。

周敏：《唐人街——深具社会经济潜质的华人社区》，新华出版社1995年版。

周南京：《风云变幻看世界：海外华人问题及其他》，南岛出版社2001年版。

周南京主编：《华侨华人百科全书：历史卷》，中国华侨出版社2002年版。

周南京主编：《华侨华人百科全书：著作学术卷》，中国华侨出版社2001年版。

周南京主编：《华侨华人百科全书：总论卷》，中国华侨出版社2002年版。

周南京主编：《世界华侨华人词典》，北京大学出版社1993年版。

朱国宏：《中国的海外移民：一项国际迁移的历史研究》，复旦大学出版社1994年版。

庄国土：《华侨华人与中国的关系》，广东高等教育出版社2001年版。

庄炎林、伍杰主编：《华侨华人侨务大辞典》，山东友谊出版社1997年版。

二、中文期刊文献

（美）李哲夫：《评阿扁过境美国引发海外华人的对峙》，《海峡评论》，2003年12月1日。

（美）麦礼谦：《走向多元化的当代美国社会：在变化中的美国华人地缘性社团系统》，《华侨华人历史研究》，1996年第3期。

（美）王保华著，杨亚丹译：《从封闭式族群经济到高新科技产业——美国旧金山湾华人调查》，《思想战线》，2004年第5期。

陈肖英：《台湾民进党侨务政策的调整及面临的问题》，《八桂侨刊》，2004年第2期。

陈欣：《“美国华人社会的历史进程”讲座综述》，《华侨华人历史研究》，2004 年第 2 期。

程希：《五十年代中国的侨务与外交》，《侨务工作研究》，2004 年第 5 期。

方雄普：《海外侨团的发展演变及其相关政策》，《华侨华人历史研究》，1997 年第 1 期。

高民政、魏宽勇：《世纪回眸：党和国家三代领导集体和平统一战略思想的形成与发展》，《军事历史研究》，2002 年第 2 期。

郭玉聪：《美国华侨在中美关系中的重要作用》，《世界历史》，2004 年第 3 期。

孔凡岭：《战后初期留美学生大部滞留的原因及影响》，《齐鲁学刊》，1996 年第 6 期。

李爱慧：《透视当代美国华人的社会经济地位》，《东南亚研究》，2005 年第 4 期。

李鹏：《台湾当局“全民外交”策略评析》，《台湾研究》，2001 年第 2 期。

梁茂信：《1940－1990 年美国移民政策的变化与影响》，《美国研究》，1997 年第 1 期。

林珊：《台湾侨务政策变化特点与发展趋势》，《华侨华人与侨务》，1996 年第 3 期。

刘华：《评建国初期的侨务工作》，《华侨华人历史研究》，1994 年第 4 期。

梅伟强：《世纪之交的美国华人：从漠视政治到积极参政》，《华侨华人历史研究》，1997 年第 4 期。

苏格：《60 年代后期美国对华政策的解冻》，《美国研究》，1997 年第 2 期。

王灵智著，陈欣译：《美国华人研究的新模式》，《华侨华人历史研究》，1994 年第 4 期。

翁里：《美国的新移民法》，《法学评论》，1994 年第 6 期。

熊志勇：《美国华裔与美国对华政策》，《哈尔滨工业大学学报》（社会科学版），2001 年第 2 期。

徐云：《中国大陆华侨华人研究的文献计量分析报告》，《华侨华人历史研究》，2004 年第 4 期。

杨初晓：《从海外华侨社会的主体变化看中国侨务政策的新动向》，《社会科学》，2002 年第 11 期。

杨山：《“华侨”与“华人”的称呼是科学的概念》，《华侨华人历史研究》，1995 年第 3 期。

曾少聪：《美国华人新移民与华人社会》，《世界民族》，2005 年第 6 期。

张允熠、陶武：《论杜维明对“文化中国”的思考》，《安徽史学》，2005 年第 4 期。

郑瑞林：《台湾移民的特点和贡献》，《华侨华人历史研究》，1995 年第 1 期。

钟伦纳：《从大波士顿市华裔聚落新形态看海外华人一些新动向》，《华侨华人历史研究》，1998 年第 2 期。

周敏、王晓晖：《华裔美国人的精英群体》，《社会学研究》，2000 年第 5 期。

周圣亮、徐永昭：《海外华人、华侨对振兴中华的作用》，《江淮论坛》，1994 年第 5 期。

周岩厦：《孙中山的侨务主张与国民党的侨务政策》，《侨务》，1991 年第 5 期。

庄国土：《1978 年以来中国政府对华侨华人态度和政策的变化》，《南洋问题研究》，2000 年第 3 期。

庄国土：《从移民到选民：1965 年以来美国华人社会的发展变化》，

《世界历史》，2004 年第 2 期。

庄国土：《新时期中国政府对海外华侨华人的政策》，《南洋问题研究》，1996 年第 2 期。

庄礼伟：《百人会在美中关系及华裔权益问题上所起的作用》，《东南亚研究》，2003 年第 5 期。

资中筠：《缓慢的解冻——中美关系打开之前十几年间美国对华舆论的转变过程》，《美国研究》，1987 年第 2 期。

三、报纸期刊及相关网站

（台北）《联合报》。

（台北）《中国时报》。

（美）《世界日报》。

（美）《星岛日报》。

（美）《美洲华侨日报》。

（美）《侨报》。

（美）《中报》。

（美）《国际时报》。

（香港）《文汇报》。

（新加坡）《联合早报》。

《人民日报》。

《华声报》。

《南方周末》。

《华侨华人历史研究》。

《侨务工作研究》。

《福建侨报》。

《广东侨报》。

《华侨华人资料报刊剪辑》。

《美国研究》。

《中国社会科学》。

《南洋问题研究》。

《八桂侨刊》。

《侨务》。

《世界民族》。

《东南亚研究》。

《社会学研究》。

《江淮论坛》。

《安徽史学》。

《社会科学》。

《齐鲁学刊》。

《世界历史》。

《海峡评论》。

《暨南大学学报》（哲学社会科学版）。

《厦门大学学报》（哲学社会科学版）。

《华侨大学学报》（哲学社会科学版）。

《郑州大学学报》（哲学社会科学版）。

《哈尔滨工业大学学报》（社会科学版）。

中国国务院台湾事务办公室：http://www.gwytb.gov.cn/jiang8d/jiang8do.asp

全美国华人网：http://www.acwang.com/

中国侨网：http://www.hsm.com.cn/

中国侨联网站：http://www.chinaql.com/

暨南大学华侨华人文献信息中心：http://hqhr.jnu.edn.cn/

中华人民共和国外交部：http://www. fmprc. gov. cn/chn/

人民网：http://www. people. com. cn/

新华网：http://www. xinhuanet. com/

中国新闻网：http://www. chinanews. com. cn/

中国政治学网：http://www. cp. org. cn/

海峡之声网站：http://futuree－china. org/

新加坡《联合早报》：http://www. zaobao. com/

新加坡《海峡时报》：http://straitstimes. asial. com. sg/

美国《世界日报》：http://www. worlddailyweb. com/site/usa

美国《侨报》：http://www. chinapress. com/index. htm

美国《星岛日报》：http://www. singtaousa. com/

美国《国际时报》：http://www. intimes. com/

东方网：http://www. eastday. com/

台湾当局“侨务委员会”网站：http://www. gcbn. net/new/newad. htm/

台湾当局“侨务新闻”网站：http://www. ocac. gov. tw/news/

台湾当局“立法院”网站：http://www. ly. gov. tw/

台湾当局“总统府”网站：http://www. president. gov. tw/

台湾当局“外交部”网站：http://www. mofa. gov. tw/

台湾当局“行政院陆委会”网站：http://www. mac. gov. tw/

四、英文文献

Anderson, Benedict, “Long Distance Nationalism”, in *The Spectre of Comparison: Nationalism, Southeast Asia and the World*, edited by Benedict Anderson. (London: Verso. 1998).

Ang, Ien, *On Not Speaking Chinese: Living Between Asia and the*

West. (London & New York: Routledge, 2001).

Bao, Jiemin, *Marital Acts: Gender, Sexuality, and Identity among the Chinese Thai Diaspora* (Honolulu: University of Hawaii Press, 2005)

Barry Edmonston & Jeffrey Passel, ed. , *Immigration and Integration of America's Newest Arrivals* (Washington, D. C: The Urban Institute Press, 1994)

Brett De & Victor, Nee Bary, "The Kuomintang in Chinatown", in *Counterpoint: Perspectives on Asian America*, edited by Emma Gee. 1976

Carino, Theresa Chong, *China and the Overseas Chinese in Southeast Asia* (New York: New Day Publishers, 1985)

Castles, Stephen & Mark Miller, *The Age of Migration: International Population Movements in the Modern World* (New York: The Guilford Press, 1993)

Chang, Su - Ya, *Pragmatism and Opportunism: Taiwan's Policy toward Taiwan*, 1949—1952. (Pennsylvania State University Department of History, 1988)

Chang, Iris, *The Chinese in America: a Narrative History* (New York: The Penguin Group, 2003)

Chi, Tsung, *East Asian Americans and Political Participation: a Reference Handbook* (Santa Barbara, Calif. : ABC—CLIO, 2005)

Coye, Molly Joel & Jon Livingston, *China: Yesterday and Today*, 2d ed. (New York: Bantam Books, 1979)

Daniels, Roger, *Coming to America: a History of Immigration and Ethnicity in American Life* (Princeton, N. J. : Harper Pernnial, 1991)

Dinnerstein, Leonard & David Reimers, *Ethnic Americans: a History of Immigration and Assimilation* (New York: Harper & Row, Publishers, 1982).

Divine, Robert, *American Immigration Policy*, 1924 — 1952 (New York: Da Capo Press, 1972)

Duara, Prasenjit, "Nationalists Among Transnationals: Overseas Chinese and the Idea of China, 1900—1911", in *Ungrounded Empires: the Cultural Politics of Modern Chinese Transnationalism*, edited by Aihwa Ong and Donald Macon Nonini. (New York: Routledge, 1997).

Esman, Milton J, "The Chinese Diaspora in Southeast Asia", in *Modern Diasporas in International Politics*, edited by Gabriel Sheffer. (London: Croom Helm, 1986).

Fitzgerald, Stephen, *China and the Overseas Chinese: a Study of Peking's Changing Policy*, 1949—1970. (Cambridge Eng.: University Press, 1972).

Fredrickson, George M., *The Arrogance of Race: Historical Perspectives on Slavery, Racism, and Social Inequality* (Middletown: Wesleyan University Press, 1988)

Harrell, Stevan, "The Role of the Reriphery in Chinese Nationalism", in *Imagining China: Regional Division and National Unity*, edited by Shu—min Huang and Cheng—kuang Hsu. (Nankang: Institute of Ethnology, Academia Sinica, 1999).

Hraba, Joseph, "Chinese Americans and American Society", in *American Ethnicity*. 2nd Ed. (Illinois: F. E. Peacock Publishers, Inc. 1994)

Huang, Wei, *Chinese Americans Acculturation Scale* (Ann Arbor, Mich.: UMI, 2004)

Hughes, Christopher, *Taiwan and Chinese Nationalism: National Identity and Status in International Society*. (London, New York: Routledge, 1997)

Idelson, Holly, "Immigration: Bridging Gap Between Ideas and Action", Congressional Quarterly: Weekly Report, Vol. 53. No. 15 (April 15,1995)

Juan, Karin Aguilar—San (ed.), *The State of Asian America: Activism and Resistance in the 1990s* (Boston: South End Press, 1994)

Kaplan, David E., *Fires of the Dragon: Politics, Murders, and the Kuomintang*. (New York: Atheneum, 1992).

Karnow, Stanely, *In Our Image* (New York: Random House, 1989)

Kim, Elaine H., "Asia American and Popular Culture", in *Dictionary of Asian American History*, ed. Kim Hyung—Chan (Chicago: University of Chicago Press, 1986)

Kingston, Maxine Hong, *China Men* (New York: Alfred A. Knopf, 1980)

Kingston, Maxine Hong, *The Woman Warrior: China Men* (New York: Everyman's Library, 2005)

Koehn, Peter H. and Xiao—huang Yin, *The Expanding Roles of Chinese Americans in U. S. —China Relations* (New York: M. E. Sharpe, Inc, 2002)

Kung, S. W., *Chinese in American Life* (Seattle: Washington University Press, 1962)

Kusnitz, Leonard A., *Public Opinion and Foreign Policy* (Westport: Greenwood Press, 1984)

Kwong, Peter, *Chinese America: the Untold Story of America's Oldest New Community* (New York: New Press: Distributed by W. W. Norton, 2005)

Kwong, Peter, *The New Chinatown* (New York: Hill & Wong, 1997)

Lai, Him Mark, *Becoming Chinese American: a History of Communities and Institutions* (Walnut Creek, CA: Rowman & Littlefield, 2004)

Lai, Him Mark, "China Politics and the US Chinese Communities", in *Counterpoint: Perspectives on Asian America*, edited by Emma Gee. (Los Angeles: Asian American Studies Center, University of California, 1976).

Lam, Julie Shuk－yee, *Chinese America: History and Perspectives* 1989 (San Francisco: Chinese Historical Society of America, 1989)

Ling, Huping, *Chinese St. Louis: from Enclave to Cultural Community* (Philadelphia, PA: Temple University Press, 2004)

Lingen, Marissa, *Chinese Immigration* (Philadelphia: Mason Crest Publishers, 2004)

Lyman, Stanford M., *Chinese Americans* (New York: Random House, Inc. 1974)

Merquior, J. Gordon, *The Veil and the Mask: Essays on Culture and Idealogy*. (London: Routledge, 1979).

Meskill, John ed. *An Introduction to Chinese Civilization*. (New York: Columbia University Press, 1973)

Okihiro, Gary Y., *Margins and Mainstreams: Asians in American History and Culture* (Seattle: University of Washinton Press, 1994)

Steiner, Stan Fusang, *The Chinese Who Built America* (New York: Happer and Row. 1979)

Sung, Lee Betty, *Mountain of Gold: The Story of Chinese in America* (New York: MacMillan, 1967)

Suryadinata, Leo, *China and the Asean States: the Ethnic Chinese Dimension*. (Singapore: Singapore University Press, 1985).

Swisher, Earl, *Chinese Representation in the United States* (Boulder: University of Colorado Press. 1967)

Tong, Benson, *The Chinese Americans* (Westport, Conn.: Greenwood Press,2000)

Tung, L. , *The Chinese in America*, 1820 — 1973: *Chronology and Fact Book* (Dobbs Ferry:Oceana Publications,1974)

Wei, William, *The Asian American Movement* (Philadelphia: Temple University Press, 1993)

White, Gordon & Shang Xiaoyuan, *In Search of Civil Society: Market Reform and Social Change in Contemporary China* (Clarendon, 1996)

Williams, Tinsman Marilyn, *China and the Returned Overseas Chinese Students*. (Columbia University Teachers College Education, 1983).

Williams, Lea E. , *The Future of the Overseas Chinese in Southeast Asia*. (New York: McGraw—Hill, 1966).

Zinzius, Birgit, *Chinese America: Stereotype and Reality: History, Present, and Future of the Chinese Americans* (New York: P. Lang, 2005).